水戸藩領武茂郷と
下野国黒羽藩の幕末・維新

常野記

文芸アナリスト
大金義昭

随想舎

常野記

水戸藩領武茂郷と下野国黒羽藩の幕末・維新

ふるさと探訪　雲白く山河は青く

新幹線の車窓から望む日光連山と宇都宮の市街

はじめに

北上する東北新幹線の左手の車窓に、青い山脈の遠景が迫ると、間もなく宇都宮駅に到着する。東京駅から、およそ五〇分。栃木県のほぼ中央部に位置する平凡なこの街は、関東平野の北辺にあって現在五二万の人口を擁する。

厳冬期には、白く薄化粧する日光連山が遠目にも眩い。その稜線が高原山を経てさらに北へ延び、那須連峰に至ると頂《いただき》が白さを増す。これらの秀峰を遠く近くに仰ぎ見て、県央・県北の人々は、高嶺から吹き降ろす冬の空風《からっかぜ》に晒されてきた。めったに雪が降らない内陸部の気候のせいか。夏暑く、冬は飛び切り寒い。

東京・神楽坂周辺での四五年になる暮らしを切り上げ、宇都宮市近郊に転居してから、かれこれ八～九年になる。古来稀なる齢となり、にわかにルーツを探索する小さな旅を始めた。二年前の平成二七年（二〇一五）夏のことである。

弟妹に車の運転を託し、県内の旧馬頭町や旧黒羽町などを訪ね歩き、隣接する茨城・福島県にも足を延ばした。入道雲や鮎の季節を経て紅葉の秋も束の間、峠道を木枯らしが吹き抜け、半年余りが瞬く間に過ぎた。この間に出逢った人々か

大子町を貫流する久慈の清流

ら、小著を生み出す力をいただいた。

いずれも地道に郷土史を究める、その道の先達であったり、古刹の住職や村社の神職であったり、あるいは同族や同族に近い人々であったりした。ふるさとは、誠にありがたいものである。

目前の「明治一五〇年」も念頭に置いた。幕末・維新の激動期に、北関東の辺地に生きた先人から、困難なこの時代を生き延びる力を学び取りたいと考えたからである。あるいは先人の足跡から、地域の底力を探り当てたかった。

今は、往時の人々の純粋な志や並外れた行動力に、襟を正す思いが強い。歴史が嫌いではないが、いかに門外漢であるかも思い知らされた。分けても、ふるさとの歴史をこのような形で紡いでみようとは思わなかった。二六〇枚余の草稿を仕上げるために、全国各地の講演の合間を縫い、平成二八年（二〇一六）一月から五か月間を要している。過去の執筆にはない格別のエネルギーを求められた。

二度目の夏が過ぎ、追加取材を重ねた。那珂川や久慈川の流域に連なる山々が、ふたたび秋色を濃くしていた。谷地田の稲が色づき、梨や林檎がたわわに実り、鈴なりの柿が熟れる頃には、吊るし柿が家々の軒先を簾《すだれ》のように飾る季節に入っていた。この取材では、ルーツに纏《まつ》わる思い掛けない出逢いや発見に恵まれ

夏の風物詩。那珂川のヤナ（簗）

た。そこで得た素材を随所に加筆し、三二〇枚余の物語にしている。

小著は、取材に快く応じてくれた皆さんや多数の参考文献とこれらを認《したた》めた研究者や郷土史愛好家の皆さんの賜物である。とりわけ、那珂川町なす風土記の丘資料館・馬頭郷土資料館の鈴木勝館長や大田原市黒羽芭蕉の館の新井敦史学芸員、足利工業大学非常勤講師の大沼美雄先生、栃木県立図書館地域資料室などの皆さんに大変お世話になった。巻末に皆さんをご紹介し、幾重にも感謝したい。

断るまでもなく、執筆一切の責任は筆者にある。「押っ取り刀」で挑んだ「年寄りの冷や水」である。至らぬところは、どうぞご教授いただきたい。

平成二九年（二〇一七）七月　　愚禿庵にて　　大金義昭

凡例

一、登場人物の敬称は省略し、年齢は数え年にした。
一、町村名は、多くの場合、往時の使用に従っている。
一、参考文献は、一括して巻末に紹介した。
一、引用文献は、本文中にその出典を明らかにした。
一、注記のない写真は、筆者が撮影した。
一、二〜三点の写真に、所蔵者の転載許可を得られていないものがある。

常野記

水戸藩領武茂郷と下野国黒羽藩の幕末・維新

目　次

はじめに……………………………………………………3

第一部　水戸藩領武茂郷の幕末・維新……………15

山あいの町を舞台に……………17
大流行する麻疹……………19
病魔に襲われる数馬……………22
残る四通の神道裁許状……………26
走馬灯のように甦る歳月……………28
文武に励む神官たち……………32
「神儒一致」の治政下で……………37
嵐呼ぶ斉昭の藩政改革……………39
保守門閥派の巻き返し……………41
斉昭の雪冤運動広がる……………44
ペリー来航と斉昭の復権……………46
圧死する「水戸の両田」……………47
「追鳥狩」に逸る孝之助……………49
安政二年の「追鳥狩」……………52
神職隊の結成へ……………54
弘道館で異例の見分会……………55
保内郷に大子郷校が開校……………57
待望の馬頭郷校も開館……………61
今瀬仲が館守に就く……………65
活況を呈する郷校見分会……………68
波乱招く井伊大老の専断……………72
水戸藩士民の怒り沸騰……………75

強烈な個性で水戸藩の改革に挑んだ九代藩主斉昭の像（水戸城址）

山懐に抱かれた那珂川町馬頭地区

昭和初期の馬頭町（那珂川町馬頭郷土資料館所蔵）

「安政の大獄」で大弾圧……………77
「桜田門外の変」勃発……………81
鉄之介と源次右衛門と……………84
斉昭の死と郷校の存亡……………89
テロルの横行と幕権の凋落……………91
二六歳の数馬が逝く……………93
樅の巨樹に守られて眠る……………96
攘夷を巡る虚々実々……………98
京へ上る孝之助……………100
岩倉具視との出逢い……………101
岩倉の腹心として奔走……………103
動乱の幕末に突入……………106
王政復古のクーデター……………109
激化する水戸藩の内部抗争……………111
水戸天狗党の筑波挙兵……………112
天狗・諸生の怨念の内乱へ……………115
累々たる死者たちの残心……………117
京を目指す天狗の一隊……………120
諸生党の逆襲・打ち壊し……………122
大内村大金一族の顚末……………128
時代の荒波を乗り越えて……………134
暮らしの中に宗教があった……………137
「志と敬愛」に生きた動乱期の絆……………141
兵農分離以前からの「佐竹遺族臣」……………144
梅平・大金重貞の事績……………148
斉昭と小砂焼と大金彦三郎と……………150
大金姓の六割が下野・常陸に分布……………151
八溝山塊と古代産金の里……………154
八溝山塊を往く天狗党……………157
権威に頼った天狗の悲劇……………163

黒羽城址の西北に広がる眺望

本城へ続く御城山の桜並木

理想と現実の狭間で蹉跌……167

第二部　下野国黒羽藩の幕末・維新

大沼分家の半太夫が家老職に……169
九代前に遡る半太夫の系譜……171
大沼分家に生まれた安藤東野……174
徂徠の門弟・東野の早逝……175
二代玄佐から八代茂清へ……177
藩儒を務めた八代茂清……180
宇都宮氏・武茂氏と大沼家……182
大関氏の宿老として臣従……183
保守門閥派の一角をなす……187
財政再建の「常套策」を超えられず……190
度重なる災害と人口減少……191
八代藩主増備の「政治改正考」……193
「借金大敵」に挑む鈴木武助……196
天明の飢饉を乗り越えた武助……198
一一代藩主増業の藩政改革……200
家臣団の隠退要請……203
因循姑息な家中風土に敗れる……204
藩主権力の失墜と重臣の跋扈……206
儒学に勤しんだ半太夫だが……210
半太夫に処分下る……211
疲弊する家中と改革の人材不足……215
藩政の限界を体現した半太夫……216
安政の農民一揆が勃発……218
家中高利貸しに手を染める半太夫……220
公権力に物を言わせた講・無尽……222
一揆を招く国産政策……224
物頭津田武前らの悪政……225
内部告発した「八人の侍」……227
署名入りの家中アンケート……229
……232

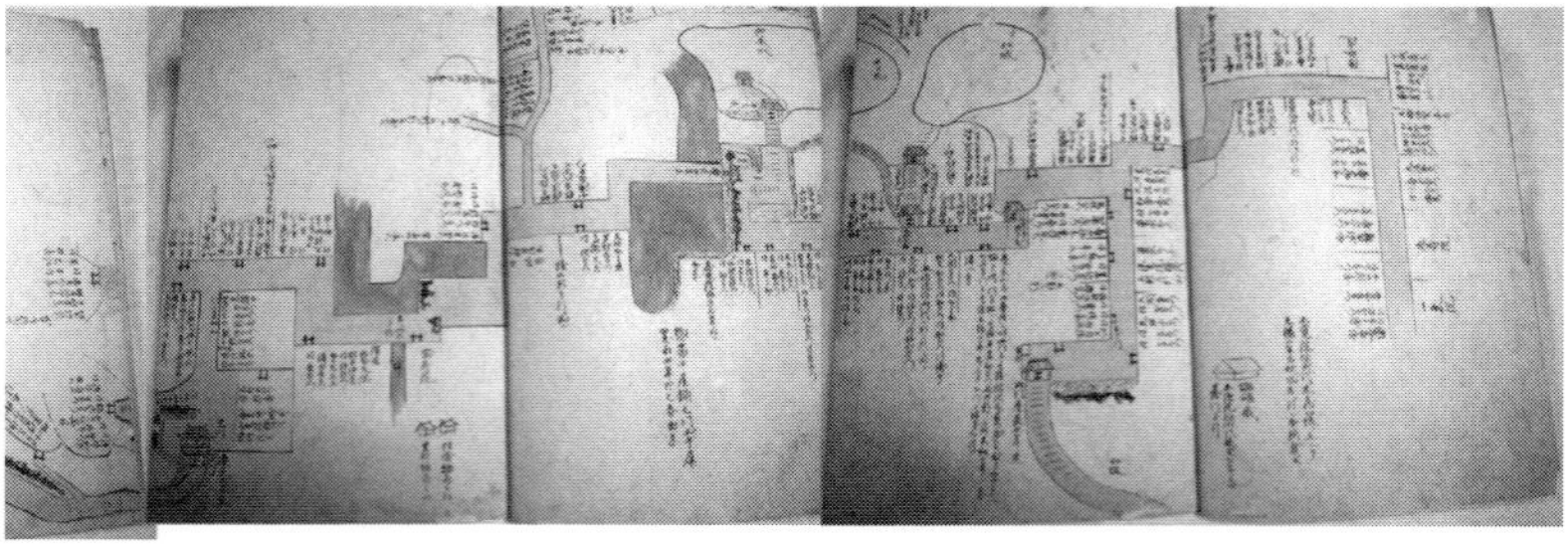

風通しの悪さ裏付ける白紙……236
腐敗の象徴が自浄の対象に……238
農民の嘆願に応える……240
「主君押込め」事件が発生……244
一四代藩主増徳（増式）の身勝手……246
一五代藩主増裕の決意……248
半太夫に人心一新の再処分……252
軍事改革と府庫の充実……254
幕末を駆け抜けた増裕急死の謎……256
戊辰戦争と伊織・孝之助……259
大鳥・土方らの旧幕軍と攻防……262
新政府軍の指揮下に入る黒羽藩……264
山野を血で染めた激戦……266
異例の賞典禄と黒羽藩……268
藩治職制から版籍奉還へ……270
変革期を先導した三田称平……272
中央集権化へ財政改革……273
最晩年を教育に捧げた上寿軒……276
上寿軒の一族とその後……277
静謐に息づく時の流れ……281
大西郷と大沼渉との出逢い……283
大西郷を偲ぶ政府軍将兵……286
江藤新平と益子孝之助……288
長崎県令として命捧げる……292

補遺……295
花館山の花立峠に立つ……297
遥かに水戸城を仰ぐ「紀恩之碑」……303
昔日の影宿す黒羽神社の常夜灯……306

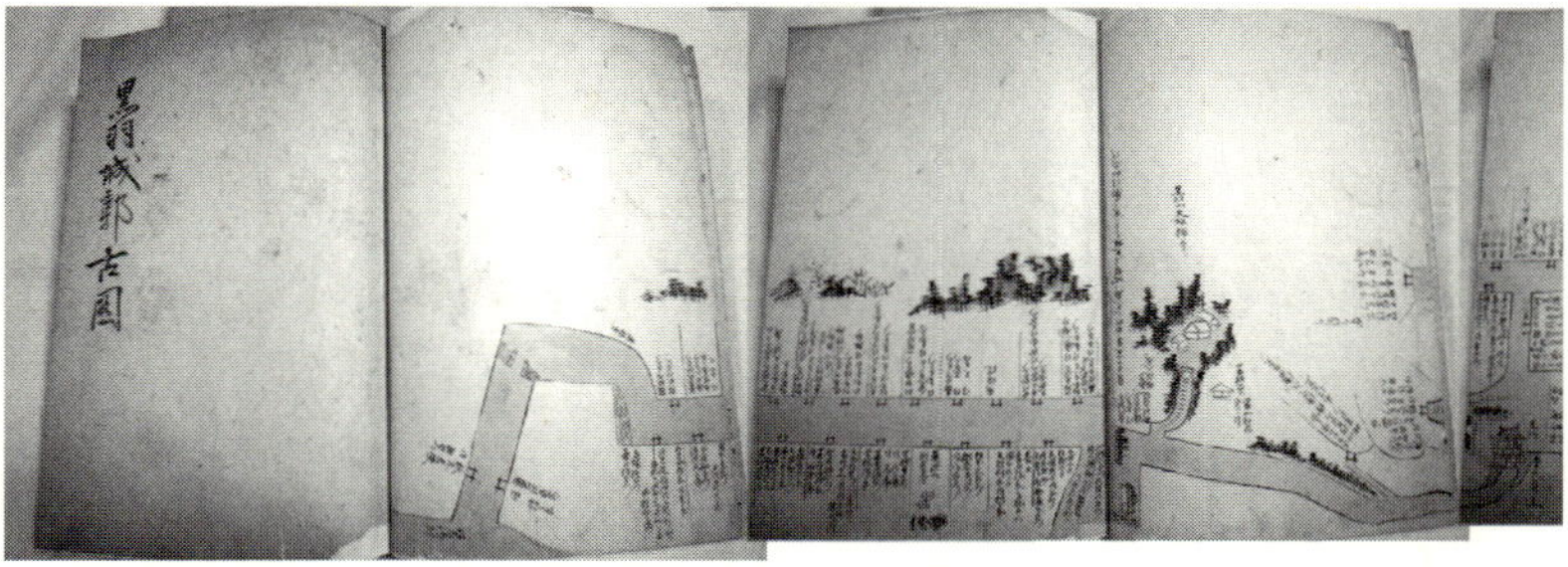

「黒羽城郭古図」（大田原市黒羽芭蕉の館所蔵）

おわりに……312
関係略年表……316
取材協力……322
参考文献……323

第一部 水戸藩領武茂郷の幕末・維新

下野と常陸の二国を結ぶ動脈。那珂川が果たした経済・文化的な役割は大きい

山あいの町を舞台に

奥州を背にした八溝《やみぞ》の山塊が、青々と波打つように連なっている。

その山裾を縫うように、北関東随一の河川、那珂川が蛇行する。鮎が棲息する清流豊かなこの川は、北方に聳える標高一九〇〇メートル余の那須岳を源に、那須野の中小河川を集めて東に南下し、茨城の県都・水戸を貫流すると、那珂湊から洋々と鹿島灘に注いでいる。全長およそ一五〇キロメートルの一級河川である。

その上流の山あいに寄り添う二つの町が、この物語の主な舞台である。平成の広域合併で今は那珂川町や大田原市を名乗っているが、かつては那須郡馬頭町や黒羽町と称した。江戸時代には内陸水運の要衝として、それぞれに独自の歴史や文化を育んでいる。

かつて武茂《むも》郷と呼ばれた馬頭町は、三五万石を擁する親藩で御三家の水戸藩に約二六〇年間帰属している。水戸の城下からは、北西におよそ六〇キロメートルの辺境に位置する。明治の廃藩置県では、常陸と下野の国名の違いから、不本意にも栃木県に組み込まれた。

黒羽町は、大関氏が累代の藩主を世襲する黒羽藩の城下町として明治維新に至っている。黒羽藩は、野州（下野国）の北端に一万八〇〇〇石を領有する外様の小藩であった。

春は桜の花が霞の空に妍《けん》を競う。夏はむせ返るような緑が、秋は紅葉の錦が山容を覆う。冬は風花が舞う。まことに凡庸ではあるが、その鮮やかな四季に彩られながら、ぼんやり眠っているような町の佇まいが懐旧の念を抱かせる。

時がゆったり流れ、質朴で清閑な町並みを包み込んでいる。逢う人ごとに、人肌のぬくもりを感じさせた。戦後の凄まじい開発の波から免れ、あるいは見放されて取り残され、一抹の侘しさが漂う「廃市」の風情が、この二つの町に共通する。

一見して、「山紫水明」の景観と長閑な人情だけが取り柄のように思われるが、この辺土を揺るがした幕末・維新の物語は、実に躍動的であった。

明治一五〇年。いまや茫々たる近世・近代史の彼方に沈み込む、その激動の舞台に飛び込もう。

大流行する麻疹

文久二年（一八六二）夏。

数えで二六歳になる岡数馬は、母屋の奥の八畳間で夢うつつに臥せっていた。はやり病の麻疹（はしか）に冒されていた。「疱瘡は見目定め、麻疹は命定め」という諺《ことわざ》が、この時代にはあった。失明や聴覚喪失などの後遺症に加え、落命も恐れられた麻疹である。

夏風邪かと思われた発熱の症状が、いったん治まりかけてから、高熱や悪寒が襲いかかった。程なく赤い発疹が体幹や顔面に現われ、体ぜんたいに広がった。咳や鼻汁や下痢などの症状が悪化し、長く発熱が続いている。

現代なら、細菌による二次感染の危険性が疑われ、入院を求められる事態であったが、数馬は病状の進行にひたすら耐え、病魔が立ち去るのを待つばかりであった。

西日を遮《さえぎ》っていた大障子が、夕映えに赤く染まっている。蜩《ひぐらし》が透き通るように高い声をあげ、移り行く一刻を惜しむかのように懸命に鳴き交わしている。

静まり返る、広い屋敷に漂っていた炎天の余熱が冷めていく。そんな気配を感じながら、数馬は薄暗くなった天井の羽目板に残る丸い節の目を見上げるともなく眺めていた。

「いよいよとなれば、斧四郎を後継に立て、すべてを任せるしかないか」

三歳下に次弟の力之介がいたが、先年に他家へ婿入りしている。斧四郎は、当年とって一六歳になる末弟であった。麻疹は、この斧四郎やトマ、ヤスなどの妹を含めた兄妹四人を襲った。しかし、数馬以外はみな軽微に済んだ。よりによって、一家の大黒柱である惣領の数馬が重篤に陥った。

麻疹は一〇～二〇数年の周期で流行する。小児から成人まで発病するが、幼児期に流行を経験しなかった成人の罹病《りびょう》が重症化しやすい、とも言われる。

江戸時代には一三回の流行が確認されており、文久二年の大流行は、なかでも猖獗《しょうけつ》を極めた。江戸市中だけでも、七万六〇〇〇名余りの死者を数えた。実際はこの数より遥かに多く、麻疹で亡くなり葬られた人たちの墓の数が二四万に達する、という寺々の報告さえ残されている。

数馬が神官を務める水戸藩領武茂郷においても、村々の神職一家が多数罹患した。

文久二年（一八六二）七月。そうした感染の広がりを受け、水戸藩の郡庁は「麻

晩年の貞芳院（茨城県立歴史館所蔵）

疹患者養生食物心得」を版行し、「食してよろしきもの・あしきもの」などを士民に周知させている。また、九代藩主斉昭の正室登美宮《とみのみや》（吉子）が麻疹薬を下賜。これを機に郡庁は、領内における感染の実態を把握すべく、次のように令達した。（『茨城県史料　近世政治編　Ⅰ』）

此節麻疹流行ニ付　貞芳院様より　思召ヲ以御薬被下置候旨御達有之候条　御自分共扱村々之内麻疹前之もの共人數取調　左之雛形（書式略）之通相認　來月三日迄ニ御自分共手元へ指出候様相達候間　取揃次第配符ヲ以御役所へ可被指出候　此段申達候　以上（カッコ内は筆者）

貞芳院は、登美宮の院号である。彼女は水戸藩主一〇代慶篤《よしあつ》や徳川一五代将軍慶喜《よしのぶ》の生母で、有栖川宮織仁《おりひと》親王の一二女。宮家の出にもかかわらず剛毅な一面を持ち、若い頃から賢夫人として知られた。

境明神峠。手前が栃木県。後方が茨城県

病魔に襲われる数馬

数馬は、水戸藩にあって武茂郷と保内《ほない》郷とが接する境界に祀られた盛泉《もりいずみ》温泉神社の神官を務めていた。

盛泉温泉神社は、下野国の喜連川から小川・北向田・馬頭・健武・大内・盛泉を経て境明神峠を越え、常陸国の上金沢から大子に至る、その峠に近い街道沿いに鎮座している。この街道は、北関東の内陸部を南北に縦走する奥州・関・南郷の三街道を東西に結び、木材や和紙、奥州の紅花などの物資を運ぶ人馬が行き交った。

奥州街道は、江戸と関東・奥州を結ぶ大動脈であり、関街道はその東側を南北に走る脇街道である。南郷街道は、水戸を起点に常陸大宮・大子を経て「奥州南郷」と呼ばれる塙・棚倉に至る往還である。

数馬が一五歳になった嘉永四年（一八五一）に、この神社の神官を務めていた父春榮が三九歳で早世した。惣領の数馬が、その後を襲っている。

爾来、宝永年間（一七〇四〜一七一〇）から続く岡家の支えとして幼い弟妹を抱え、「清明正直」に社家《しゃけ》の務めを果たしてきた。四七歳になる母得玖《とく》が、その

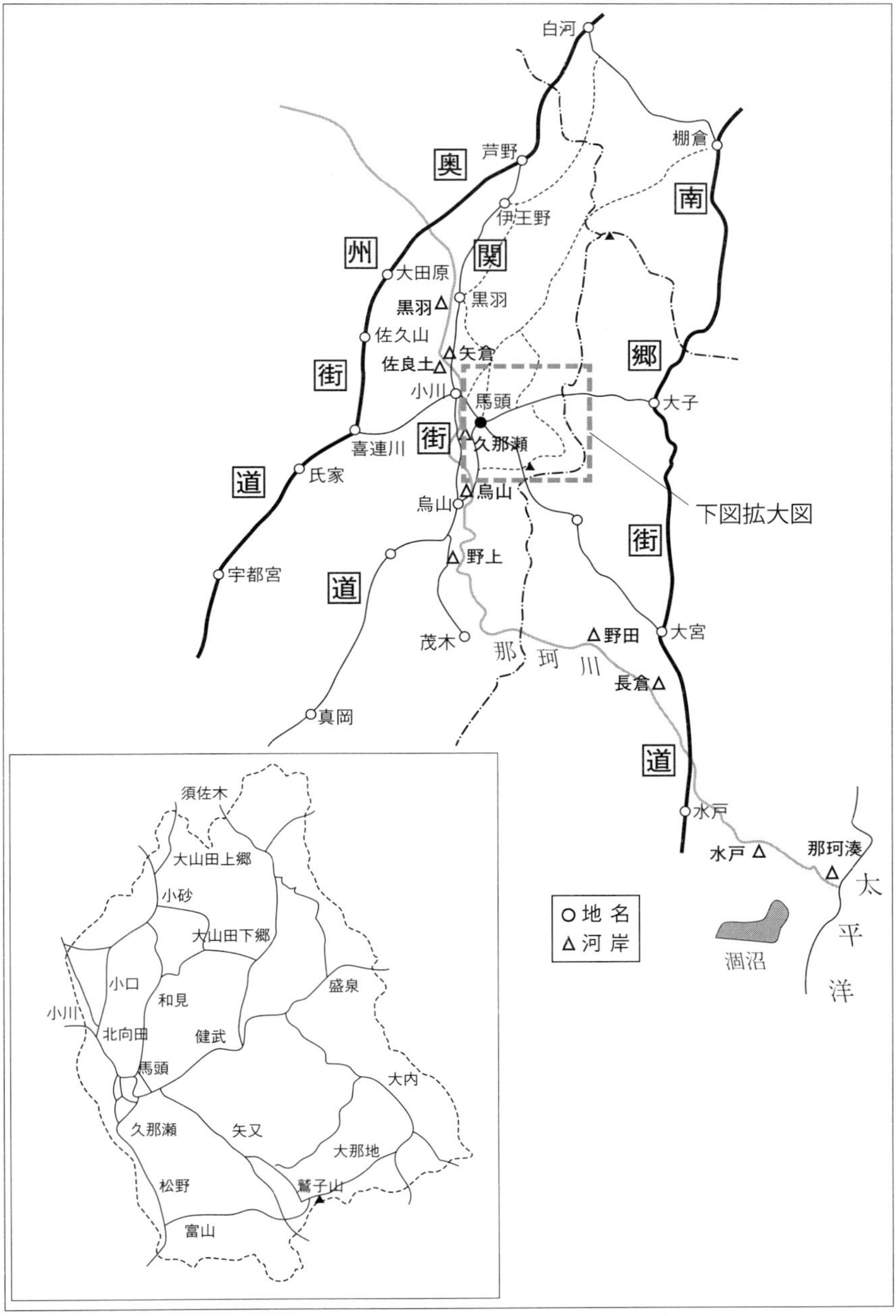

下野国東部と常陸国西部の主要陸・水路概略図（『馬頭町史』などを参考に作成）

岡家のかつての茅葺きの母屋。後方は盛泉温泉神社の杉並木

数馬を支えてきた。

得玖は、文化一三年（一八一六）三月に、常陸国久慈郡山田村の「百姓」菊池佐之衛門の次女に生まれている。旧家の菊池氏は、得玖の実兄も佐之衛門を襲名して山田村の組頭や庄屋を務めた。水戸藩の「御備人数」（農兵）にも組み入れられ、北郡奉行の石川傳蔵から「一代苗字帯刀麻上下着用御免」などのお墨付きを得ている。

日が落ちると、風が立った。宵闇迫る奥の間に目を閉じているだけでも、数馬にはそれが分かった。

黒い森に守られて鎮座する神社が、裏山に控えている。その小山の中腹を拓《ひら》いた東向きの日当たりの良い急斜面に、黒板塀を張り巡らせた屋敷があり、谷あいの寒村を見下ろしていた。細い街道を眼下にする東側は、そこから向かいの山裾まで広がる谷地田を見渡すことができた。山裾を巡る渓流のほとりには、山百合の花が白い点に見えた。

南西には、山懐に抱かれて軒を連ねる小さな集落があり、朝餉《あさげ》・夕餉《ゆうげ》の紫煙が立ち上った。その遥か彼方の山峡《やまかい》に、日光の男体山を望むことができた。

丸い頂から山裾に向かって山肌が崩落し、幾筋もの谷が走っている。それがあ

街道を見下ろす盛泉温泉神社の鳥居

盛泉温泉神社の参道

たかも薙刀《なぎなた》で削ぎ落としたように見えるところから、薙と呼ばれるその陰影が、四季折々に微妙に変化する。初冬には幾筋もの雪渓が、いち早く姿を現わす。神々《こうごう》しい個性的なその山容を遠望し、数馬は毎々、身の引き締まる思いがした。そこには、未知の世界や未来があるように思われた。

数馬は幼い頃から、この高台にある茅葺き屋根の一軒家が好きであった。漆黒の夜は、無数の星が恐ろしいように迫り、満天に天の川が流れた。

「重湯《おもゆ》はいかがかえ。少しは召し上がれ」

得玖が足音を忍ばせ、部屋に入ってくると行灯《あんどん》を点した。その声音《こわね》が、数馬の胸に応えた。病んだ目尻に涙が滲んだ。

「わたくしばかりが、申し訳ござりませぬ」

消え入るような数馬の声がかすれた。得玖は前屈みに微笑みながら、

「何も心配要りませぬ。そなたのことは、この母が守ってみせまする」

と耳元で囁《ささや》いた。穏やかなその言葉に誘われるように、熱に浮かされた数馬は、再び夢うつつの世界に陥った。

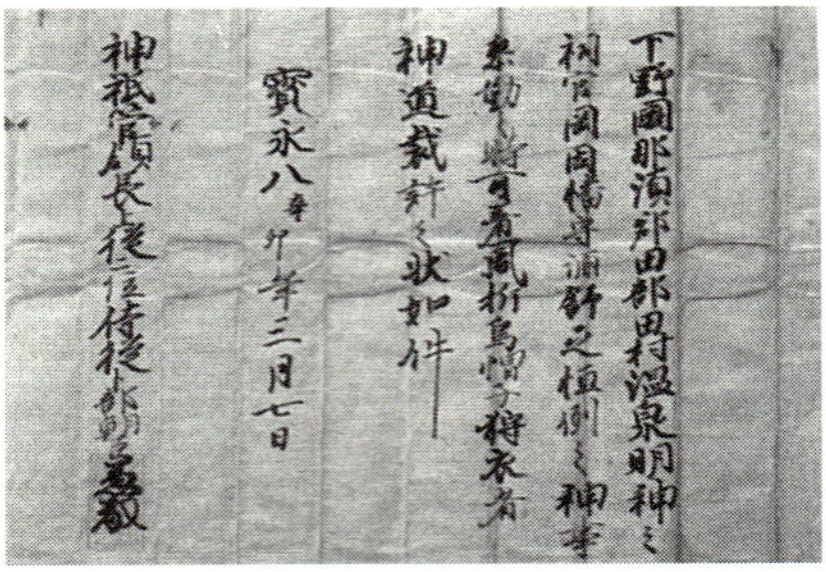
下野國那須郡田部田村温泉明神之
祠官岡因幡守源舒之恒例之神事
祭勤之時可着風折烏帽子狩衣者
神道裁許之状如件
寶永八辛卯年三月七日
神祇管領長上従二位卜部朝臣兼敬

岡家に残る神道裁許状

残る四通の神道裁許状

岡数馬が神官を務める盛泉温泉神社は、伝えられる縁起によれば、正徳元年（一七一一）六月に、那須湯元温泉神社の大明神を分霊・遷座し、村の鎮守としている。悪疫に見舞われ、多数の夭死者を出した当時の村びとが、万《よろず》の神々に必死に祈りを捧げたところ、「那須岳に鎮座する大神を祀れば災いは一夜にして去る」とのご託宣があり、これを奉祀することになった。

したがってその沿革は、武茂郷に数ある神社のなかでも新しい。多部田村と称した寒村の集落六〇戸余りを氏子とするに過ぎなかった。苗字帯刀は許されていたが、田畑を耕さねば、岡家は、食べることにも事欠いたろう。

そんな社家に、四通の神道裁許状が残されている。神祇管領長卜部氏の名による宝永八年（正徳元年・一七一一）三月の岡因幡守源舒之宛、天明三年（一七八三）二月の岡市正源春高宛、さらに寛政一一年（一七九九）八月の岡但馬正源春保宛、そして嘉永二年（一八四九）二月の岡但馬正源春榮宛のものである。

春榮は、数馬の父である。その父は先述の通り、嘉永四年（一八五一）に三九歳で早世している。春榮の他界は、彼が卜部氏から神道裁許状を入手した僅《わず》か二

会沢正志斎肖像画（個人所蔵）

茨城県立図書館に近接する路地に立つ、吉田松陰逗留の記念碑

年後ということになる。

他の古文書類は、後述する事情によって失われているから、岡家がいかなる経緯で盛泉温泉神社の社家となり、隣接する高台に居を構えることになったかなどは不明である。

父春榮が早世し、数馬が一五歳で神官を後継した嘉永四年（一八五一）は、この年一二月に、長州藩の下士で二二歳になる吉田松陰が水戸の城下を初めて訪れている。松陰は水戸に着くや、『新論』の著者で知られる水戸学者の会沢正志斎に面会を求め、大いに歓待された。『新論』は、幕末の危機意識を背景にした尊王攘夷（尊攘）思想を体系化していた。

当時の志士にとって正志斎の『新論』は、救国のバイブルのようなものであった。松陰は、一か月以上に及ぶ水戸滞在中に正志斎を始めとする尊攘派の多士済々《せいせい》と精力的に出逢い、水戸学の神髄を吸収した。むろん、当時の数馬に、そんなことは知る由もない。

しかし、翌々年の嘉永六年（一八五三）六月のペリー来航は、鹿島灘から遠く離れた山深い里にも電撃のように伝わった。東に海洋を擁する水戸藩は、以前から異国船の出没に神経を尖《とが》らせていたから、幕命により隠居を余儀なくされてい

水戸近郊、田野村の鹿島神社

武茂川を望む健武山神社。日本武尊と金山彦を祀る

た前藩主の九代斉昭《なりあき》が、老中阿部正弘に請われて幕府の海防参与に就いた情報なども、たちまち領内に流れた。

走馬灯のように甦る歳月

元号が代わって安政年間に入ると、同じ武茂郷にあって那須郡三座の一社を誇る健武山《たけぶやま》神社の神官で、郷内の世話役を務める今瀬仲から、数馬にも回状による呼び出しが頻繁に掛かるようになった。五年前に父親を失っている数馬には、廉潔で開明的な風格を滲《にじ》ませる二〇歳年長の今瀬の風貌が頼もしく感じられた。

文化一四年（一八一七）生まれの今瀬は、もともと水戸郊外の田野村にあって鹿島の本宮から遷祀した鹿島神社の神官を務めていたが、安政二年（一八五五）に寺社奉行所の命に従い、この地に移っている。

家系譜によれば、今瀬氏は水戸藩領増井村の神官を務めた兵部正藤原信春の三男吉久を初代とする。吉久も寛永年間（一六二四～四三）に神官になり、今瀬仲はその九代に当たる。仲は、今瀬氏から水戸近郊・成沢村の加倉井四郎衛門久茂の婿養子に入った久秋の二男に生まれたが、従兄に当たる八代吉金に子がなく、

加倉井砂山（妙徳寺所蔵）

取り壊される前の加倉井砂山の旧居（日新塾母屋、小田木正樹氏所蔵）

彼の養子になって今瀬氏を継いだ。

成沢村の加倉井氏は、同族に代々庄屋を務める旧家があり、幕末の儒学者加倉井砂山《さざん》（久雍《ひさやす》・淡路）を輩出していることで知られる。砂山は、若くして父久泰の私塾を補佐し、兄の死を機に家督を継承すると日新塾を経営し、郷党の子弟教育に力を注いだ。剣は、神道無念流の免許皆伝である。塾生は、延べ一〇〇〇名を超えたと伝えられる。後にこの物語に登場する齊藤監物《けんもつ》や鯉淵要人《かなめ》、香川敬三、藤田小四郎らも、幼時にこの日新塾で学んでいる。

少年時代の今瀬仲も、この塾で優れた成績を修めた。今瀬・加倉井両氏の系譜を照合すると、砂山の父久泰は、仲の母方の祖父久茂の実兄に当たることが分かった。そんな来歴を持つ仲が、今は眼下に武茂川を眺め、「古代産金の里」の守り神として永く祀られてきた健武山神社の神官を務めていた。

健武山神社は大同元年（八〇六）に創祀され、承和二年（八三五）には従五位下を贈位されたと伝えられるが、「沙金を採る山に座す」神としてさらに古くから祀られていたとも言われる。九代斉昭は、この神社を那須郡一六か村の鎮守として保護していた。

「今瀬さまなどにも、申し訳が立たぬ」

加倉井砂山の屋敷跡

熱に冒された数馬に、この六年余りの歳月と今瀬を始めとする武茂郷の神官や郷医の顔々が走馬灯のように甦《よみがえ》った。

「本日ここにお集まりいただきましたのは、外でもない、寺社奉行所からの達《たっし》書《がき》が参ったからでござる」

不惑を迎えた今瀬の野太い声が、武茂郷の村々の神官の耳目を引き寄せた。時は、安政三年（一八五六）二月初め。山国の春は遅い。陽だまりに枝を広げる梅が白い花を咲かせていた。どこからか、水仙の薫りも漂ってくる。この折り、健武山神社に顔を合わせていたと思われる神官は、次の通りである。

小砂《こいさご》村　和地相模（四八歳）とその倅《せがれ》・丹宮（二七歳）並びに友次郎（一八歳）

大内村　小室主税（四一歳）とその倅・主計（一八歳）

谷川村　鈴木河内（四二歳）

大山田下郷村　益子孝之助（一五歳）

馬頭村　高瀬隆之介（三八歳）

向田村　横山右馬之介（三二歳）

松野村　岩村左膳（一九歳）

加えて、何時のころか定かではないが、ご神託によって多部田村から改名した

示現神社

盛泉村の岡数馬（二〇歳）も、この集まりに愛馬を駆ってかけつけている。早春の冷気に打たれた白皙《はくせき》の頬が薄紅に染まり、上気した顔を見せている。

「ご壮健で何よりじゃ」

若くして父春榮を失っている数馬を気遣い、和地相模が鋭い眼差しを細めている。顔を揃えた神官の最古参で、小砂村の示現神社を司る和地相模守藤原邦重と数馬とは、和地氏の女子が二～三代前に岡家に嫁ぎ、縁戚に当たっていた。

「日を置かず催される、水戸の弘道館と大久保郷校の講釈見分会に出席せよとの達しでござるが、その出欠も問われておりますゆえ、お申し出くだされ。欠席の理由もご報告しなければなりませぬ」

世話役を務める今瀬の口調は穏やかに聞こえるが、寺社奉行所の通達は、神官とその子弟の出席を義務づけていた。天保一〇年（一八三九）に田野村に生まれ、一八歳になる今瀬の長子謀太郎（健男・吉道）も、父の後ろに控え、彼の話に耳を傾けた。

謀太郎は後に一橋慶喜の上洛に従い、宿舎となった京都・本圀寺に駐留。元治元年（一八六四）の禁門（蛤御門）の変に参戦。禁裏守衛を解かれてからも帰藩せず、有栖川宮《ありすがわのみや》の護衛や備前藩主池田茂政《もちまさ》（斉昭の九男）に対する攘夷嘆願な

藩校弘道館の正門（右）と正庁（左）

どに奔走。慶応三年（一八六七）九月に「賊迫りて本圀寺で遂に害を被り」落命している。

その顚末は詳《つまび》らかでないが、将軍後見職を務める慶喜が一四代家茂《いえもち》の上洛に先駆け、「破約攘夷」に殺気立つ京に上って以来、朝廷工作に苦戦、さらには二次に及ぶ長州征討、大坂城での家茂の急逝などで時局の覇権争《はけんあらそ》いが混迷の極みに達していく時期に重なっていた。

文武に励む神官たち

今瀬が語る「弘道館」とは、九代斉昭が、藩財政の窮状を理由に渋る重臣層の反対を押し切り、水戸城内の三の丸に創設した藩校の名前である。天保一一年（一八四〇）四月には、青山拙斎（延于）と会沢正志斎が弘道館の教授頭取に任命された。弘道館は藩士とその子弟を対象に、文武不岐の教育を主眼として翌一二年（一八四一）八月に仮開館し、安政四年（一八五七）五月に本開館している。

大久保郷校は、領内一五か所に設置された藩立の教育機関（施設）のひとつで、天保一〇年（一八三九）に開館した多賀郡大久保村の暇修館のことである。

正庁諸役会所の書

至善堂御座の間では、大政奉還後の徳川慶喜が謹慎・恭順している

暇修館には、藩内でも知られる菅政友や宮田篤親といった国学を重んずる尊攘派の学者や神官などが顔を揃えていた。彼らは前後して、この郷校の世話役を務めている。

別名「学館」や「御館」「文武館」とも呼ばれた郷校は、領民有志に文武の修練を求めた教育機関（施設）である。設立の経緯や年次こそ異なるが、藩の文教政策の一環として郷士や神官、郷医、村役人とその子弟などを対象に、領内に順次開設された。

設立に当たっては、藩が建設資金の一部や建築用資材などを提供している。地元の領民も敷地や資金、労力などを負担し、財政的に決して豊かではなかった藩を助けた。富裕層の郷士や庄屋など村役人からは、図書や備品の現物寄付なども行われている。その図書を収納する別棟の文庫や矢場を兼ねた射撃場などを持つ郷校も多い。所在地が分かるように、校名も地名を冠したものに改められていく。いわば、藩・民一体で造り上げた士民のための教育機関（施設）であった。

郷校の教育内容は、緊迫する内外の時局を反映し、尊攘思想による文武一体を重視している。道徳・秩序を重視する儒教や国学による文教と共に、剣術・弓術・槍術・炮術など武術の修練に力を注いだ。全日制の弘道館と異なり、一様で

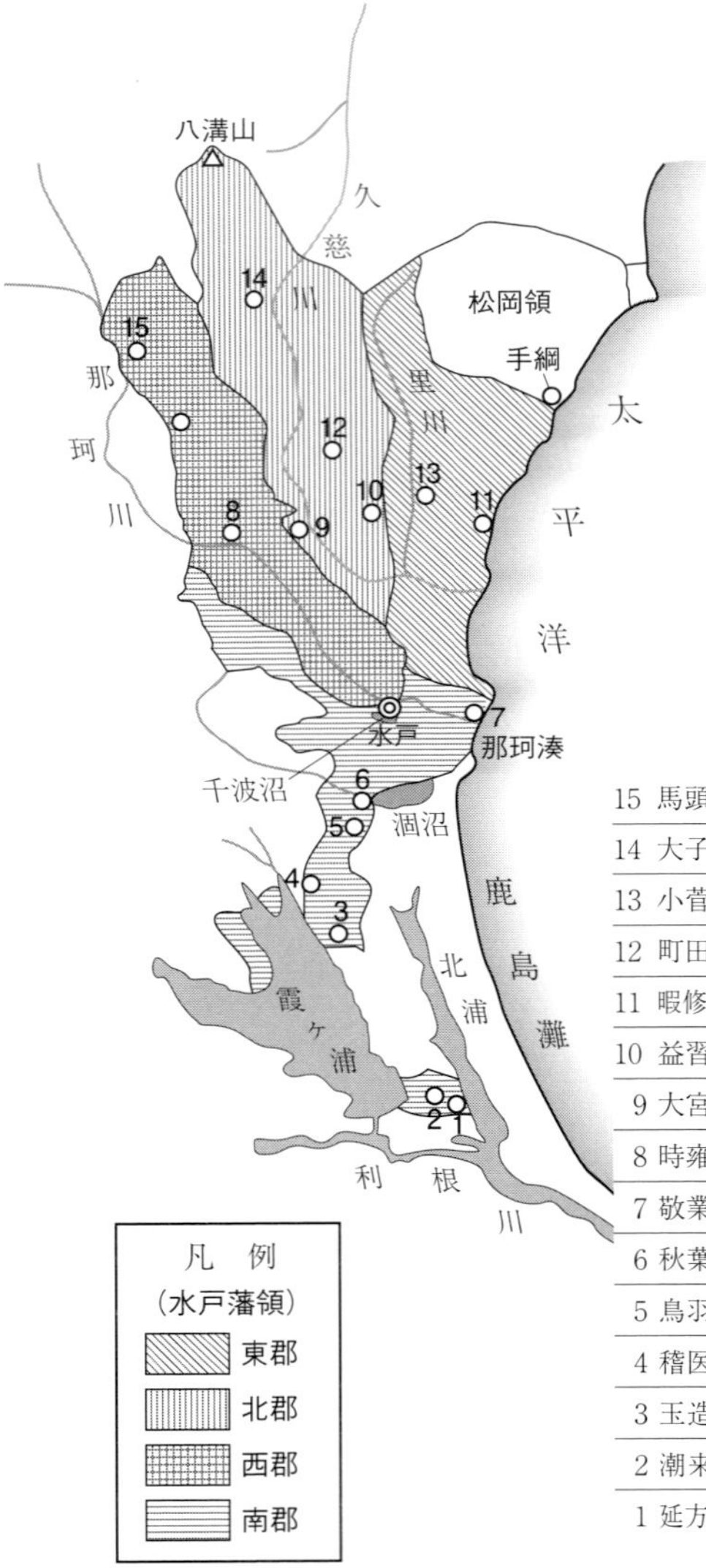

15 馬頭郷校	安政4	下野国那須郡馬頭村
14 大子郷校	安政3	久慈郡大子村
13 小菅郷校	安政4	久慈郡小菅村
12 町田郷校	安政4	久慈郡町田村
11 暇修館(大久保郷校)	天保10	多賀郡大久保村
10 益習館(太田郷校)	天保8	久慈郡太田村
9 大宮郷校	安政3	那珂郡大宮村
8 時雍館(野口郷校)	嘉永3	那珂郡野口村
7 敬業館(湊郷校)	天保6	那珂郡湊村
6 秋葉郷校	不詳	茨城郡秋葉村
5 鳥羽田郷校	不詳	茨城郡鳥羽田村
4 稽医館(小川郷校)	文化元	東茨城郡小川村
3 玉造郷校	安政5	行方郡玉造村
2 潮来郷校	安政3	行方郡潮来村
1 延方学校(延方郷校)	文化4	行方郡延方村

水戸藩領四郡と郷校分布図(『水戸市史』・瀬谷義彦『水戸藩郷校の史的研究』などを参考に作成)

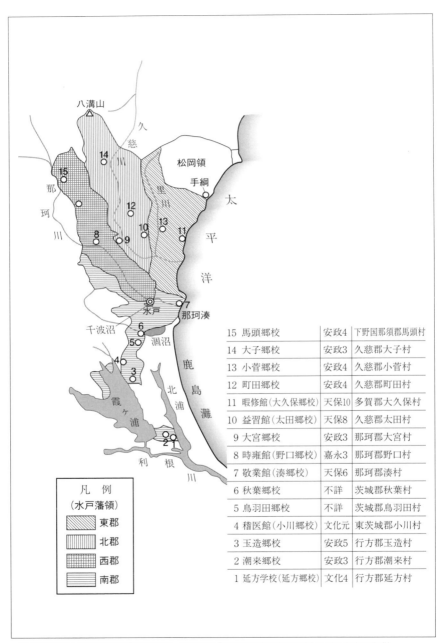

篠尾神社

はないが家業の余暇を利用して、春秋恒例の大会や月に何回かの例会が開かれた。出席が義務づけられ、出欠の管理を厳しく求められた。

武茂郷に馬頭郷校が設置されるのは領内でも遅く、この年の翌年にあたる安政四年（一八五七）になるから、数馬たちは、指定された最寄りの大久保郷校の講釈見分会に出席した後、そのまま水戸へ赴《おもむ》くことになっていた。講釈見分会とは、和漢歴史書を教材にした講釈を参会者が見分・聴聞する学習・研修会を指している。日ごろの精進《しょうじん》が、衆目の前で試された。

数馬は控え目に威儀をただし、今瀬が語る行程を頭に描いた。

「最寄りとはいえ、大久保郷校までは東南に一二～一三里、そこから水戸の弘道館に至るまでほぼ九里南下することになるのか」

隣に正座する一五歳の益子孝之助が、紅顔を輝かせて数馬に声をかけた。

「ご一緒できますね。宜しくご同道ください」

孝之助の意気込みが、溌溂とした声に溢れていた。

孝之助もまた、幼くして父を失っていた。孝之助が八歳の時、大山田下郷村の篠尾《ささお》神社の神官を務めていた父益子大和守智定が四一歳で病没している。篠尾神社は縁起によれば、出雲国の素戔嗚尊《すさのおのみこと》を天文年間（一五三二～五四）に分霊し鎮

二代光圀（「義公烈公諸公子肖像画帖」茨城県立図書館所蔵）

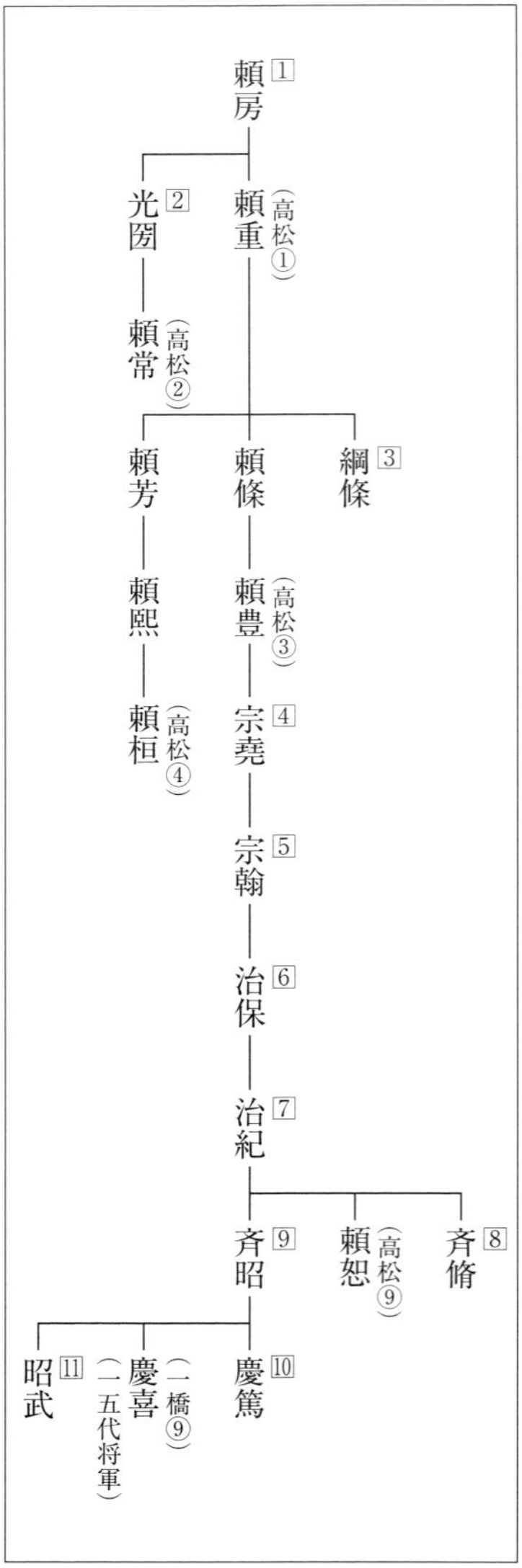

水戸徳川氏略系図（『水戸市史』など）

斉昭肖像画（大洗町幕末と明治の博物館所蔵）

二代光圀（義公）と九代斉昭（烈公）を祭神とする常磐神社

義公・烈公の遺品・遺墨などを展示する義烈館

座したと伝えられる。

頼みの綱を失い、孝之助と三歳下の妹てると母ひさは貧乏のどん底に落ちた。貧苦をものともせず、孝之助は独学で学問に励んだ。一家の生計を助けるために、安政四年（一八五七）には神社の社宅を教場に塾を開き、村の児童に国学や漢学、珠算などを教え始めるという。

向学心に燃え、明日を激しく夢見る年少の孝之助を見ていると、同じような境遇を背負っている数馬の目には、彼がいじらしく思えて来る。同時に、孝之助に負けてはならじという力も湧いた。そんな二人の若者を、今瀬や古参の同職は温かく見守っている。

「神儒一致」の治政下で

水戸藩は二代光圀《みつくに》の治世に、社寺改革を断行している。背景には、当時の儒学界に台頭した排仏思想があった。林羅山らによって幕府の官学的な地位を占めていく朱子学が、儒仏一致から神儒一致へと道徳的で現実的な合理主義に転換していくからである。

農を尊んだ斉昭の「農人形」。この人形に箸を供えてから食事をした（常磐神社・義烈館所蔵）

光圀自身も、敬神崇祖の国風による民心の統一に燃えた。領内に流布する悪《あ》しき信仰習俗を粛清し、法外な布施の強要や身分不相応の戒名・葬送など、檀家制度に胡坐《あぐら》をかいて退廃する仏教界の改革を志向した。このため、乱立する寺院や神社を整理し、由緒正しい社寺の保護にあたる一方、神仏分離に力を注ぐ。その執行機関として寺社奉行を設け、一村一社の制度を定め、葬祭を簡素化し、神式による自葬祭を奨励した。

光圀といえば、後年に『大日本史』と命名される紀伝体の史書編纂《へんさん》を開始したことで知られる。明暦三年（一六五七）のことである。明治三九年（一九〇六）にようやく完成するこの壮大な文化事業は、天皇を中心とする朝廷と武家との関係を基軸にした国体論や国家観を尊ぶ、いわゆる水戸学を育んだ。

その尊王思想を根底から支える原理のひとつに、「敬神崇儒」の考え方があった。神道と儒教とを一体と見做す神儒一致の思想が、水戸藩における神官や修験者の社会的地位を他の諸藩に比べ、おのずから高いものにしていた。とは言え、それはあくまでも九代斉昭の「天保の改革」以降のことであり、それまでの神官の暮らしが必ずしも恵まれていたわけではない。むしろ、日の当たらぬ存在であった。

水戸藩の人口推移（『水戸市史』付表を加工）

年代	人口(人)	指数	年代	人口(人)	指数	年代	人口(人)	指数
享保17	309,711	100.0	天明3	233,439	75.3	文政5	227,732	73.5
元文3	299,220	96.6	〃 6	230,758	74.5	〃 11	227,403	73.4
延享4	275,820	89.0	寛政4	229,001	73.9	天保5	242,939	78.4
宝暦6	273,493	88.3	〃 6	226,084	72.9			
〃 12	262,773	84.8	〃 10	229,185	73.9			
明和5	259,056	83.6	文化元	223,635	72.2			
安永3	250,807	80.9	〃 7	227,170	73.3			
〃 4	240,518	77.6	〃 13	227,215	73.3			

かくして、神道興隆の宿志を抱く九代斉昭の時代になると、神官や修験者も藩の軍事組織の一員に組み込まれることになる。

嵐呼ぶ斉昭の藩政改革

長らく部屋住みの身で無聊《ぶりょう》を託《かこ》っていた三〇歳の斉昭が、文政一二年（一八二九）一〇月、藤田東湖ら藩政改革派の擁立運動により藩主を襲封《しゅうほう》すると、彼は強烈な個性を発揮して先頭に立ち、急進的な改革に乗り出した。先ずは率先して質素倹約を励行し、目の前に立ちはだかる赤字を抱え込んだ藩の財政再建と殖産興業、武備の充実に立ち向かった。

就任翌日には「愛民専一」や「家臣の江戸定府《じょうふ》制の廃止」を表明。手始めに、改革派を登用する人事の刷新を断行した。彼のこうした采配が、改革派と保守門閥派との確執や軋轢《あつれき》を煽《あお》る火種となっていくが、天保四年（一八三三）に初めて就藩した斉昭は、早速、領内巡視を決行した。積極果敢なその姿勢が、士民をして「英邁《えいまい》なる名君現わる」と言わしめる鮮烈な印象を与えることになる。

御三家の体面や権威を保つために支出が嵩《かさ》む藩の財政難は、二代光圀の時代か

大砲「太極」。ペリー来航時、水戸藩は江戸湾防備の弾薬と共に、七四門を幕府に献上した（常磐神社・義烈館所蔵）

ら続いていた。田畑の荒廃や農村人口の減少、凶作や飢饉、商品・貨幣経済の浸透や幕府の貨幣改鋳による諸物価の高騰、江戸と水戸の両地に藩庁を二つ抱える定府制など水戸藩固有の格式に伴う諸経費の膨張、遠大な史書編纂事業など、山積する課題に藩の財政は絶えず悲鳴を上げてきたのである。九代斉昭に寄せる、改革派の期待は高まった。

しかし、斉昭の藩政改革は、この年から続く天保の大飢饉によって出鼻をくじかれる。その災厄を何とか乗り切った彼は、襲封八年目の天保八年（一八三七）七月に改革の四大目標を明らかにして士民を鼓舞し、水戸藩独自の富国強兵策の実現を図った。

斉昭が掲げた改革目標は、「経界・土着・学校・惣交代」の四本柱から成る。「経界」はすなわち全領検地（天保検地）による財政改革、「土着」は海防強化のための藩士定住化と軍備の増強、「学校」は人材育成を図る藩校・郷校の設立、「惣交代」は定府制廃止による行政改革、を志向した。斉昭による、いわゆる「天保の改革」である。

こうと思えば、一直線の斉昭である。彼は自らの信念に絶対的な自信を持ち、一徹他を憚《はばか》らず、時に激情ほとばしる言動に表裏がない。その潔《いさぎよ》さが彼の魅力

大塩中斎（平八郎）肖像（東北大学附属図書館所蔵）

ではあったが、毀誉褒貶《きよほうへん》も生んだ。頭脳明晰な君主であるだけに、厄介な人物であった。諡号《しごう》（おくりな）「烈公」の所以である。

天保九年（一八三八）には、一二代将軍家慶《いえよし》に「戊戌《ぼじゅつ》の封事《ふうじ》」（水府公献策）を表し、時下の内憂外患に対処する幕政改革を直言している。

斉昭には、切迫した危機意識があった。米価高騰を契機に大坂で発覚した町奉行元与力の大塩平八郎の乱が幕政の腐敗を天下に知らしめ、天保の飢饉が多数の餓死者を出し、異国船が海浜《かいひん》を頻繁に脅《おびや》かしていたからである。

保守門閥派の巻き返し

天保一三年（一八四二）。

膝下《しっか》の水戸藩においては、飢饉対策も含め、「天保の改革」課題にいささかの見通しがついた頃合いを見計らい、九代斉昭は懸案の社寺改革に着手した。かねてから崇敬する二代光圀が執《と》った「神儒一致」や「祭政一致」の思想に基づく宗教政策が、光圀の没後、著しく形骸化していたからである。

斉昭は、神職優位を明確にした神道の宣揚と仏教の統制とに強い宿志を抱いて

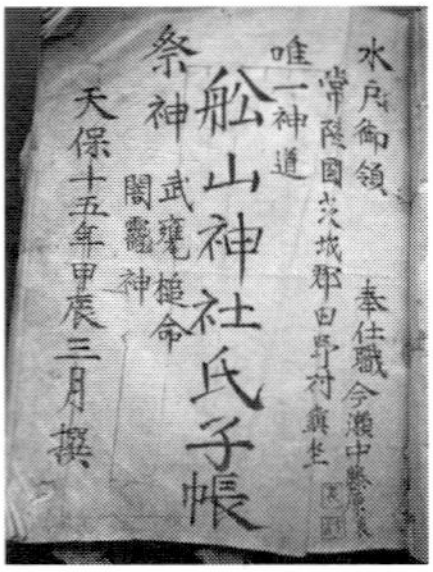

天保一五年（一八四四）の氏子帳。今瀬仲が作成（今瀬瑞比古氏所蔵）

藤田東湖（茨城県立歴史館所蔵）

臨んだ。

彼は、排仏思想による寺院の破却や梵鐘《ぼんしょう》の没収を推し進めた。他方、神道の振興を図り、一村一社の鎮守制や氏子制度（氏子帳の作成）などを強行した。このために、改革派の若年寄で剛直な排仏家として知られる今井惟典《これすけ》を寺社奉行に起用し、配下の寺社役に太田甚太夫などを配置した。今井らは斉昭の意向や思惑を超え、さらに急進的に事を進める。

過激なこの社寺改革が仏教界の反発を招き、寺請《てらうけ》制度を根幹とする幕府の宗教政策に抵触《ていしょく》した。士民の戸惑いもあったろう。これが、斉昭追い落としの口実になった。

弘化元年（一八四四）五月。幕府は斉昭に致仕《ちし》・謹慎を命じ、一〇代藩主に、一三歳になる嗣子《しし》慶篤《よしあつ》を就任させた。斉昭の側用人を務めていた藤田東湖や寺社奉行の今井惟典らにも、役職罷免《ひめん》のうえ蟄居を命じている。その他、領内四郡の郡奉行を始め、斉昭を支える改革派の幹部が軒並み処分され、退けられた。

急転直下のこの裁断に当たり、幕府は斉昭に対し、藩政全般に関わる七か条の詰問状を提示している。しかしその内実は、幕閣と結びついた結城寅寿《ゆうきとらじゅ》ら保守門閥派による改革派への巻き返しというのが誰の目にも明らかであった。このため

結城寅寿（茨城県立歴史館所蔵）

結城らは後に、斉昭や改革派の怒りや恨《うら》みを買うことになる。

斉昭が人材本意で登用した改革派には、中・下級家臣の出身者が多く含まれていた。例えば、東湖の父藤田幽谷は水戸の古着商の倅であったし、会沢正志斎は中間《ちゅうげん》の子として貧しい暮らしを体験し、父の代に士分に取り立てられている。

藩内には、彼らを「成り上がり者」と見る空気があった。人事のバランスを考えた斉昭は、上級家臣の子弟からも人材を抜擢・登用する。その一人が、結城寅寿であった。

結城は、古くから続く関東の名門として、家禄一〇〇〇石を誇る家柄に生まれている。彼は御前小姓・使番・小姓頭・若年寄などを歴任して頭角を現わし、執政に上り詰めると、いつしか藤田東湖らの改革派と対立する保守門閥派の中枢に納まり、藩政の実権を握っていた。

斉昭は失脚し、彼が襲封以来推し進めてきた「天保の改革」が頓挫《とんざ》。この顛末が、水戸藩の内部抗争を一気に表面化させた。

光圀や斉昭から常陸二の宮として崇敬された静神社

斉昭の雪冤運動広がる

斉昭謹慎の報が伝わると、藩内は蜂の巣を突いたような騒ぎになった。斉昭の藩政改革を支持し、幕府の処分撤回を求める動きが活発化した。憤激した改革派はもとより、水戸城下の士民はおろか領内各地の農民や町民までもが、斉昭の無実を訴えて騒ぎ立てた。

なかには大挙して江戸（水戸）街道の宿場に集結し、気勢を上げる者も現われ、その数が日毎に増えた。人びとは、彼らを「義民」と呼んだ。水戸藩庁への請願は、やがて尾張藩・紀州藩など御三家の江戸藩邸に押し掛ける陳情へとエスカレートした。

二代光圀や九代斉昭に恩義を感じ、藩士に負けない忠義の誠《まこと》を抱いた神官も、いち早く決起した。常陸国那珂郡の静《しず》神社長官を務めていた齋藤監物も、その一人である。彼は同職の神官に檄を飛ばし、斉昭の雪冤《せつえん》運動を立ち上げた。齋藤は自ら陳情書を作成し、代表者を伴ってこれを幕閣に提出したが、訴えはその場で却下される。身柄を拘束された齋藤は、水戸での謹慎を命じられた。

文政五年（一八二二）生まれの齋藤監物は「天性面長《おもなが》く、長ずるに及んで背丈が高く」、強固な意志を持ち、文武両道に長《た》けていた。文は幼くして加倉井砂山（久雍・淡路）の日新塾に学んだ。今瀬仲とは同学の誼《よしみ》である。齊藤はその後、藤田東湖の門下に入り、武は神道無念流の奥義を究めている。神社の境内には、撃剣場を設けて近隣の子弟に剣術を教えた。二〇歳で水戸藩士の娘を娶《めと》ると、父親の後を継いで静神社長官に就任している。

静神社は、鹿島神宮や香取神宮と並ぶ「東国の三守護神」と崇敬され、常陸二の宮として古くから篤い信仰を集めた。水戸徳川氏の祈願所としても、歴代藩主から手厚い庇護を受けている。今に残る社殿も、天保一二年（一八四一）の火災で焼失した後に、斉昭が再建したと伝えられる。

天保末年の齋藤監物は、水戸東照宮の宮司や弘道館内に祀られた鹿島神社の神官を兼務する立場にあった。周知の通り、彼は後に桜田門外の変で深手を負い、三九歳で落命する。

弘化初年にはまた、多賀郡の大久保郷校（暇修館）に集う神官三四名が、宮田篤親を中心に「青竜組会連」を名乗り、斉昭の雪冤・復権と「天保の改革」の続行を唱える嘆願書を藩庁に提出している。宮田は郷医の子弟から修験者の養子になり、天保一四年（一八四三）に神官に任じられていた。

ペリー来航と斉昭の復権

とまれ、改革派あるいは士民挙げての雪冤運動と水戸藩連枝《れんし》の工作が幕府を動かし、斉昭の謹慎が二〇〇日ぶりに解除される。しかし藩政への関与は認められなかったから、若い藩主を擁した保守門閥派主導の藩政はそのままとなり、斉昭復権を求める改革派との間に、抗争が一段と激しさを増した。

その渦中にあって、齋藤監物や鯉渕要人、今瀬仲ら神官の行動もいよいよ活発化した。彼らは領内に神官の義民同盟ともいうべき横断的な組織をつくり上げていく。

斉昭復権の運動はかくして大きな広がりを見せたが、彼が藩政参与に復活し、藤田東湖らが謹慎を解かれるのは、嘉永二年（一八四九）に入ってからである。改革派と拮抗する保守門閥派の政治力も、なかなかなものであった。

時局が大きく動き出すのは、その四年後の嘉永六年（一八五三）六月のことである。ペリー提督率いる米国東インド艦隊の四隻の艦船が浦賀沖に投錨。開国を求め、幕府を威嚇する行動に出た。老中首席の阿部正弘は前例を破り、諸大名や

阿部正弘肖像画（福山誠之館同窓会所蔵）

戸田忠太夫（茨城県立歴史館所蔵）

常磐共有墓地に眠る藤田東湖の墓

幕臣に事態の対処法について忌憚《きたん》の無い意見を求めた。

外様を含む諸大名の一致団結こそが国難を救うと考えていた斉昭復権のチャンスが、幕政においても生まれた。彼は阿部に請われて幕府の海防参与に就任。一方、水戸藩では、斉昭を謹慎に追い込んだ保守門閥派の領袖、結城寅寿が終身禁固刑を命じられた。彼に連座した、いわゆる結城派も次々に処分される。

この時、岡数馬一七歳。益子孝之助一二歳。

圧死する「水戸の両田」

元号が代わる、嘉永から安政初年にかけて、巨大地震が立て続けに発生した。南海トラフを震源とするマグニチュード八クラスの東海・南海地震が続発した。ほぼ一年後には、直下型の大地震が江戸を襲い、七〇〇〇名余の犠牲者を出した。斉昭の腹心で「水戸の両田」と言われた藤田東湖や戸田忠太夫（忠敞《ただあきら》・蓬軒）も、この地震で世を去った。

股肱《ここう》の臣として斉昭に忠誠を誓い、精勤した二人の死に、斉昭は言葉を失い、改革派は大きな打撃を蒙った。町家はもとより、大名・旗本屋敷も甚大な被害に見舞われるなか、小石川にある水戸藩邸の長屋が崩落し、四八名が圧死したのである。これが安政二年（一八五五）一〇月。

すでにその前年には予告どおり、ペリーが七隻の艦船を従え、江戸小柴沖に再来。幕府が日米和親条約を締結すると、イギリスやロシア、オランダも相次いでこれを要求。フランスも含めた開国攻勢が勢いづき、歯止めの掛からぬ事態が生まれていた。

「水戸の両田」を失った斉昭が、その渦中に躍《おど》り出る。

「斉昭さまのご気性からすれば、じっとしてはおられますまい」

「われらも、身を挺してかからなければなりませんな」

水戸の弘道館などで催される講釈見分会の話題が一段落すると、健武山神社の神官を務める今瀬仲を囲んで、年配の和地相模や小室主税などがこもごも口を開いた。古参の神官は、斉昭が断行した「天保の改革」の顚末をよく承知していた。

神官や修験者が、藩の軍事組織に組み入れられたのが天保九年（一八三八）。斉昭が一二代将軍家慶に内憂外患を説いたこの年、武茂郷などを支配する水戸藩西郡奉行に改革派の金子孫二郎が就任している。彼は斉昭失脚後の弘化二年（一八四五）まで在勤し、後に桜田門外の変の首謀者として斬刑に処せられる。

「追鳥狩」に逸る孝之助

「天保一一年三月に始められた斉昭さまの追鳥狩《おいとりがり》は、いかにも盛大なものでござった。われらも遠路出張ったものでござるよ」

「わたくしが生まれる二年前のことでございますね」

孝之助の声が弾んだ。

「一七年前のあの折りは、亡くなられた父御の智定さまがご一緒なされた」

「ご立派になられた孝之助どのに、父御も草葉の陰でさぞかし喜んでおられましょうぞ」

「まだまだ至りませぬ。どうぞ厳しくお導きください」

孝之助の爽やかな受け答えに目を細めながら、古参の神官たちが続けた。

「わが藩は参勤交代を免除されておる代わりに、中納言さまが江戸の小石川に常住され、必要な折りに幕府の許可を得て帰藩されることになっておるのは、ご存じでござろう。これがいわゆる定府制じゃが、斉昭さまが二度目のご帰国を果たされた天保一一年に、早速執り行われたのが、追鳥狩でござった」

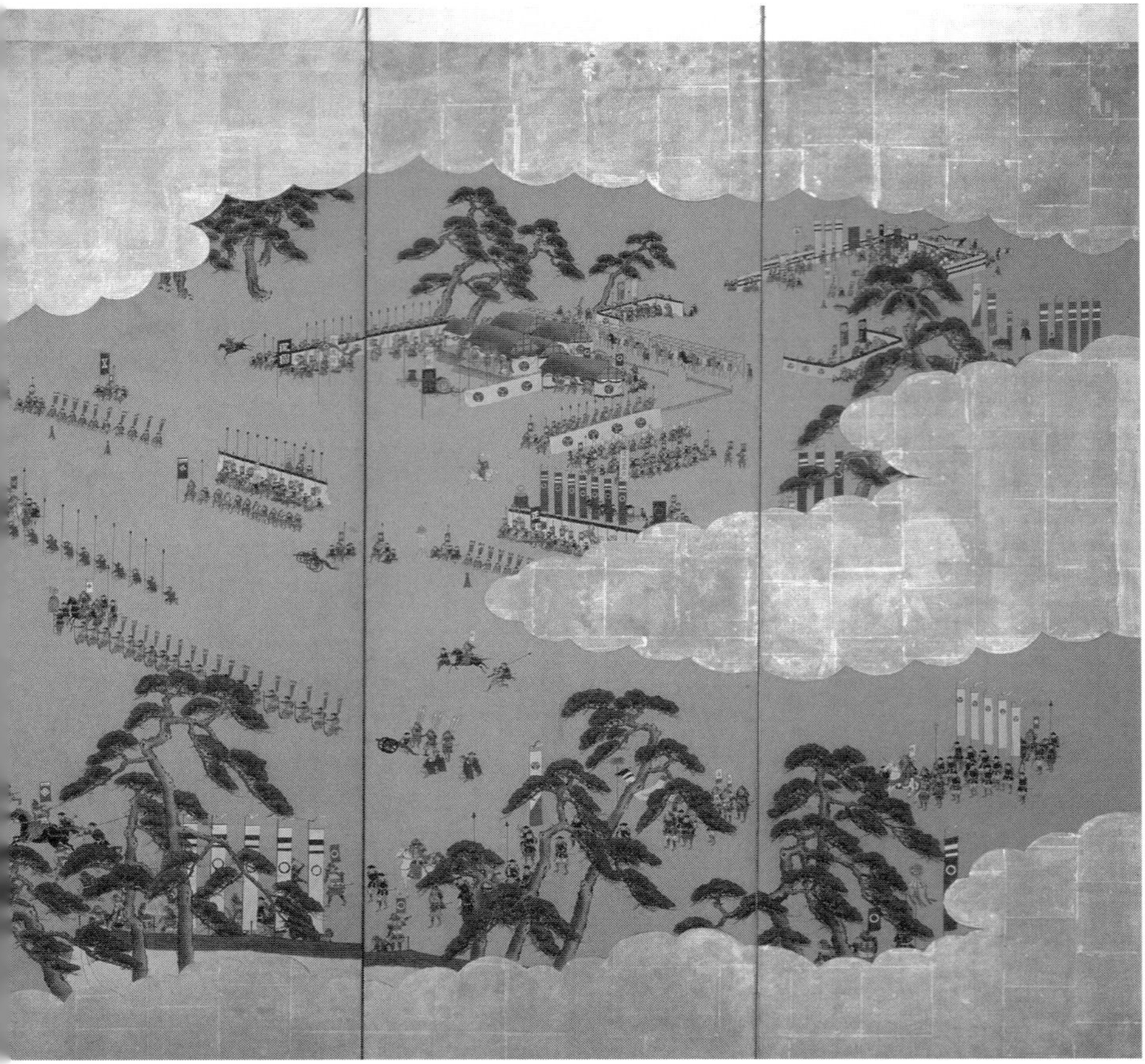

「人馬を使い、鳥獣を追い立てて狩りをするのじゃが、真の狙いは藩内の士気を高め、攘夷を以って一朝有事の際の軍備の充実を図らんがためでの。それがなんとも大がかりで、華やかなものでござったから、天下の注目を集めたのじゃ」

水戸城南の千束原に展開したこの軍事訓練に、斉昭は甲冑姿で参陣。白馬にまたがり、自ら陣頭指揮を執った。「騎馬武者三〇〇〇、雑兵およそ二万」といわれたこの大演習に、藩士や郷士はもとより、領内の神官や修験者も漏れなく動員された。

「追鳥狩図屏風」（個人所蔵）

不断の恩義に応えんと馳せ参じた神官たちの意気込みが、古参の和地や小室らの口振りからも伝わってくる。数馬は、亡き父からも、その模様を聞かされた。

斉昭が思いを込めたこの追鳥狩には、武茂郷の郷士も無論参陣した。馬頭村の北條斧四郎や同村で御山横目を務めていた星壮兵衛、大山田下郷村の石井繁之進、さらには小砂村で郷士格に列せられていた藤田重衛門らが名を連ねている。

北條や石井は、水戸藩草創期以来の旧族郷士一八家に入る名門である。彼らは、秋田に転封されたた佐竹氏の支配下にあって、武茂郷に土着・帰農していた名家であった。このため佐竹氏に代わり新規に襲封した水戸徳川氏が、彼らを自らの政治的支配下に組み入れるべく取り立てていた物成《ものなり》五〇石の郷士である。物成とは、藩の蔵米から支給される扶持米のことである。

ちなみに郷士は、兵農分離によって武士が城下に住むことを原則とした近世になってからも郷村に居住した士族を指している。北條や石井らはしかし、斉昭復権後の安政期に入ると、改革派として台頭する中農層出身の新郷士らにその地位を取って代わられていく。

「大陣太鼓」。斉昭が追鳥狩のために造らせた（常磐神社・義烈館所蔵）

安政二年の「追鳥狩」

追鳥狩は第一回に続き、その後も毎年挙行された。天保年間に合わせて五回。斉昭の謹慎から復権に至る混乱で生じた一一年の空白期間の後、安政二年（一八五五）四月に城下の千波原で復活し、その後三回実施される。復活した安政二年（一八五五）には、数馬も甲冑姿で神官仲間に同道し、初陣を果たしている。

煙るような山々の新緑が目に優しい。花を散らした山桜が、萌黄色の若葉を勢

偕楽園内にある好文亭は、斉昭自身が設計し、文人墨客や士民を集めて詩歌などを楽しんだ。三階の楽寿楼からは、南東眼下に千波湖を見渡せる

い良く広げている。川面《かわも》に光が戯れ、街道沿いの田畑には、野良仕事に精を出す農民の姿が数多く見られた。

　武茂郷の郷士や神官、修験者らは乗馬に旗指物をなびかせ、一団となって水戸城下を目指した。馬頭から矢又川沿いに峠を越え、鷲子山《とりのこ》の南麓を回り、長倉・野口を経て南下する行程は、「川戸道」と呼ばれた。

「城下に入ると、御奉行所の指図《さしず》を仰ぎ、宿所に前泊して翌日の演習に備えたのでござるよ」

「初めてのわたくしは、気持ちが高ぶり、眠れませんでした」

　数馬が照れると、孝之助が身を乗り出した。

「お話を聞くだけでも、心が躍ります。この三月には必ずご一緒いたします」

「若いお人は元気で何より。しかし、われらは先ず、目の前に迫っておる講釈見分会を無事に済まさねばなりませぬぞ」

　世話役の今瀬が、その場の空気を引き締めた。大久保郷校では、数馬も孝之助も『論語』を講じることになっている。

神職隊の結成へ

復活した追鳥狩に、数馬が十九歳で初陣を果たした安政二年（一八五五）の暮れには、齋藤監物ら四人の神官が、寺社奉行所の命により領内神官の「総指引」を任じられた。四人とも、名門の神官である。この人事は、藩が彼らに神官の組織化を正式に求めたことを物語っている。

先述の通り、この時すでに一部には、有志による自発的な神官組織が見受けられたから、これらを呑み込んで全領に及ぶ神官同盟の結成が目論《もくろ》まれた。

明けて安政三年（一八五六）には、領内に七連の神官組織が生まれている。数馬や孝之助は、今瀬が世話人を務める保武連に所属した。保内・武茂の両郷が連合した二〇名の神官から成り、保武連を含めた七連で総勢一七〇名余を数える神職隊が、水戸藩の軍事組織の一端に組み込まれることになった。

神職隊はまさに、各地の郷校を拠点にした神官組織が、尊攘を標榜する思想的な軍事集団に変身した姿と言っても過言ではない。

数馬や孝之助が出席を命じられた弘道館の講釈見分会などは、このような一連の動きのなかに位置づけられていた。この時期は、改革派の思惑が藩内で順当に実現していくひとときである。藩政や幕政に復帰した前藩主の斉昭が強力な発言権を行使し、自らの失脚によって積み残した「天保の改革」課題に再度精力的に取り組むことができた短い期間であった。

幕命による「急度《きっと》慎《つつしみ》」が斉昭に下るまで、あとわずか。

弘道館で異例の見分会

安政三年（一八五六）二月に水戸の弘道館で開催された講釈見分会には、藩の重臣が顔を揃えて臨席した。加えて、会沢正志斎や青山延光《のぶみつ》（延于の長男）を始めとする弘道館の総教（教授頭取）・教授・訓導や先に任命された神官の「総指引」など、錚々たる顔ぶれが綺羅星のごとく列席した。

一両日にわたる出席者総数八八名。『論語』や『日本書紀』『古語拾遺』『孝経』などを講釈した者八七名に及び、熱気と緊張に包まれた見分会であったが、出席者は領内七連のうち保武連を含む四連に限られている。他の三連を、後日に振り分けた半舷上陸の見分会であった。

弘道館の対試場。武術の試験などが行われた

弘道館はもともと藩士やその子弟のための藩校であったから、神官を対象にし

た見分会の開催は異例とも言えた。改革派が実権を握る藩は、神官にそれだけの期待を寄せていた。数馬も孝之助も、その期待を全身で受けとめた。

「緊張して、何やら、夢見心地でございました」

頬を紅潮させた孝之助が言った。

「いかにも。しかし、孝之助どのはご立派でした」

重圧から解き放たれた数馬と孝之助が顔を見合わせると、

「いやあ、われらも同様じゃった。若いお二人こそ、実に頼もしい限りでござった」

同席した武茂郷の古参の神官たちが笑った。

翌三月には、復活した二回目の追鳥狩が千波原で実施された。孝之助が勇んで数馬たちに同道したことは言うまでもない。

四月には、終身禁固刑に服していた保守門閥派の領袖、結城寅寿が斉昭の命により一切の弁明を許されず、死罪に処せられている。結城派に与《くみ》した村々の郷士や村役人も、厳しく処分された。

大子村では益子民部左衛門、馬頭村では星小野衛門や北條斧四郎、鷲子村では薄井友衛門の一族など、多数の郷士が「揚《あが》り屋《や》入り」（入牢）や「百姓へ相返し」

正面の山裾を久慈川が流れる大子町

「大子村御陣屋ノ跡之図」（佐藤圭一氏所蔵）。大子郷校には、この跡地などが充てられた

などの処分を食らった。大子村の旧族郷士である益子氏は、結城氏との関わりを咎《とが》められた。鷲子村の薄井一族は紙問屋や砂金で財を成し、藩に巨額を献金して郷士に列せられた、いわゆる献金郷士であったが、結城派との懇《ねんご》ろな関係を指弾された。星・北條氏との姻戚関係も糺《ただ》された。

保内郷に大子郷校が開校

安政三年（一八五六）八月には、隣接する保内郷の久慈郡大子村に大子郷校が開校し、盛大な開館式が行われた。斉昭の突然の失脚により頓挫していた郷校の建設計画が、彼の復権によって動き出していたのである。嘉永二年（一八四九）には、袋田村の櫻岡源次右衛門が「大子郷校掛」を拝命している。郷校掛は村々の庄屋や組頭の中から選ばれ、郷校の建設・維持管理に当たった。

村の有志には、献納金が割り当てられた。山田村の菊池佐之衛門もこれに応じ、「右　大子郷校御新建に付　金子指上候段、奇特之至ニ付」「御杯壱」を下賜された。菊池氏と後年に姻戚となる内大野村の組頭飯村平蔵も金二分を献納し、郷校運営に供する一反三畝余の献田を申し出ている。飯村氏は累代が平蔵・平左

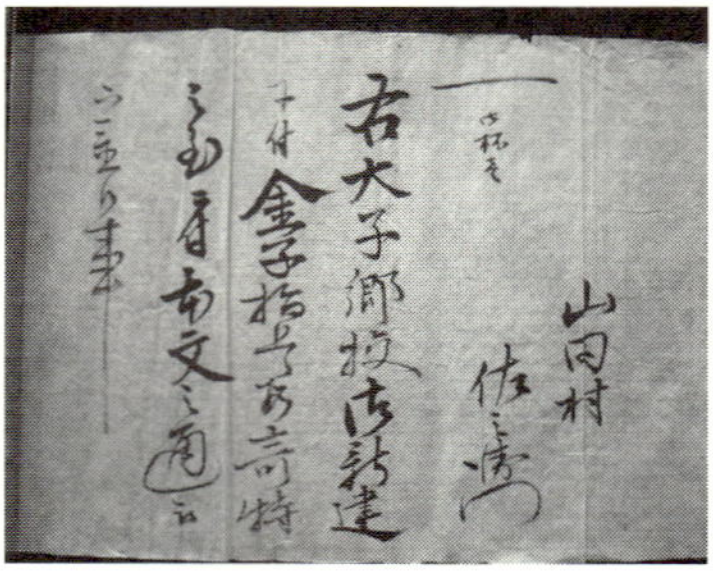
郷校寄付金に対する褒賞状（菊池賢司氏所蔵）

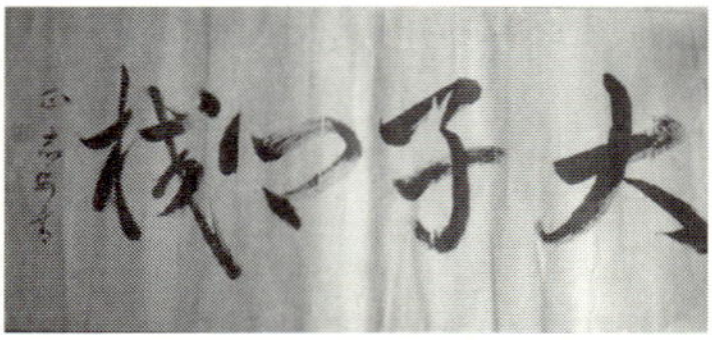
会沢正志斎の筆になる扁額（櫻岡滋弥氏所蔵）

衛門を襲名し、庄屋や組頭を務める内大野村の豪農で持高田畑五四石余、外に酒造株一五〇石・馬三〇頭・山林数か所を所有していた。

耕地面積の少ない保内郷は、林業を生活の基盤にしていた。藩も植林に力を入れ、御立山や御留山と称する広大な藩有林を所有し、北郡奉行のもとに御山横目や小山守を配し、その管理に当たらせていた。御山横目は、庄屋の中から選ばれて加役されたものが多く、一〇か村内外を管轄《かんかつ》した。小山守は、その下役である。狭い耕地では、米麦や雑穀のほか、蒟蒻・茶・煙草・漆などの商品作物の栽培に高い比重が置かれた。馬産にも力を入れている。

郷校掛に任命された四六歳の櫻岡源次右衛門は、文政三年（一八二〇）に他界した飯村平左衛門の二男平介（平助）に当たる。彼は二五歳で櫻岡氏の婿に入り、妻女いさとの間に長男八郎を儲け、源次右衛門を名乗っていた。若くして頭角を現わした源次右衛門は、二九歳になる天保三年（一八三二）に、北郡奉行を務めていた藤田東湖（虎之介）の目に留まり、袋田村の庄屋に抜擢されている。

東湖はこの時二七歳であった。前年からの北郡奉行在任中に、源次右衛門と顔を合わせていたことになる。天保二年（一八三一）の「巡村日録」四月二八日のくだりに「下津原を經袋田に到り溫泉一見瀑布一見庄ヤ宅へ入教諭晝食」とあ

袋田の滝（右）と月居城址（左）

り、あるいはこの日などが初見の機会になったのかもしれない。

天保五年（一八三四）には、領内巡視の斉昭が源次右衛門宅の離れ屋に休憩し、その別棟をいたく気に入って「清流亭」と命名した。斉昭は袋田の滝を探勝し、佐竹氏の治政下にあって野内大膳が城を構えていた月居山に懸かる月を見上げ、歌一首を後世に残している。

尋ぬれば人は昔の名のみにて雲井の月ぞすみ渡りける

源次右衛門がその本領を発揮するのは、養父没後の三〇代半ばからである。彼は新田開発に取り組む一方、水車を活用した粉蒟蒻の量産と販売に力を注ぎ、販路を江戸や京・大坂にまで広げた。さらには大子一円の同業者を組織し、各自が商標を登録して品質を統制・管理し、共同の集出荷や取引市場の整備に当たる「蒟蒻会所」を自邸内に開設。自ら世話掛となって業界の牛耳を執った。藩は、そんな彼を「御国産」の仕法掛に命じている。

かくして一代で財を築く源次右衛門と水戸藩との間には、東湖の流れを汲《く》む高橋多一郎や野村彝《つね》之介さらには高橋に下士から引き上げられて才腕を揮《ふる》った関鉄

櫻岡源次右衛門（櫻岡滋弥氏所蔵）

之介らが介在していたと見てよい。大子郷校の新建なども、高橋が北郡奉行の在任中に関の奔走によって日の目を見ている。無論、高橋を後継した野村の配下の尽力もあった。

源次右衛門はこの間に数か村の庄屋を兼ね、御山横目を拝命して郷士並から郷士に取り立てられ、「代々苗字帯刀麻上下着用御免」などのお墨付きを得ていく。高橋は北郡奉行から奥右筆頭取に昇進。東湖亡き後の藩を代表する改革派リーダーを務めた。彼は「安政の大獄」を機に、幕政改革と攘夷の実行を唱え、「桜田門外の変」の首謀者のひとりとして激走する。野村も関もその一翼を担い、源次右衛門は彼らに活動資金を提供することになる。万延元年（一八六〇）の桜田事変までには、まだ四～五年の歳月があった。

大子郷校の開館式当日は、激しい風雨に見舞われた。久慈川が増水して川留めになり、出席者の中にはその日を大子に止宿する者も出たくらいである。内大野村の組頭飯村平蔵も、高柴村の兼帯庄屋益子喜右衛門ら七名と共に足止めを食った。

出席者には、北郡奉行の野村彝之介ら郡吏に交じって関鉄之介の姿も見られた。さらに静神社長官の齋藤監物や下野宮《しものみや》近津神社の近津陸奥守、鯉淵要人らの神官が顔をそろえ、武茂郷からは今瀬を中心に和地、小室、横山をはじめ数馬や孝之助など八名が列席している。その他、保内郷内外の郷士や郷医、村方三役などが多数参列したが、詳細な記録がない。

保内郷で郷校新建に携わった袋田村の櫻岡源次右衛門はもとより、上金沢村の塚田六郎・左貫村の町嶋平蔵・初原村の神永平介・冥賀村の菊池忠右衛門ら御山横目に加え、初代館守を務めることになった大子村郷士の黒崎藤衛門の在席などは言うに及ばない。暴風雨の真只中であったが、一同に酒肴や赤飯が振舞われた開館式は、「大子地方としてはかつてない盛儀であった」と伝えられる。

待望の馬頭郷校も開館

錦繍《きんしゅう》を纏《まと》っていた山々が、いつしか色褪せていた。柿の実が色づき、鈴なりの枝が抜けるような空に映えていた。近くの梢《こずえ》で、百舌《もず》が鋭い声を張り上げている。数馬の秋は、目まぐるしく過ぎていった。

安政三年（一八五六）十月に入ると、水戸の弘道館で剣術や槍術の見分会が開かれた。数馬や孝之助は、一刀流の見分を受けた。月末には、北辰一刀流師範の

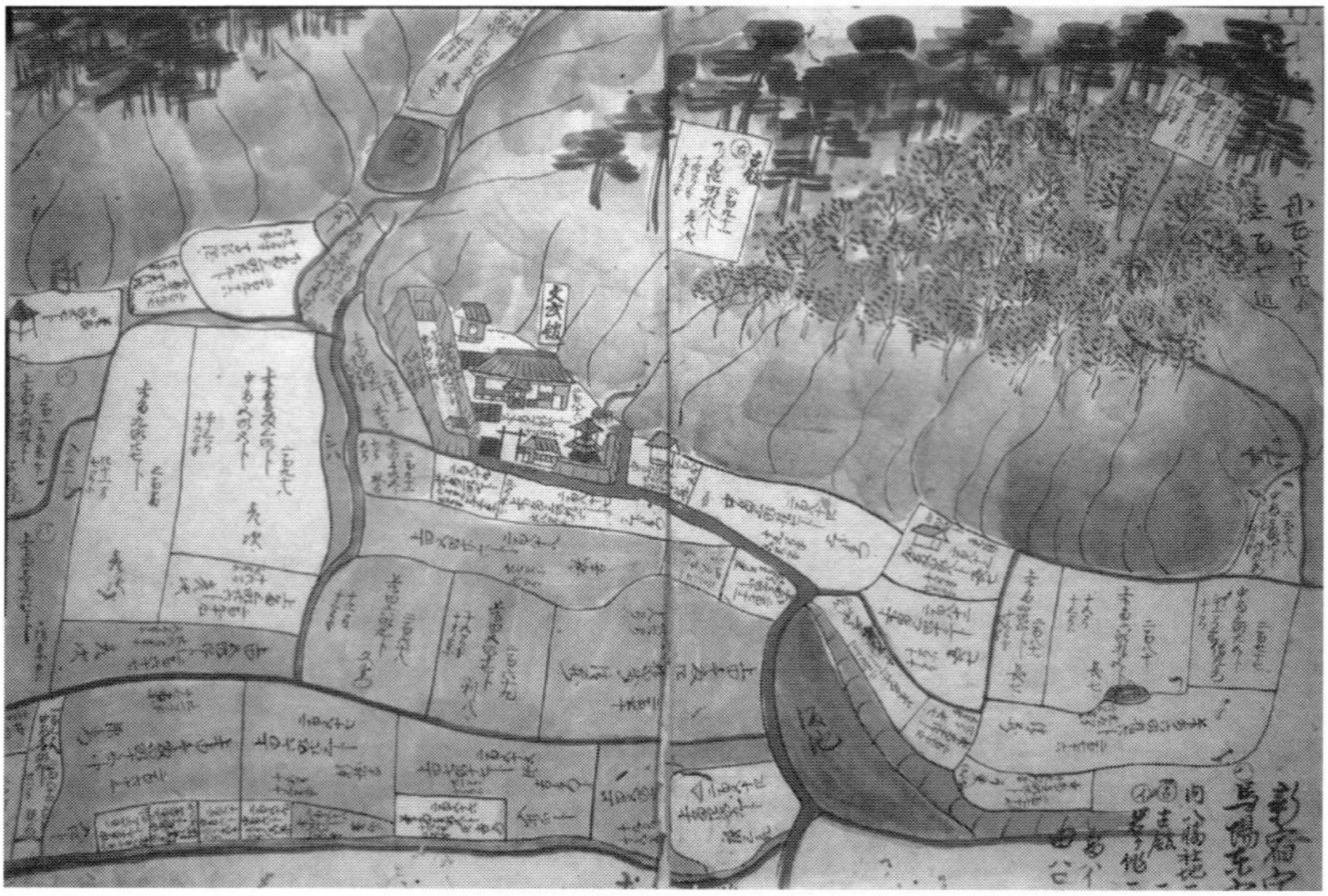

「馬頭村絵図」の中の馬頭郷校（中央左、那珂川町馬頭郷土資料館所蔵）

「醍醐聿蔵」の名代平沢金之介が武茂郷に来訪、と今瀬仲の「御用留」にあるが、あるいはこの「醍醐聿蔵」とは、文政五年（一八二二）生まれの大胡聿蔵《だいごいつぞう》のことではないか。揺れ動く時局を反映し、一刀流への入門希望者が殺到した。剣術熱が高まりを見せ、数馬も孝之助も共に入門を果たしている。

この二年後に大胡は、二〇代半ばの坂本龍馬と面談している。井伊直弼の強権的な幕政の改革を訴え、尊攘派リーダーの住谷《すみや》寅之助らと西国諸藩の奮起を促す遊説中のことである。天狗・諸生の水戸藩の内乱に大胡は、宍戸藩主松平大炊《おおいの》頭《かみ》頼徳《よりのり》が率いる大発勢に加わって戦ったが幕府追討軍に投降し、元治二年（慶応元年・一八六五）に四四歳で自刃している。

数馬は翌安政四年（一八五七）二月にも、那珂郡野口村の時雍館（野口郷校）に呼び出され、今瀬を始めとする二〇数名の参会者と武茂郷から出張って、文武の見分・聴聞に参加した。数馬と孝之助はそれぞれ神書を講じ、一刀流の見分を受けている。

このように、文武熱に燃えた武茂郷の神官が、草鞋《わらじ》履きで近隣の郷校に出入りする。山越えの街道を東へ、あるいは北や南へと片道三〇～五〇キロメートルの道程を往来する。その脚力や胆力に驚かされる。

地元に郷校を持たない武茂郷の神官の悲願が叶《かな》ったのは、それから数か月後のことである。

馬頭郷校が、安政四年（一八五七）六月三日に開校した。領内一五郷校の中でも、十数番目に当たる待望の開校である。

この年は、幕府が日米修好通商条約を調印する前年に当たっている。米国駐日総領事ハリスと幕府との間では、通商条約締結をめぐる駆け引きが繰り広げられていた。同年六月には、斉昭を海防参与に請うた老中阿部正弘が、過労のため三九歳で急死している。

斉昭はこの間に、日米和親条約の締結を不満として辞任。再任後も幕政に対する不満を募らせ、阿部が死んだ翌七月に、再度の辞任を重ねている。水戸藩の尊攘運動はこの頃、諸外国から開国を迫られ譲歩を重ねる幕府を足元から揺さぶる最先鋒の役割を果たしていたことになる。

数馬はこの日、早朝四時に起床して裏庭に出た。

神社の森が黒々と裏庭に迫っている。山の斜面を切り崩した崖下の古い掘り抜き井戸まで敷石伝いに足を運び、汲み上げた水で体を清めた。冷水に身も心も引き締まった。井戸端の山百合が、三つ四つ蕾をつけて膨らんでいる。鬱蒼と立ち上がる森の巨樹と茅葺き屋根の庇《ひさし》との間から見上げる暁の空が、少しずつ白み始めていた。

土間に続く広い板の間に灯る小さな明かりを頼りに、数馬の出支度を整える得玖がいそいそと立ち働いている。その小さな影が薄らいで、土間の障子が白さを増した。灯を落として、得玖が言った。

「お望みであった文武館の開校式。皆さま、さぞやお喜びでしょうね」

「ウム、しっかり頑張って参ります」

小声で交わす母子の会話が途切れ、淡い明かりが土間にほのぼのと広がり始めていた。間もなく小鳥がさえずり始める頃には、弟妹が寝ぼけ眼《まなこ》で起き出してくるはずである。

宇都宮氏七代景綱の三男で武茂氏の始祖泰宗像（右）と山城の武茂城址（左）

今瀬仲が館守に就く

安政四年（一八五七）五月二六日付の「郡廳達」は、「野州馬頭郷校開業ノ件」について、次のように伝達している。（『茨城県史料　近世政治編　Ⅰ』）

馬頭村へ新建之學館來月三日御開キ文武とも御郡奉行衆見分被致畢而御祝之被下物有之候條其旨相心得宵日七ツ時迄ニ右村へ麻上下用意罷出指引可被致候尤繁農之砌ニ付御用指合等も有之罷出兼候ハ、其段屆ニ不及候右見屆早々順達可被致候以上（以下略）

達書は「新建の学館が開校するので、文武見分の用意を整え、麻上下を着用のうえ出席させるように」と世話役の御山横目に命じている。しかし「農繁期でもあるから、差し支えのある者はこの限りではない」とも断《ことわ》っていた。

今瀬仲の五月末日の回状には「文武共御見分これあり候間、書籍ならびに武具等御申し合い、御持参なされ、麻上下着用、当日正五ツ時（午前八時）御場所へ御詰めなられるべく候」（カッコ内は筆者）とあり、自らが馬頭郷校の館守に任じ

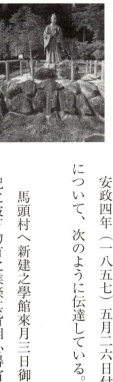

馬頭院（右写真の大屋根）と馬頭観世音菩薩（左、普段は撮影不許可）

られたことも書き添えられていた。

ちなみに、今瀬が西郡奉行の太田甚太夫から馬頭郷校の館守に正式に任命されたのは、五月三日の落成式当日であった。

太田はかつて天保の社寺改革に寺社奉行の今井惟典の配下で寺社役を務め、斉昭の藩政改革を最前線で支えた人物のひとりである。斉昭の復権と共に、今また西郡奉行として安政元年（一八五四）から同六年（一八五九）まで在勤し、武茂郷を含む水戸藩の西部地区を支配していた。馬頭郷校は、彼の指揮下で建設が進められ、めでたく落成・開校したことになる。

数馬が早起きをして支度を整え、出かけた先は無論、馬頭村のほぼ中央の高台にある馬頭郷校である。今は馬頭小学校が建つその背後の山には、かつて戦国末期までおよそ三〇〇年に渡りこの地を支配した武茂氏の城址がある。

宇都宮氏から分かれた武茂氏は一時期の断絶を挟《はさ》み、この山城を本拠にした。武茂氏は、常陸国から勢力を拡大する佐竹氏と、これを阻止しようとする下野国の名門・那須氏との抗争に巻き込まれながら、天正年間には佐竹氏の家臣団に名を連ねた。その後、佐竹氏による文禄四年（一五九五）の新たな知行割に伴い、武茂氏が久慈川西岸の大賀村に移ると、この山城は佐竹氏の客将として活躍した

乾徳寺の山門（右）と武茂氏累代の墓地（左）

太田道潅の末裔・景資のものになった。

武茂城址を頂く山の麓には、真言宗智山派の馬頭院や曹洞宗の乾徳寺《けんとくじ》などの古刹が控えている。

馬頭院は、この地を巡視して参詣した二代光圀から、「一〇万石の格式」を授与され、朱印寺に認定されたと伝えられる。これを機に、馬頭村の地名の由来とされる馬頭観世音菩薩を本尊とする現在の院名に改称を命じられた。光圀はその記念に「枝垂れ栗」（通称「三度栗」）を寺の境内中央に植樹している。それまでは延命地蔵菩薩を本尊とする地蔵院と称した、建保五年（一二一七）創建の古刹である。

乾徳寺は、安土桃山時代の様式を取り入れた山門を構え、武茂城址と一体となり、武茂氏の菩提寺として苔むした累代の墓地を守っている。千鳥破風《はふ》造りの山門の両側には、武茂氏の家紋が刻まれており、屋敷の表門が寺に寄進されたと伝えられる。いずれの寺も、武茂氏の一族郎党や当地の守護寺として、古い歴史を誇っていた。

馬頭郷校は、それらの古刹に隣接して建設された。水戸藩の郷校としては比較的に規模が小さく、残されている古文書によれば、領民の献金や労力の提供など

馬頭郷校（「馬頭村絵図」の一部を拡大）。馬頭院の写真（66ページ）右手（小学校の敷地）にあった

向田神社。社前の大欅が人目をひく

があって、普請《ふしん》に八六両余の経費がかかった。その古い絵図面も残されている。

文武館と記された敷地が、松や雑木などが描かれた山裾にある。敷地が、土塁のようなもので囲われ、正面の冠木《かぶき》門を入ると、右手に番小屋や鐘楼のようなものが見える。門から直進した目の前に建つのが本館らしい。その裏手の小さな建造物が文庫か。敷地の左手の土塁は縦に長く、三方を取り囲んだ矢場のようである。ここで射撃の訓練も行われたか。肝心の武道場が見当たらないから、本館が文武兼用の施設として使われたのかもしれない。

威儀を正して冠木門を潜《くぐ》り、木の香に包まれた本館に踊るように足を踏み入れた、数馬の張り詰めた心持ちが偲ばれる。

活況を呈する郷校見分会

この日は開館式を兼ねていたから、華やかな雰囲気に包まれた。西郡奉行の太田甚太夫を筆頭に、元締や文武館造営掛、学校掛さらには郡庁の役人などが正装して居並び、役人以外の関係者は、上席に静神社長官を務める齋藤監物の代理人齋藤式部や直近の藩命で館守に就任した今瀬仲などが改まった。

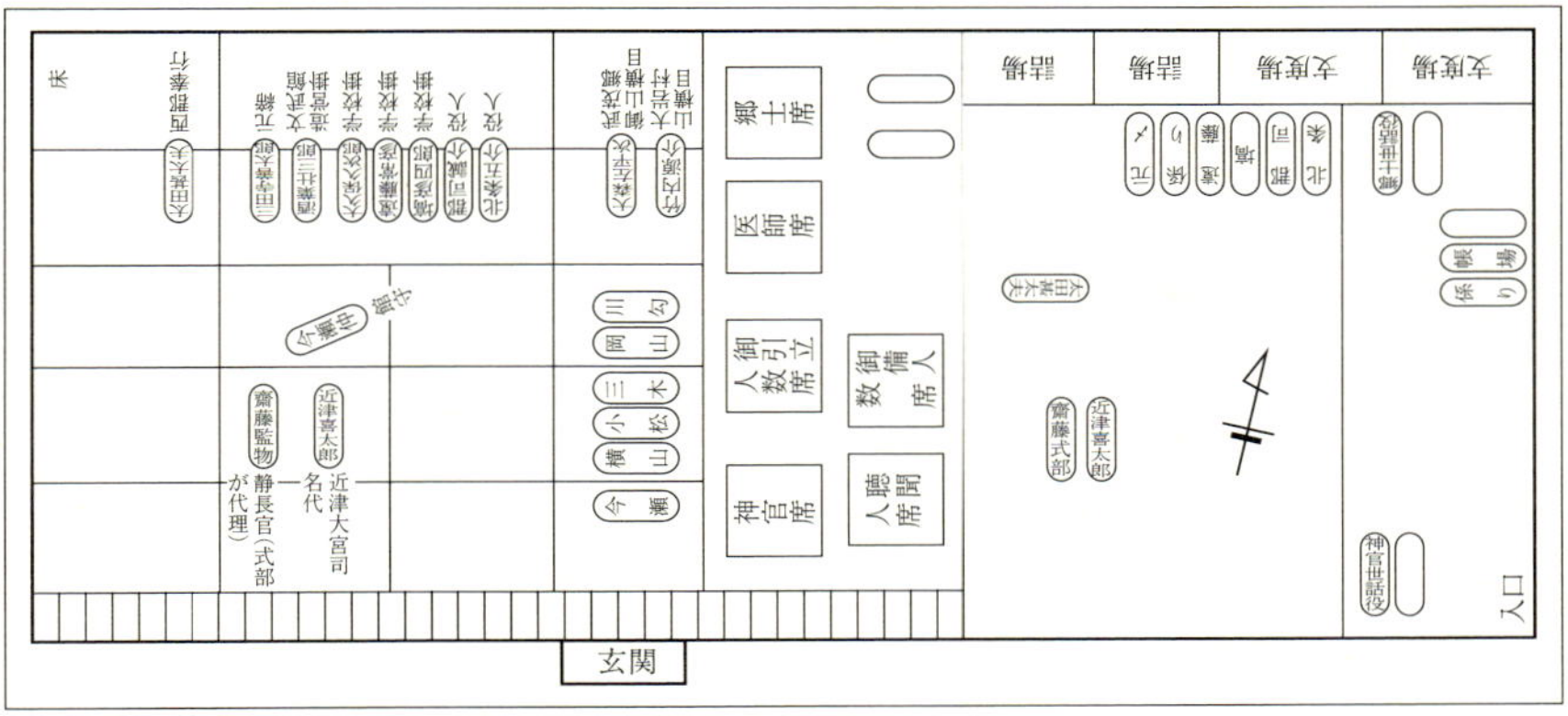

馬頭郷校開館日の講釈聴聞座席（『馬頭町史』などを参考）

中席には武茂郷の御山横目を務める大森左平次元好などのほかに、向田村の神官である横山右馬之介を始め郷医の代表などが列席し、数馬たちは下座の郷士・神官・郷医・村役人の一団に加わった。下座にはさらに「御備人数」（農兵）席や聴聞人席も設けられている。

横山右馬之介が中席に着座したのは、向田神社が天文一一年（一五四二）に武茂城主の一一代守綱によって領内一八か村の総社鎮守神としての格式を与えられた由来によるものなのか。向田神社には、元禄年間（一六八八～一七〇三）に巡村した二代光圀も参籠《さんろう》し、神田二反六畝を寄進している伝えもある。

御山横目の大森佐平次元好は、改革派に属する小口村の郷士である。彼は安政六年（一八五九）、九代斉昭が幕府から国許永蟄居《くにもとえいちっきょ》を命じられた折りに、息子元茂（左一郎）と共に斉昭警固の一員に加わっている。

後に父と同じく佐平次を名乗った元茂は、元治元年（一八六四）に勃発した水戸藩内乱の那珂湊合戦で宍戸藩主松平大炊頭頼徳に従って幕府軍に投降。許されて自宅謹慎の後、白河まで守旧門閥派の市川勢を追撃し、明治元年（一八六八）には弘道館の戦いに参戦。銃弾が飛び交うなか、三四歳で戦死している。元茂は、この見分会に左一郎の名前で出席し『論語』を講じ、弓術や炮術、一刀流の剣術などを披露している。

見分会は武茂郷以外からの出席者を含め、文武合わせて六四名が参会し、聴聞人や見学者を加えると一〇〇名を超える活況を呈した。この日は開館の準備を手伝った地元領民に酒が振舞われ、欠席者には金子《きんす》や赤飯などが配られることになっていた。

参会者が酒と赤飯で開館を祝ったことは言うまでもない。数ある出席者に加わり、午前の部で数馬は『論語』を、孝之助は神書を講釈し、午後の部では孝之助が一刀流を披露している。

開館式を兼ねたこの日からおよそ一年後の文武見分会も、同様の陣容で五月一三日に開かれた。西郡奉行の太田甚太夫ら、お馴染《なじ》みの顔触れが揃って講釈や武術・炮術を見分している。多数の出席者に混じり、数馬は『日本書紀』を講釈し、無念流を試合形式で披露した。孝之助も講釈者にその名を連ねている。

炮術披露には三八名が参加し、郷士や農兵以外にも郷医・村役人・神官・修験者などが緊張の面持ちでその技を披瀝《ひれき》した。水戸藩では早くから、猟師が郷士の下に組織され、農兵として起用されていたが、緊迫する内外の時局を反映し、当日の出席者がこぞってこれに参加したものと思われる。

少し動けば汗ばむほどの陽気が、文武見分会を包んでいた。白い雲が空高く立ち上がり、木陰が欲しくなる季節に入っていた。きらめく午後の光が、村を取り囲む山々の緑をいっそう鮮やかに際立たせている。その山々に木魂《こだま》する銃声は、迫り来る動乱の時代を予告しているかのようであった。

館守の今瀬が記録した安政四年（一八五七）の出席簿によれば、役人立会いの見分会と普段のグループ別学習方式による平会との合計で、八か月間に今瀬が一九回、孝之助が一三回、数馬が七回の実績を残している。

五八名の出席者中、和地相模ら二名が最多の二一回を数える一方、全欠の者も一名いて、出席状況はまちまちであったが、馬頭郷校は概して活気に溢れた。この時、孝之助は一六歳で出席回数が一六番目、数馬は二一歳で三六番目と、孝之助にかなり遅れを取っている。

数馬の出席率が芳《かんば》しくなかったのは何故か。役人立会いの見分会は、八回のうち五回出席しているが、平会は僅か二回に止《とど》まっている。個別の事情は誰にもあったはずであるから、孝之助のように文武に寄せる一途《いちず》に燃えるような激しさ

井伊直弼（豪徳寺所蔵）

一橋（徳川）慶喜（茨城県立歴史館所蔵）

が、数馬には欠けていたのかもしれない。律義で誠実な数馬の出席状況を宙ぶらりんに押し止めた要因は不明である。

波乱招く井伊大老の専断

水戸城下から遠く離れた山深い村の郷校で、文武見分会が真剣に開かれていた安政五年（一八五八）五月。江戸では、南紀派の重鎮で彦根藩主の井伊直弼《なおすけ》が幕府の大老に就任し、ひと月が過ぎていた。幕末のダークホースの登場である。

井伊は就任後間もなく、五月上旬には南紀派と一橋派とが争っていた将軍継嗣《けいし》問題に決着を図った。一三代将軍家定《いえさだ》が、世子《せいし》を紀州藩主の徳川慶福《よしとみ》（後の家茂）に決めたと幕閣に内示する。加えてこの間に、大目付や勘定奉行など一橋派の開明的な幕吏を左遷した。

六月には、米国駐日総領事ハリスとの間で、勅許を待たずに日米修好通商条約に調印する。井伊も、願わくは無勅許調印を避けたかった。しかし、この期に及んで、幕府がいちいち朝廷の許可を得て政治を行う必要はないと腹をくくった。大政委任は、開幕以来の取り決めではないかと考えた。彼は、幕権の回復による

松平慶永（国立国会図書館内「近代日本人の肖像」web サイト）

山内豊信（国立国会図書館内「近代日本人の肖像」web サイト）

国難の打開に賭けた。

六月一九日　日米修好通商条約に調印。

　二二日　御三家・諸藩に総登城を命じ、条約調印を公表。

　二三日　老中の堀田正睦《まさよし》らを排斥し、身辺を南紀派で固める。

　二五日　再度の総登城を命じ、次代将軍を慶福と公表。

急転直下のこの独断専行に、批判や抗議が巻き起こる。分けても、慶喜《よしのぶ》を将軍世子に推していた一橋派が憤激した。

慶喜は斉昭の七男で、御三卿《ごさんきょう》の一橋氏の養子に入っていた。一橋派は「英明にして胆力あり」と評判の二二歳になる慶喜に、国難を乗り越える船の舵取りを期待する。この派には越前の松平慶永《よしなが》（春嶽）を始め、薩摩の島津斉彬《なりあきら》、土佐の山内豊信《とよしげ》（容堂）、宇和島の伊達宗城《むねなり》、徳島の蜂須賀斉裕《なりひろ》など有力諸藩の大名が名を連ねていた。革新的な幕吏も、一橋派に与している。

南紀派は、将軍世子の血統を重視した。一三歳の慶福は一三代将軍家定の従弟で一一代将軍家斉の直孫に当たる、という主張である。水戸藩や外様など有力諸藩の横行を嫌った譜代大名が、これを少なからず支持している。

六月二三日、井伊の専横に対して一橋慶喜と田安慶頼《よしより》が、翌二四日には松平慶永が、さらには斉昭が水戸藩主の慶篤や尾張藩主の慶恕《よしくみ》（後に慶勝）を伴って急遽登城、老中列座の前で井伊を難詰し、条約調印は違勅の罪に当たると糾弾した。その真の狙いは、慶喜の将軍継嗣と井伊の大老辞任にあったが、無勅許のまま条約調印を進めたのはそもそも将軍継嗣問題で一橋派に与していた堀田老中らであったから、斉昭らの鉾先は井伊によってあっさりかわされてしまう。

二五日には将軍世子が一三代将軍家定の意志により慶福に決定したことを目の前に突きつけられた。井伊に大老辞任の意志などない。七月からはオランダ・ロシア・イギリス・フランスとの修好通商条約を次々に締結する。一橋派の目論見はことごとく外れ、蹉跌《さてつ》した。

井伊は彼らの「不時登城」を咎《とが》め、七月五日と六日に、斉昭に謹慎（急度慎）、慶恕・慶永に隠居・謹慎、慶篤・慶喜に登城停止を命じた。一三代将軍家定が三五歳で死去する前日と当日のことである。一四代将軍には予定通り紀州藩主の慶福が就任し、名を家茂と改めた。

井伊は反対派の一掃と弾圧に乗り出し、一挙に勝負に出る。目の前に「安政の大獄」が迫っていた。

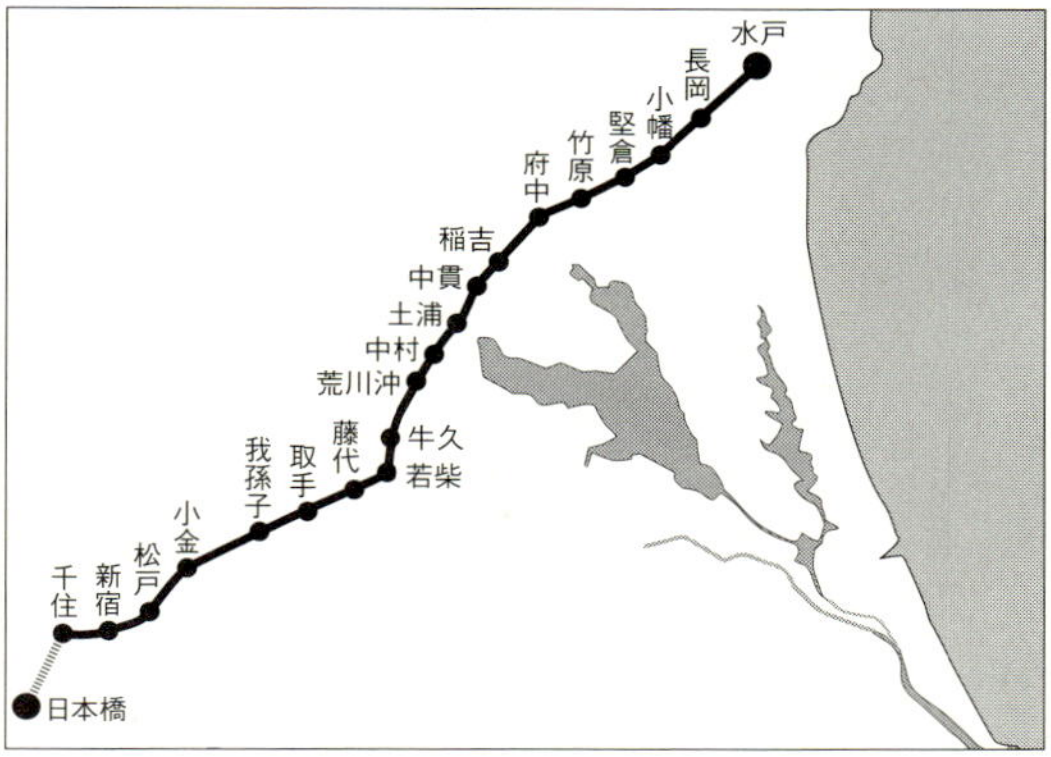

江戸（水戸）街道

水戸藩士民の怒り沸騰

井伊の強権に屈した水戸藩や一橋派は、井伊の更迭を含む幕閣の改造を画策し、攘夷に固執する孝明天皇の勅諚《ちょくじょう》を仰ぐ。条約調印の顛末に憤激する天皇も、自ら進んで水戸藩に「戊午《ぼご》の密勅」を下した。これが八月八日。

密勅は国内の「治乱」を問題視し、井伊を排斥、斉昭を赦免、慶喜を擁立する含意を婉曲《えんきょく》に示して公武合体の実を挙げるように説いている。また、その趣旨を有力諸藩に回達するよう命じた。

正当な手続きによらないこの勅諚は、幕府が禁じる天皇の政治行為にほかならなかったから、これを知った井伊は激怒し、水戸藩の重役の責任を追及、同時に密勅の返納を命じた。

返納を命じられた水戸藩は、幕府との対立を深める。藩内は保守門閥派と改革派との抗争が絡み、騒然とする。改革派の内部にも亀裂が走った。幕府の圧力に晒された水戸藩は、家老の安島帯刀《あじまたてわき》（戸田忠太夫の実弟）を配転し、改革派重臣の武田耕雲斎らを退隠させる。幕府は三連枝に対して、水戸藩政の監視を命じた。

幕府のこうした強権的な態度は、水戸藩の士民を激昂《げきこう》させた。彼らはたちどころに決起し、斉昭の雪冤や密勅の早期回達を訴えた。秋の気配が濃くなる九月に入ると、江戸へ上る尊攘派の藩士を中心に村々の郷士や神官、村役人、農民などが多数続出し、上総国小金宿に雲集した。小金宿は、千住宿まで三つ手前の江戸（水戸）街道にあり、水戸藩はここに専用の本陣を置いていた。

藩は彼らをこの宿に押し止め、手を尽くして鎮撫に努めたが、士民の数は千数百名に及んだ。なかには、斉昭が謹慎する駒込の水戸藩中屋敷まで押し掛ける者も出た。いわゆる「第一次小金屯集」と言われる士民の抗議行動である。

幕府は、藩に対する処分を強化。京都などで拉致《らち》した尊攘派の藩士を江戸に護送して吟味した。家老の安島帯刀ら重臣には評定所への出頭を命じ、その場で身柄を拘束する強硬手段に出た。

国許では士民がこれに憤激し、再び決起する。「第二次小金屯集」と言われる安政六年（一八五九）五月の騒動には、三〇〇〇名余が小金宿に蝟集《いしゅう》した。武茂郷を含む西郡全域からこの騒動に加わった士民の数は、一二〇〇名余に達したと言われる。神官の活動も際立った。

この「第二次小金屯集」には、静神社長官を務める齋藤監物らを始め、六〇余名の神官が参加し、やがてその数は百数十名に及んだ。数馬や孝之助がこれに加わっていたかどうか。手元の資料から確認できないが、参加の確率は極めて高い。齋藤ら六〇余名は一同連署して、藩に建議文を提出、勅諚の早期回達と家老安島らに対する幕府の弾圧反対を訴えた。

齋藤らは、幕府の処分強化を懸念した藩の解散命令に耳を貸さず、その後も小金宿に居座り続ける。自身を含む二五名の代表団を江戸に潜入させた。彼らは、水戸藩連枝の高松藩主松平頼胤《よりたね》邸に押しかけ、斉昭らの処分解除の斡旋と勅諚回達の促進を嘆願し、小金宿に引き返している。その代表団の中には、後に桜田門外の変に加わる茨城郡古内村の神官鯉淵要人を始め、馬頭郷校の館守を努める今瀬仲らの面々も見られた。

「安政の大獄」で大弾圧

幕権の回復に賭けた井伊の怒りは収まらない。彼は勅諚降下の関係者を弾圧し、この際、慶喜擁立に動いた一橋派を含む尊攘派を根絶やしにする行動に出

小塚原回向院（右）には、安政の大獄で刑死した左内・三樹三郎・松陰ら多くの志士が葬られている（左・右中央）

橋本左内（国立国会図書館内「近代日本人の肖像」webサイト）

吉田松陰（国立国会図書館内「近代日本人の肖像」webサイト）

小塚原刑場跡の首切地蔵（石造の延命地蔵菩薩、延命寺）は、寛保元年（一七四一）に造立された。刑場では、火罪・磔・獄門などの刑罰のほか、刀の試し切りや腑分け、無縁仏の埋葬・供養などが行われた

安島帯刀自画肖像（大洗町幕末と明治の博物館所蔵）。切腹前に子孫に自画像を残すべく描いたと伝わる

た。公家と結んで幕権を侵害し、目に余る逸脱行動に走って、井伊自身の失脚を目論んだ陰謀の根を絶とうとした。

安政五年（一八五八）九月に始まり翌年一〇月に至る「安政の大獄」の処分者は、大名とその家臣・幕臣・宮・堂上公家・浪士などの広範囲にわたり、一〇〇名を超えた。罪状は切腹・死罪・獄門・遠島・追放・所払い・押し込め・手鎖などに及んでいる。

水戸藩の関係者では、斉昭が国許永蟄居、藩主慶篤が差控、水戸三連枝が譴責、附家老の中山信宝《のぶとみ》が差控、家老の安島帯刀が切腹、奥右筆頭取の茅根伊予之介と京都留守居の鵜飼吉左衛門が死罪（斬首）、京都留守居助役の鵜飼幸吉が獄門（さらし首）、鮎沢伊太夫が遠島、一橋慶喜が隠居・謹慎などに処せられる。他に当時の著名人では梅田雲浜《うんぴん》（獄死）・橋本佐内・頼《らい》三樹三郎・吉田松陰などが死罪に見舞われたことは知られる通りである。

幕府の処分は四次に及び、藩内においても改革派の排斥を狙って安政六年（一八五九）一〇～一一月に、奥右筆頭取の高橋多一郎や郡奉行の金子孫二郎らが蟄居を命じられた。幕府が藩の内政に干渉し、尊攘急進派重臣の更迭を命じたのである。

高橋は、藤田幽谷の門弟国友善菴や藤田東湖らに学んで尊攘思想に傾倒し、東湖亡き後の斉昭側近に抜擢されると、農兵組織や郷校建設に携わり、改革派の先鋒を担った。金子は斉昭擁立に奔走し、斉昭が襲封すると、民政に優れた手腕を発揮して斉昭の改革を支えている。

水戸藩が、再三の幕命を受け、勅諚の返納を決めたのは一二月二四日。この決定が士民の騒擾を新たに誘発し、返納阻止の実力行使に走る集団が生まれた。いわゆる「長岡屯集」である。長岡宿は水戸城下に近く、江戸（水戸）街道最初の宿場で水戸藩御殿などが置かれていた。第三次屯集とも言えるこの行動に参加したのは、人数こそ百数十名と少なかったが、いずれ劣らぬ過激な強硬派ばかりで、神官の一団もこれに加わっている。

幕府から繰り返し返納の催促を命じられた藩は、長岡勢に追討令を出して出兵するが、過激な勢力を恐れて軍《ぐん》兵《ぴょう》が多数集まらない。進軍の停滞に乗じた長岡勢は、

「桜田門外之変図」（茨城県立図書館所蔵）

水戸城下に潜入し、蟄居を命じられていた高橋多一郎や金子孫二郎、さらには関鉄之介などを出奔させることに成功する。藩が保守門閥派の重臣を指揮官に、再び長岡宿に兵を繰り出した時には、長岡勢は溢れる遺恨を胸に抱き、いち早く各地へ退散していた。

「桜田門外の変」勃発

安政七年（一八六〇）三月三日。間もなく元号が万延に代わるこの日の江戸は、早朝から時ならぬ春の大雪に見舞われた。

在府の諸藩が、上巳《じょうし》の節句の祝賀に総登城する日に当たっている。合図の太鼓が、午前八時、城中から鳴り響く。降りしきる雪の中、桜田門をくぐる諸藩の行列が続き、午前九時近く、江戸彦根藩邸の門が開いて六〇数名の行列が吹雪の門外に繰り出した。桜田門までの僅か

金子孫二郎（教孝、『水戸市史』中巻4）

高橋多一郎（愛諸、『水戸市史』中巻4）

な距離を、井伊を乗せた駕籠が合羽姿の警固の行列と共に濠に沿って進み始める。その足音が降る雪に吸い込まれた。

突如、行列の先頭に、強訴《ごうそ》を装った一人の浪士が飛び込んで斬りかかると、一発の銃声が轟き、にわかに十数名の浪士が井伊の駕籠を目がけて殺到する。白雪の桜田門外は、たちまち血しぶきに染まった。

思えば、永蟄居中のこの年八月に病死する斉昭と、半年前のこの日に横死した直弼とは、互いに似たような境遇を経て政治の桧舞台に登場している。斉昭は水戸七代藩主治紀《はるとし》の三男として生を受け、三〇歳にして兄の八代斉脩《なりのぶ》の後を襲い藩主となるまでに、長い部屋住みに甘んじ、文武修行に勤《いそ》しんでいる。直弼もまた彦根藩主直中《なおなか》の一四男として政治とは無縁に諸芸万般に励み、三二歳で突然世子になるまでは自ら名づけた「埋木舎《うもれぎのや》」を住処《すみか》としていた。

斉昭は尊攘の旗幟《きし》を振るい、裂帛《れっぱく》の気合で富国強兵策の実現に殉じた。直弼は幕権の回復による理想の幕政に殉じ、開国をやむなしとした。二人の考えは、同時代の対極にあって引くに引かれぬ対立を深め、共に時代に殉じる。斉昭は六一歳、直弼は四六歳で不帰の人となった。

時代はしばしば、旗幟を鮮明に生きる人間に酷《むご》いことをする。攘夷と開国を

関鉄之介が描いた高橋多一郎の肖像（『勤皇遺烈集』勤皇事績顕彰会編）。水戸五軒町の自宅に蟄居していた多一郎が志士数名と国事を談じていた夜に、障子に映った彼の横顔を障子の外から鉄之介が写生したと伝えられる。大洗町幕末と明治の博物館の渡邉拓也学芸員によると、斬首に見舞われた金子孫二郎の四男芳四郎が、大坂・四天王寺で自刃した高橋父子の養嗣子になり、高橋家を継承している。同志相互の固い信義が窺える逸話である

巡って激しく対立した幕末の悲劇を象徴する、特異な二人の確執がいかに多くの有為な人材を、その周縁で失《うしなわ》しめることになったか。

一七名の水戸脱藩浪士と一名の薩摩藩浪士が惹き起こした「桜田門外の変」は、幕権の回復を夢見て突き進んだ大老の暗殺に止まったが、時代の歯車がこれを機に幕府崩壊へと回り始めたことを、当事者である浪士たちは知るべくもなかった。

決行に及んだ一八名の浪士は以下の通りである。

稲田重蔵・大関和七郎・岡部三十郎・海後磋磯《さき》之介《のすけ》・黒沢忠三郎・鯉淵要人・齋藤監物・佐野竹之介・杉山弥一郎・関鉄之介・蓮田市五郎・広岡子之《ねの》次郎《じろう》・広木松之介・増子《ましこ》金八・森五六郎・森山繁之介・山口辰之介（以上、水戸）・有村次左衛門（薩摩）

その彼らも、春の吹雪と共にかき消えた。

水戸脱藩浪士一七名中、明治まで生き残った海後と増子の二名を除く一五名は闘死・斬首・自刃《じじん》。薩摩藩浪士の有村次左衛門も自刃し、この決行を企図して薩

静神社と指呼の間にある小丘陵の監物の墓

摩藩の京坂挙兵工作に西へ走った金子孫二郎は、京都・伏見で捕縛され、江戸に送られて斬首。高橋多一郎は潜伏先を幕吏に探知され、大坂・四天王寺で倅庄左衛門と共に自刃している。

決行に加わった三名の神官のうち、齋藤監物は重傷を負いながらも「斬奸趣意書」を手に和田倉門外の老中脇坂中務大輔《なかつかさたいふ》邸へ駆け込んで自訴したあと、預けられた細川藩邸で落命。遺体は千住の小塚原に取り捨てられ、墓守によって埋葬された。鯉淵要人は深手を負い、かねてからの定め通り自刃し、海後磋磯之介は潜行し、明治三六年に没している。

深手を負った齊藤が、求められて詠んだ辞世の歌がある。

国の為め積る思ひも天津日に解て嬉しき今朝の淡雪

鉄之介と源次右衛門と

現場を指揮して雪中の斬り合いを見届けた関鉄之介は、岡部三十郎や野村彝之介らと密かに西を目指した。野村は周知の通り、高橋多一郎から北郡奉行を引き

城里町上古内の鹿島神社（右手参道の奥）。古内は、茨城三大銘茶の産地として知られる

桜田門外の変で散った鯉淵要人の墓

継いだ、鉄之介のかつての上司に当たる。野村はその後、奥右筆頭取・大目付・側用人などの要職を歴任し、斉昭の改革を補佐したが、密勅返納の反対に奔走し、小普請組に降格させられている。彼らの西上の目的は、京坂で薩摩藩兵三〇〇〇の決起を促すべく先行していた高橋や金子孫二郎らと合流するためであった。しかし、その思惑は外れ、高橋や金子の命運はすでに尽きていた。

鉄之介は西国を潜行し、後事《こうじ》を計るべく薩摩への入国を企てたが失敗し、逃避行の末に保内郷に引き返すと、袋田村の櫻岡源次右衛門を頼って一年有余に渡り潜伏した。源次右衛門は手を尽くして、鉄之介をかくまっている。

保内郷で源次右衛門に手を貸したのは、彼の妻女いさと先夫との間に生まれた源之允や実子八郎など櫻岡氏の一家と村々の庄屋たちであった。すなわち高柴村の益子喜右衛門、小生瀬村の大藤勇之介・石井重衛門・金沢惣七郎・肥後五左衛門、内大野村の飯村平蔵、西金村の小室吉十郎らである。

探索の眼を掻いくぐり、鉄之介の隠遁を支えた保内郷のネットワークは何に由来するのか。先ずは郡吏として立ち働いた鉄之介のかつての功績、詩才に富む文人でもあった彼の純情や一徹な人となり、さらには義挙への畏敬の念、あるいは源次右衛門が不断に築き上げた強靭《きょうじん》な人脈などが考えられる。無論そこには、

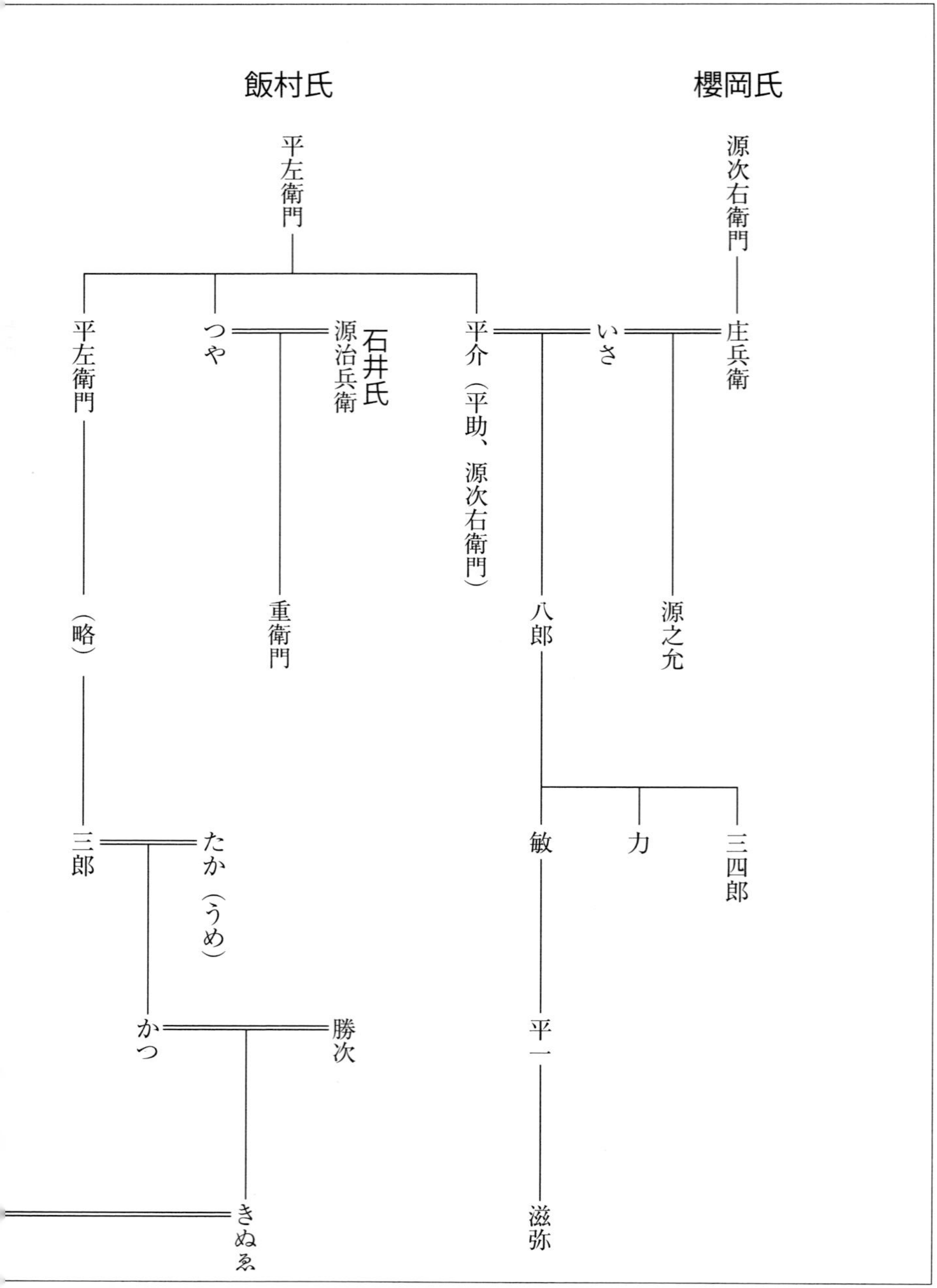
櫻岡氏
源次右衛門
庄兵衛
いさ
源之允
八郎
三四郎
力
敏
平一
滋弥
平介（平助、源次右衛門）
飯村氏
平左衛門
石井氏
源治兵衛
つや
重衛門
平左衛門
（略）
三郎
たか（うめ）
かつ
勝次
きぬゑ

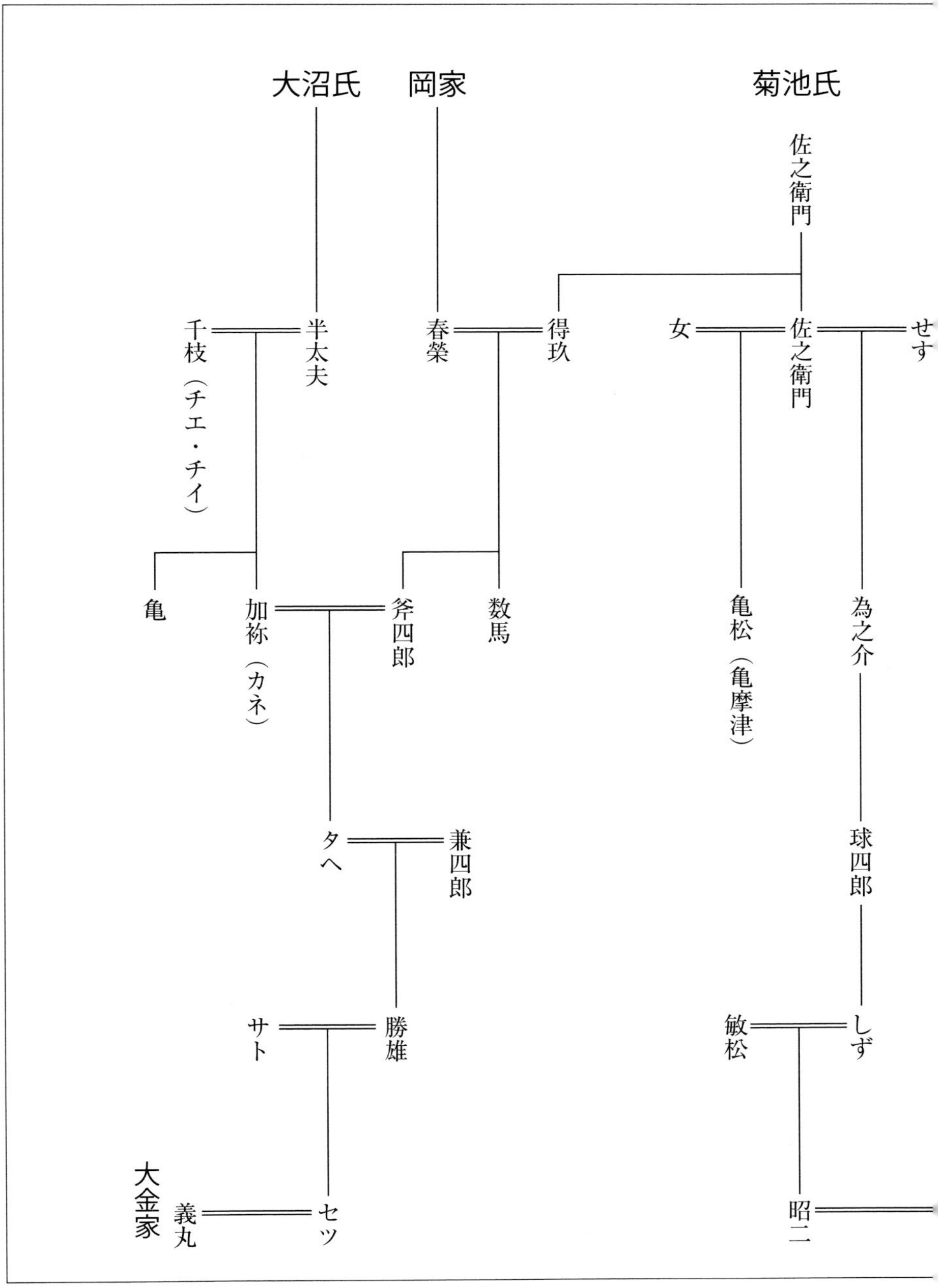

櫻岡氏・飯村氏・石井氏・菊池氏・岡家・大沼氏略系図

櫻岡氏邸（右）と関鉄之介の歌碑（左）

飯村・櫻岡・石井氏に見られる姻戚関係も絡んでいた。石井重衛門は、飯村平左衛門の長女つやが嫁いだ先で生まれているから、つやと姉弟の源次右衛門にとっては、叔父・甥の間柄になる。

さらに言えば、斉昭の人材登用が生んだ藩政改革派勢力と、商品作物の加工・販売に成功し力をつけた源次右衛門ら地域経済の新興勢力とが、政治・経済的に利害を共有していた。時代を切り拓こうとする両者の結集軸こそが、幕藩体制の恩恵を微温的に享受する守旧門閥派への対抗軸となった。

鉄之介には、幕吏と藩吏の包囲網が迫っていた。彼は保内郷から脱出・逃亡し、文久元年（一八六一）一〇月に越後国で捕縛され、水戸の獄に送られる。翌二年（一八六二）四月には江戸・伝馬町に移送され、その一月後に斬刑に処せられた。享年三九。

河鹿鳴山川みすのうきふしにあわれははるの夜半にもそしる

この歌は、潜伏中の鉄之介が袋田村で詠んだと伝えられる。櫻岡氏邸近く、斜《はす》向かいの路傍の陽だまりに立つ鉄之介の歌碑が、往来する車を密かに窺《うかが》ってい

常磐共有墓地に眠る関鉄之介の墓

九代斉昭（「義公烈公諸公子肖像画帖」茨城県立図書館所蔵）

るかのように見えた。

斉昭の死と郷校の存亡

神官組織を束ね、領内の神官を強力に牽引した齋藤監物の死。さらには雲上の存在でありながら、心ある士民に近しく感じられた熱血漢の斉昭の死。二人の死は数馬や孝之助に、言葉にならない衝撃を与えた。桜田門外の変の決行者一八名のうち、半数が二〇代の青年であったことも二人には重苦しくのし掛かった。この時、数馬は二四歳、孝之助は一九歳であった。

馬頭郷校の館守を務める今瀬仲にとっては、どうであったか。齋藤とは少年時代から浅からぬ縁で結ばれ、志を分かち、行動を共にした間柄である。今瀬はどこまで桜田門外の変を事前に承知していたのであろうか。一説には、齋藤や鯉淵らと図り、「襲撃の第二陣」を目論んでいたとも伝えられる。裏付ける確かな資料が手元になく定かではないが、決行した齋藤らの心中と心情は十二分に推し量れたろう。彼らの無残な訃報に触れ、人知れず胸に慟哭《どうこく》を抱いた今瀬の痛恨は、いかばかりであったか。

斉昭は、そんな彼らの精神的な支柱であった。輝く日輪のようであり、斉昭あっての神官同盟であったと言っても過言ではない。

周知の通り水戸藩の郷校は、斉昭が先導する藩政改革や尊攘運動の拠点として機能した。したがって斉昭の死は、そのまま領内各地の郷校に共通する存亡の危機に重なった。馬頭郷校も例外ではない。

斉昭の死を好機に、保守門閥派が藩内で再び息を吹き返すことは目に見えていた。これに改革派の分裂が加わり、藩の動揺と混迷は、手に負えない事態に立ち至る。水戸藩は、嵐の中で舵《かじ》を失った船のように迷走する。

村々の郷校もまた、有志が家業の余暇に文武不岐の修練を行うような場として運営できるような状況にはならず、ほとんどが休校を余儀なくされた。郷校は、尊攘を唱える改革派の砦の様相を呈する一方、保守門閥派やこれを支援する幕府などの攻撃目標に据えられ、両者の攻防が展開する牙城《がじょう》と化した。藩は内乱状態になり、郷校の争奪戦が戦局の一端を占めた。その結果、多くの郷校が破壊や焼き討ちに遭い、灰燼《かいじん》に帰した。

馬頭郷校がその渦中にあって、具体的にどのような騒動に巻き込まれたかは不明である。しかし、この間に藩の実権を握った保守門閥派が、慶応元年（一八六五）一月に郷村改革の一環として郷校の廃止を決定すると、馬頭郷校も他の郷校と共にあえなく廃校の憂き目にあった。斉昭没後五年目のことである。

次は、時計の針を少し戻し、文久・元治の騒動に触れておく。

テロルの横行と幕権の凋落

文久元年（一八六一）五月。

尊攘派の水戸脱藩浪士一四名が、江戸・高輪の東禅寺に置かれていた英国公使館に夜襲を掛けた。英国公使オールコックが長崎から江戸へ向かうに当たり、治安上の観点から幕府が勧めた海路を拒否し、陸路を強行した横暴に憤激して「神州を穢《けが》した」と襲撃。オールコックは危うく難を逃れたが、領事らが負傷した事件である。

文久二年（一八六二）一月には、水戸脱藩浪士らが坂下門外で老中安藤信正を襲った。皇女和宮の降嫁を、幕権強化のために政治的に利用したという理由である。この事件には、下野国宇都宮藩の江戸藩邸で藩儒《はんじゅ》を務めていた尊攘主義者の大橋訥庵《とつあん》やその義弟菊池教中《きょうちゅう》らが連座している。しかし、二人とも計画を事前

松平容保（国立国会図書館内「近代日本人の肖像」webサイト）

に察知した幕府によって捕縛され、預けられた宇都宮藩の江戸藩邸で病没している。訥庵の死は、毒殺であったとも言われる。

四月には高知で土佐勤王党の武市瑞山らが藩の参政を務める公武合体派の吉田東洋を暗殺。京都・伏見では寺田屋事件が突発した。いわゆる寺田屋騒動は、薩摩藩主・島津茂久（忠義）の父、久光が藩兵一〇〇〇名余を率いて上洛した折りに、同藩の有馬新七ら攘夷急進派の家臣八名を上意討ちにした事件である。

五月には松本藩士が英国警備兵二名を殺害する第二次東禅寺事件を惹き起こした。さらに八月には、幕政改革を求める勅使に随行して江戸に乗り込んだ島津久光が京都に戻る途中、行列を犯した廉《かど》で英国人を殺害する生麦《なまむぎ》事件が偶発している。坂本龍馬が千葉重太郎と共に斬殺を企図して勝海舟を訪ね、勝に共鳴して開国主義に転じたのも、この年の暮れのことである。

時代は血の嵐を呼び、テロルが横行する殺伐とした空気に包まれていく。

一方この間、文久二年（一八六二）二月には、朝幕による公武合体工作が実り、孝明天皇の妹に当たる皇女和宮が一四代将軍家茂に降嫁した。しかし、呉越同舟の思惑が絡んだこの工作・演出は、蚊帳の外に置かれた攘夷急進派の激しい反発を招くことにもなる。

また四月には、幕府が安政の大獄で処分した慶喜らの謹慎を解き、七月には慶喜が将軍後見職に、慶永（春嶽）が政事総裁職に、閏《うるう》八月には会津藩主・松平容保《かたもり》が朝廷警固の強化と有力諸藩への牽制を目的に京都守護職に就任している。これらの人事の大宗は、朝廷や薩摩藩などがその威光や力を背景にして幕政に介入した結果でもあった。

幕府はまた、孝明天皇が水戸藩に下した「戊午の密勅」を承認し、諸藩に対する朝廷の指示・命令権を黙認する結果を招くことになった。大名などの参勤交代制も、その経費を諸外国への軍備に当てる名目で緩和した。幕府の権威は、釣瓶《つるべ》落《お》としの秋の日のように衰える。

ともあれ、何時どこでだれの身に何が起こっても不思議ではない時代に突入していた。

二六歳の数馬が逝く

物情騒然たる最中《さなか》、山深い村は、黄金色の谷地田を騒がせて風が立つ季節を迎えていた。麻疹に憔悴《しょうすい》した数馬は、再起の気力を失っていた。

夏の盛りを過ぎた午後に、今瀬や孝之助が見舞いに訪れた日があった。裏山に聳《そび》える老杉《ろうさん》の木立《こだち》から、蝉時雨《せみしぐれ》が降っていた。それも、遠い昔のことのように思われる。

炯炯《けいけい》とした光を宿す大きな眼差しで、口を「へ」の字に励ましてくれた今瀬の面影がよぎったが、その鋭い眼光を受けて返す力のなかったことが数馬には悲しい。孝之助は、兄事《けいじ》する視線を溢れるように注ぎ、若いエネルギーを部屋に残して帰って行った。二一歳になる孝之助は今や押しも押されもせぬ、馬頭郷校の若手のホープである。飾らず、驕《おご》らず、瑞々《みずみず》しい感性を磨き上げた強靭な行動力で、周囲を魅了する青年に成長していた。

去っていく二人の衣擦《きぬず》れの音が、数馬の耳に残っている。しかし、それも夢や幻聴であったかどうか、今は判然としない。

稲刈りの済んだ谷地田が黒い地面を現わして広がり、集落を取り囲む山々が、高くなった空の下で秋色を濃くしていた。褪《あ》せていく緑をこき混ぜ、黄や赤に彩《いろど》られた山容が、透き通る光に燃えている。山あいの季節は、少しの揺るぎもなく進んでいた。

「母上。斧四郎や妹たちを呼んでくだされ」

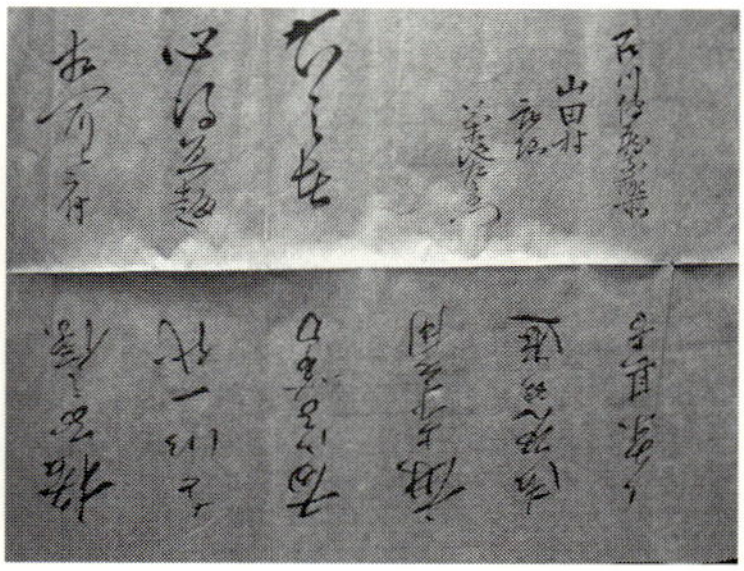

「一代苗字帯刀麻上下着用御免」（右、菊池賢司氏所蔵）の御墨付きなどを得て、代々、村方三役を務めた菊池氏（左）

枕辺に端座していた得玖が立ち、暫くして得玖の後から、不安な面持ちの弟妹が姿を見せた。数馬の病床近く四人が座ると、彼は掠《かす》れた声で、途切れ途切れに言った。

「母上に心配をかけてはならぬ。力になれず相済まぬが、後は斧四郎に頼む。ここにある書状は、斧四郎から今瀬さまに差し上げてくれ」

そこまで告げると、数馬は静かに目を閉じた。

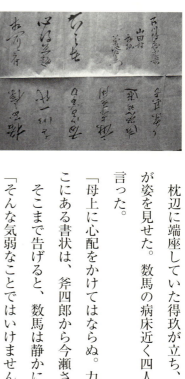

「そんな気弱なことではいけません、兄上！」

引きつった斧四郎の声に、二人の妹が泣き崩れた。得玖は覚悟の上のように、疲れの見える青白い顔を袖で覆った。髪に白いものが際立っている。夫春榮に先立たれ、今また嫡男数馬の逆縁に見舞われた得玖の心痛は深かったが、得玖は気丈に耐えている。岡の家が、彼女の双肩にかかっていた。

もともと得玖は、物静かな女子であった。父佐之衛門の寵愛《ちょうあい》を一身に受け、兄も六歳年少の妹に優しかった。山田村の実家は豪農であったから、人の出入りが多かった。そんな村人からも優しい言葉を掛けられ、おっとり育ったせいもある。うららかな春の縁側にちょこんと座って、屋敷の前に広がる丘陵に目をやり、ひばりの囀《さえず》りに耳を澄ましているようなところがあったが、父や兄の血を分けて芯は強かった。

樅の巨樹に守られて眠る

文久二年（一八六二）九月八日。岡数馬は独身のまま、二六歳の命を病魔に奪われた。数馬が弟斧四郎に託した書状は、今瀬を介して寺社奉行所に自らの進退を次のように嘆願している（今瀬瑞比古・那珂川町馬頭郷土資料館所蔵「今瀬家文書」）。数馬の諱《いみな》「条之輔源春茎《はるひ》」が刻まれた墓碑や霊璽《れいじ》（位牌）と嘆願書の期日に若干の齟齬《そご》があるが、これは提出を巡る事情などによるものと思われる。

以書附奉願上候事

私義、去九月中より痲疹ニ而取□罷在候處、平生病身ニ候故、如何とも全快無覚束候間、何卒弟斧四郎へ後職被仰付度奉願候、此段御仁恵之御判談ヲ以、不日ニ御済口之程、偏ニ奉願上候。依而如件

盛泉村　岡数馬印

文久二年戊十月　寺社御奉行所

樹齢数百年の樅の巨樹と岡家の墓地（撮影　岡友雄氏）

文久二年（一八六二）に若くして病没した岡数馬の墓

前件奉願上候通り、私共一同奉願上候間、御済口之程奉願上候、以上

健武村　今瀬仲印

数馬が埋葬された岡家の墓地は、屋敷の東隣にある竹林を抜けた雑木の山中にある。樹齢数百年の三本の樅《もみ》の巨樹が、苔むした累代の墓地を守るように覆っている。昼なお暗い、荒れ果てたその一隅に佇む自然石を刻んだ墓石には、「漏岐岡粂之輔源春茎神主」とある。苔むして青みを帯びた数馬の墓石を確かめ、幕末の騒乱を潜りながら不慮の病に落命した一人の青年の無念を思う。

岡家が廃屋と化した遠因は、二代続く大黒柱のこの早世に端を発しているように思われる。数馬の父・春榮が三九歳、数馬が二六歳でそれぞれ他界し、若い斧四郎が、一六歳でその家督を襲うことになった。

斧四郎は間もなく左近と名を変え、明治に入ると再び斧四郎を名乗った。斧四郎は、今瀬仲と共に武茂郷神官の世話役を務めるが、彼のその後は後述する。

島津久光（国立国会図書館内「近代日本人の肖像」web サイト）

攘夷を巡る虚々実々

明けて文久三年（一八六三）三月。一四代将軍家茂が、三代将軍家光以来二三〇年振りに上洛した。しかし、公武合体の象徴として皇女和宮と成婚した将軍を迎える京都は、横行するテロルや脅迫を伴う「破約攘夷」の巷《ちまた》と化していた。締結した諸外国との条約を破棄し、攘夷を決行せよとの険悪な空気に包まれている。

薩摩藩の島津久光らが江戸に出府中の間隙を縫い、「航海遠略策」の藩論を転換した毛利敬親《たかちか》の長州藩を中心に、京都は「破約攘夷」一色に転じていたのである。その勢いに乗じ、朝廷もまた幕府に攘夷の決行を督促する。加えて、幕府に対する朝廷の優位を事有る毎に演出した。

家茂に先行して上京していた将軍後見職の慶喜は、諸藩への指揮・命令系統を幕府に一元化する「大政委任」の再確認を求めていたが、朝廷は国事に関する自らの権限を譲らず、「征夷」の幕府には攘夷のみを催促した。攘夷急進派の長州勢が朝廷を牛耳り、攘夷に端《はな》から拘泥する孝明天皇も、その扇動に甘んじたため、朝廷内は公武合体派が見る影もなく後退し、代わって攘夷急進派が羽振りを

岩倉具視（国立国会図書館内「近代日本人の肖像」webサイト）

利かせていた。

攘夷に託《かこつ》け、自らの復権に賭ける朝廷は、その意志を幕府に周旋する薩長の思惑の狭間で朝令暮改する。薩長は朝廷の威光を利用し、幕政に対する自藩の覇権を競い合う。求心力の回復に賭ける幕権は光輝を失い、地に落ちた状態にあった。朝幕の中心や周縁で唱えられる攘夷の内実は、それぞれの立ち位置によって複雑に絡み合い、開国の現実と相俟《あいま》って多様に一人歩きするのである。

混迷する政局が、倒幕に収斂《しゅうれん》するきっかけとなったのは、攘夷の決行に伴う実戦体験そのものであった。それが、六月の下関（馬関）事件や七月の薩英戦争あるいは翌年八月の下関（馬関）海峡における長州藩と英米仏蘭四か国連合との交戦であった。欧米列強の実力と攘夷を唱える非現実性とを、薩長はもとより多くの人々が身を以って体験するからである。

ともあれ、公武合体によって朝廷の実権を取り戻そうと皇女和宮降嫁を策動した岩倉具視らは、辞官・落飾、洛中からの追放を命じられる。尊攘急進派によるテロルの脅威も迫り、岩倉は寺僧の姿に身をやつして転々とした後、洛北の岩倉村に隠棲した。これが文久二年（一八六二）八～一〇月。彼はその後五年に及ぶ極貧の蟄居生活を、この岩倉村で送ることになる。

益子孝之助が、岩倉に出逢う機会が近づいていた。

京へ上る孝之助

一四代将軍家茂の上洛が決まると、幕命によって水戸藩主の一〇代慶篤も、多数の藩士を引き連れて上京した。家茂は三〇〇〇名余の供を従えて三月四日に、慶篤は一日遅れの翌五日に京都に到着する。この時、慶篤に随従した一〇〇〇名余の中に、領内の郷士や神官なども数多く加わっていた。

慶篤の行列には、後に筑波山の挙兵に突っ走った尊攘急進派の藤田小四郎や田中愿蔵《げんぞう》らの姿もあった。小四郎は斉昭の側用人を務めた藤田東湖の四男で、天保一三年（一八四二）生まれの二一歳。孝之助とは同年齢である。

田中愿蔵は久慈郡東連地村の郷医の家に生まれ、水戸の弘道館や江戸の昌平坂学問所などで学び、一九歳の若さで時雍館（野口郷校）の館長を務めている。間もなく水戸藩典医の田中氏の養子に入るが筑波挙兵に身を投じ、過激な行動で別働隊を組織する若者である。彼は、小四郎や孝之助より二歳年少の天保一五年（弘化元年・一八四四）に生まれている。彼らは、京都に集《つど》う有力諸藩の志士と

木戸孝允（国立国会図書館内「近代日本人の肖像」webサイト）

の交流に胸を躍らせた。

一行には孝之助も、鯉沼伊織や大越伊予之介らと共に神職隊の一員として加わった。

慶篤は、将軍不在の江戸を守るために間もなく東下したが、供の中のおよそ三〇〇名が朝廷を守護し、在京中の将軍後見職慶喜を警固する名目で京都の本圀寺に駐屯した。彼らは本圀寺勢と呼ばれた。

京都に残留した藤田小四郎らは、殺伐とした市中に飛び込み、水を得た魚のように有力諸藩の尊攘派と交じわった。長州藩の桂小五郎（木戸孝允）や久坂玄瑞らとの出逢いも、この時に生まれた。

攘夷をめぐる朝廷と幕府との鍔迫《つばぜ》り合いがこの間にあり、幕府が五月一〇日の攘夷決行を決定すると、小四郎らは歓び勇み、これに備えるべく水戸へ早速帰藩した。

岩倉具視との出逢い

一方の孝之助はどうしたか。彼もまた本圀寺勢に身を置きながら、鯉沼伊織ら

江州膳所城事件
慶応元年（一八六五）、上洛のため近江国の膳所泊城を予定していた一四代将軍家茂を暗殺する噂が流れ、膳所藩の尊攘派藩士一一名が厳刑に処せられた事件。家茂らは、直前に泊城を中止している。

と共に諸藩の尊攘派と交流を深めた。その結果、孝之助らは次第に尊王倒幕への道を歩み始める。鯉沼が絡んだとされる江州《ごうしゅう》膳所《ぜぜ》城《じょう》事件をきっかけに、水戸藩が彼らの本国送還に動き出すと、その手を逃れて脱藩し、孝之助は大越伊予之介と共に西国・九州へ脱出した。慶応元年（一八六五）のことである。

この時の経緯が、『故長崎県令従五位北島秀朝君之碑』（『県令　北島秀朝』）に刻まれている。この碑は、「長崎くんち」で知られる諏訪神社に隣り合い、「諏訪の杜」と呼ばれる長崎公園内にある。北島秀朝は、孝之助が明治に入ってから名乗っている。

年二十三、藩命を以て京師に役せらる。居ること歳余、議藩吏と合わず、遂に仕を棄てて行く。正義を興して周旋す。正義の士とは尊攘の説を執る者なり。是の時、幕府の政衰え、正義の士を悪むこと益々甚だしく、百方索めて君を捕えんとす。服を商売に変じ、西のかた防長に遊ぶ。以て西国の形情を観察す。還って謁を相国岩倉公に賜う。公は時に京北に屛居し、陰かに興復のことを図議す。君を得て大いに悦び引きて以て腹となす。

岩倉具視の腹心となるのは、孝之助が大越伊予之介と再び京都に潜入してからのことである。彼らは、岩倉に近しい藤井九成《きゅうせい》や松尾相永《すけなが》が住む柳《やなぎ》の図子《ずし》（路地）の家に出入りし、全国各地から入京した尊攘派の志士と交じわった。御所に近い今出川室町上ルにある二人の家は、そうした志士の密会所になっていた。一党を結んで行動するわけではなかったが、二人の家に立ち入る彼らを柳の図子党と呼んだ。梅田雲浜や久坂玄瑞、武市瑞山、中岡慎太郎を始め、鯉沼伊織ら水戸脱藩浪士などがいずれも変名や偽名を使い、数多く出入りした。

藤井や松尾は、岩倉村に幽居して近づく者がいなかった岩倉と彼らとを結んだ。岩倉はその人脈を介し、得がたい情報を手に入れた。「喜悦本懐これに過ぎず、筆端に尽くし難し」と感激する岩倉と彼らとの関係がそこで生まれた。

中岡慎太郎（国立国会図書館内「近代日本人の肖像」web サイト）

香川敬三肖像画（香川擴一氏所蔵）

岩倉の腹心として奔走

藤井・松尾の手引きで、まずは鯉沼伊織が岩倉を訪ねた。彼は後に名を改め、香川敬三と称している。

鯉沼は、天保一〇年（一八三九）に東茨城郡伊勢畑村（御前山地域下伊勢畑）

坂本龍馬（国立国会図書館内「近代日本人の肖像」web サイト）

の郷士の家に生まれたと言われる。というのは、天保一二年（一八四一）生まれという説もあるからである。

鯉沼は、尊攘派の二人の兄から強い影響を受けた。次兄の蓮田東三は、安政三年（一八五六）に米国駐日総領事ハリスの要撃を企てて発覚し、獄死している。時雍館（野口郷校）や藤田東湖の私塾で学んだ伊織は、一〇代後半に吉田神社の神官を務める鯉沼家の養子になった。その後、例の長岡屯集にも加わっている。孝之助とは、郷校や神官組織に連なる同志として早くから旧知の仲であった。

鯉沼は後に東山道軍総督府大軍監や皇后宮大夫、枢密顧問官などを歴任し、伯爵に列せられるが、この時は尊攘急進派の一介の浪士に過ぎなかった。岩倉に面会した鯉沼は、王政復古の大志を抱きながら逼塞《ひっそく》する彼と一夜にして篤い契りを結んだ。

岩倉との邂逅《かいこう》が孝之助に及ぶまでに、もはや時間を要しない。岩倉が後年述懐するように、「けだし香川子を見るを得たるは則ち松尾、藤井二子の恵なり。大橋、山中、田中（光顕）、北島の諸子を見るを得たるは則ち香川子の恵なり。中岡（慎太郎）、坂本（龍馬）の二子を見るを得たるは則ち大橋子の恵なり」といった成り行きに至るのである。

「北島」は、言うまでもなく孝之助を指している。ちなみにこの頃の幸之助の変名は、竹原秀太郎であった。

孝之助が鯉沼と共に岩倉を初めて訪ねた日は定かでない。しかし、慶応二年（一八六六）夏から秋にかけての岩倉の日記には、「竹原」の名で孝之助がたびたび登場しているところからすれば、この年の前半か、あるいは前年の後半あたりではなかったか。藤井や松尾が慶応元年（一八六五）春に足を運び、その後、鯉沼が二人の案内で岩倉を訪ねてから、ということになる。

いずれにせよ孝之助も、岩倉と固い信義を結び、彼に必要な情報収集や諜報・連絡を買って出た。この出逢いを慶応二年（一八六六）とするなら、孝之助二五歳、岩倉は四二歳であった。岩倉は、冷静で透徹した眼差しが光る孝之助の大局観からしばしば時局を学び、その篤実な実行力を高く評価したのである。

かくして岩倉はひとり孝之助のみならず、王政復古の実現を目指す彼自身の手足となって奔走する若い志士を掌中にする。その岩倉が、孝明天皇の葬儀に伴う大赦によって「洛中からの追放」を解かれたのは、慶応三年（一八六七）三月のことである。京都に、春本番が訪れようとしていた。

動乱の幕末に突入

朝幕を中心に、目まぐるしく展開するこの間の政局を、ここで簡単に見ておこう。

文久三年（一八六三）

八月一八日の政変

「破約攘夷」の急進派七卿（三条実美ら）の長州落ち。薩摩藩と会津藩が連合し、その他二十数藩が協力して長州藩を京都から追い落とす。かくして、公武合体派が再び勢力を盛り返す。

元治元年（一八六四）

三月　慶喜が薩摩藩島津久光と横浜鎖港問題などで対立し、将軍後見職を辞任。禁裏守衛総督となる。

六月　近藤勇が率いる新撰組が、長州藩邸に近接する京都三条の旅館池田屋を襲撃。長州藩士桂小五郎（木戸孝允）が危うく難を逃れる。

七月　禁門（蛤御門）の変　長州藩兵が大坂から京都へ向かい幕府軍と交

戦。長州藩士久坂玄瑞らが戦死。幕府が第一次長州征討を発令。

八月　関門海峡を封鎖する長州藩と英米仏蘭四か国連合とが交戦。

慶応元年（一八六五）

六月　薩摩藩士西郷隆盛が土佐藩浪士坂本龍馬と京都で会見し、薩摩藩名義で武器を購入する長州藩の要請を受諾。

九月　上京中の一四代将軍家茂に、幕府が求めた長州再征の勅許が下る。

一〇月　孝明天皇、条約を勅許。開国へ。

慶応二年（一八六六）

一月　京都薩摩藩邸で桂小五郎と西郷隆盛とが会談。坂本龍馬の斡旋により薩長同盟の密約が成る。

六月　第二次長州征討による戦闘が始まる。

七月　一四代将軍家茂が大坂城中で病没。

八月　小倉口で幕府軍が長州勢に敗北し、孤立した小倉城が落城。幕府と長州藩が休戦協定。一〇月に幕府撤兵。

一二月　慶喜が一五代将軍に就任。孝明天皇が急死。

慶応三年（一八六七）

後藤象二郎（国立国会図書館内「近代日本人の肖像」web サイト）

一月　一六歳の睦仁《むつひと》親王が践祚《せんそ》、明治天皇に。
三月　上京中の一五代将軍慶喜が、朝廷に兵庫開港を奏請するが、不許可。
五月　土佐藩士板垣退助らが薩摩藩士小松帯刀らと京都で会見し、討幕挙兵を盟約する。慶喜の兵庫開港奏請に勅許が下る。
六月　坂本龍馬が「船中八策」をまとめる。土佐藩士後藤象二郎や坂本龍馬らが西郷隆盛や大久保利通らと会談し、大政奉還の薩土盟約を結ぶ。
九月　薩摩藩と長州藩が討幕挙兵盟約、長州藩と芸州藩が出兵盟約を結ぶ。
一〇月　後藤象二郎らが土佐前藩主山内豊信の大政奉還建白書を幕府に提出する。薩摩藩と長州藩に討幕の密勅が下る。一五代将軍慶喜が大政奉還の上表文を朝廷に提出する。朝廷が慶喜に参内を求め、大政奉還勅許の御沙汰書を手交する。慶喜が朝廷に征夷大将軍の辞表を提出する。
一一月　京都河原町の近江屋で坂本龍馬と中岡慎太郎が京都見廻組に襲わ

れ、死亡する。

大久保利通（国立国会図書館内「近代日本人の肖像」web サイト）

三条実美（国立国会図書館内「近代日本人の肖像」web サイト）

王政復古のクーデター

変転する政局の間隙を縫い、孝之助は盟主岩倉のために東奔西走する。岩倉は志士の奔走に支えられ、王政復古の構想や戦略を練り上げる。彼らは薩長の武力討幕派と組み、越前藩の松平慶永や土佐藩の山内豊信ら穏健に体制変革を目論む公議政体派を取り込み、新政権の樹立を工作した。

一〇月六日には、薩摩藩の大久保利通と長州藩の品川弥二郎が、洛北に未だ幽居中の岩倉を訪ねた。岩倉はその場で、幕府軍との武力衝突の際に使用する「錦の御旗」の制作に言及している。

一一月八日、岩倉は五年振りに「洛中帰住」を許される。同月中・下旬には薩摩・長州の両藩が出兵し、京都を目指す。一二月八日には勅許が下り、長州藩の赦免と上京許可、三条実美ら七卿の官位回復、岩倉の朝廷出仕命令が伝達された。

そして翌九日の朝、岩倉は「王政復古の大策」を懐中に、再び参議として参内。午後には、会津・桑名藩兵を締め出して戒厳令を敷いた薩摩・尾張・越前・土佐・芸州藩兵が警固する宮中で、西郷・大久保・後藤らと共に王政復古のクーデターを決行する。徹夜で入京した長州藩の騎兵隊や遊撃隊も、これに合流した。

「王政復古の大号令」は、慶喜の大政奉還と将軍辞任を認可し、摂関と幕府を廃絶し、「仮に総裁・議定・参与の三職」を設置。「臨時革命政権」を発足させる。新政府は、その日の夕刻から天皇の「御前」で小御所における最初の三職会議を開き、大激論の末に慶喜に対する辞官納地（内大臣の辞任と領地領民の返還）命令を決定。京都守護職や京都所司代などを廃止し、会津・桑名両藩に退京、帰国を要求した。

二条城内にいたおよそ一万に及ぶ旧幕府軍や会津・桑名藩兵がこれに激昂。一触即発の危機を察知した慶喜は、幕閣や松平容保・定敬《さだあき》らを従え、二条城を捨てて逃げるように大坂城へ移動。間もなく、鳥羽・伏見の戦いが勃発する。総勢一万五〇〇〇名余と数で圧倒する旧幕府軍が、薩長軍の精鋭に武備や戦闘能力の差を見せつけられて敗走の憂き目に遭った。

朝敵の汚名を避けることに終始一貫こだわった慶喜と、武力討幕のチャンスを画策してきた西郷らの、伸るか反るかの戦いに賭ける気概の差が明暗を分けた顚末であった。

岩倉との間に信を築いた孝之助が、彼の期待に応えて持ち前の能力を発揮していく足取りは、次の機会に転じる。ここで時計の針を再び戻し、水戸に帰藩した藤田小四郎ら尊攘急進派の行方を辿ろう。

激化する水戸藩の内部抗争

水戸藩内部の対立・抗争を演じる二つの大きな勢力を、小著はこれまで大掴みに「改革派」と「保守門閥派」と称してきた。広く知られる通り、藩内ではこの二つの勢力をそれぞれ「天狗党（派）」と「諸生党（派）」と呼んでいる。

九代斉昭が藩政改革に登用した中・下層の家臣を「成り上がり者」と見做し、斉昭の側近として、あるいは親衛隊のように忠勤する彼らを「テングになっている」と誹謗《ひぼう》する声が、藩内の一方に生まれた。斉昭の襲封や彼が進める急進的な藩政改革に不満を抱く、保守門閥派からの妬みを含んだ中傷である。売り言葉には買い言葉、「神通力を持った天狗で結構」と改革派が開き直ってこれを自称しために、天狗党の名が定着した。

両者の対立が深まると、藩校弘道館の文武の書生（諸生）を先兵に保守門閥派が徒党を組む。書生（諸生）と言っても、一五〜三〇歳と年齢層に幅がある。血気にはやる彼らと結んだ保守門閥派が、天狗党に距離を置く藩内の中間派の一部を抱き込み、諸生党を形成した。

以下、小著は改革派を天狗党、保守門閥派を諸生党と言い換えながら、両党の対立・抗争が藩の内紛から内乱に至る事態を概括的に追いかける。両者の対立が、藩内の奪権を巡る骨肉相食む陰惨な党争へと転化し、矮小化していくからである。斉昭亡き後の水戸藩の悲劇を食い止める手立ては最早《もはや》なかった。嵐の洋上を、舵を失って漂う船のように。

水戸天狗党の筑波挙兵

その口火を切ったのが、尊攘急進派（激派）として突出する藤田小四郎らの筑波山挙兵である。小四郎は、二三歳であった。天狗党の、いわゆる筑波勢である。

元治元年（一八六四）三月二七日。京都から帰藩して一年余りのこの日、小四

筑波山（右）と山麓の筑波山神社（左）

郎らは、幕府に攘夷の決行を迫る魁《さきがけ》たらんと「神奈川（横浜）鎖港」を唱え、水戸町奉行などを歴任した田丸稲之衛門を総帥に据え、筑波の山腹にある大御堂で決起した。田中愿蔵らも、時雍館（野口郷校）のメンバーを引き連れてこれに呼応し、筑波山に馳せ参じる。

当初六十数名であった同志が、数日後には一五〇名を上回った。天狗党（筑波勢）は早速、関八州の譜代大名に幕府に対する攘夷勧告の共同行動を求めるべく下山。先ずは、宇都宮藩の合力を要請した。

しかし、応接した宇都宮藩の中老縣信緝《あがたのぶつぐ》（勇記・六石《りくせき》）は、天狗党が唱える尊攘翼幕に理解を示しながらも、行動への同調は拒否。「私党」である天狗党とは、「和して同ぜず」の基本姿勢を譲らなかった。この時、文政六年（一八二三）生まれの縣は四二歳。彼は若くして脱藩し、江戸で大橋訥庵に儒学を学んだ尊王論者として知られていたから、藤田小四郎ら天狗党（筑波勢）は、早くも自らの甘い期待に裏切られた。

そこで彼らは、東照宮の参詣と銘打ち、現地での立て籠もりを画策する。しかし、幕命を受けて日光山を警固する宇都宮・館林藩などが警戒を強化し、参詣は型通りの小人数に制限され、その目論みは頓挫する。

水戸天狗党がおよそ五十日間宿陣した太平山。山頂には太平山神社がある

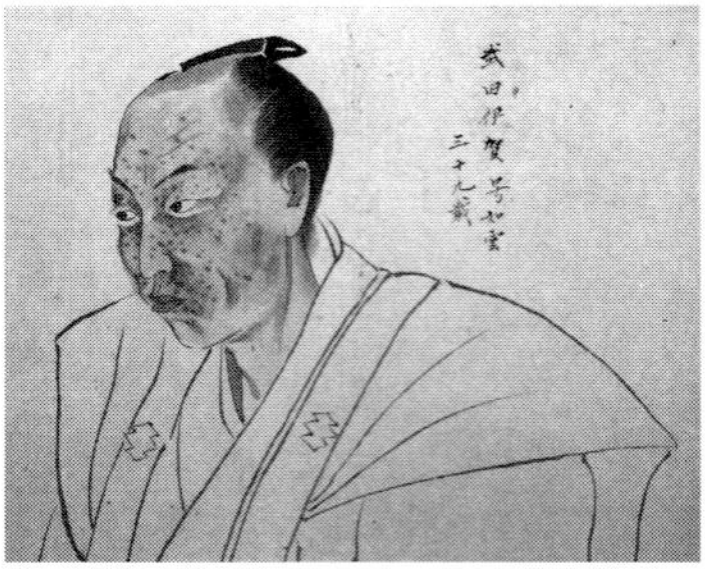
武田耕雲斎（茨城県立歴史館所蔵）

幕府は諸藩と連携し、天狗党（筑波勢）に対する監視や警戒を強化。このため彼らは、下野国の太平山に屯集しておよそ五十日間宿陣。檄を飛ばして同志を募り、総勢四〇〇名余の勢力に膨れ上がった。この間に攘夷決行を訴え、諸藩との交渉を重ねて金穀の献納による軍資金の調達に奔走する。

一方、水戸藩では、幕府の強硬な態度に諸生党が勢いづく。天狗党（筑波勢）の討伐を唱え、大洗の岩船山願入寺に集結して気勢を上げた。彼らと結託する総勢五〇〇名余の藩士らも江戸藩邸に押し掛け、一〇代慶篤を動かして藩の実権を掌握。市川三左衛門らが執政に納まった。

このため、尊攘急進派（激派）で、天狗党（筑波勢）を慰撫する立場にあった江戸家老武田耕雲斎や目付山国兵部らが、隠居謹慎・蟄居を命じられた。これを知った天狗党（筑波勢）が、太平山から筑波山に引き返す。その勢力はさらに膨らみ、関東各地の浪士や農民などを集めて総勢一〇〇〇名余に達した。

ここで尊攘倒幕を唱える田中愿蔵の一隊が、本隊から離脱。彼らの別行動が、後に幕府軍による天狗党（筑波勢）討伐の引き金や呼び水になった。愿蔵らは軍資金調達に手段を選ばず、下野国栃木宿や常陸国土浦真鍋宿に立ち寄って盗賊まがいの乱暴狼藉を働いた。

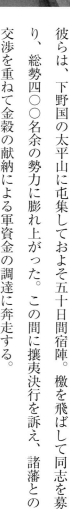

田中愿蔵（『筑波義擧ト田中愿蔵』）

栃木宿では町人を惨殺、火を放って市中を全焼させ、真鍋宿では大砲による威嚇射撃を行って金品を強奪する。天狗党の評判は地に落ち、悪名は千里を走った。後に、天狗党の強引な金品・労役の調達に反感を抱いた農民の打ち壊しを招くことにもなる。

小四郎らは、愿蔵らの一隊を除名するが、愿蔵らはその後も本隊に即《つ》かず離れず、各地を転戦した。

天狗・諸生の怨念の内乱へ

幕府は水戸藩（諸生党）の要請に応え、三〇〇〇名余の追討軍を編成。これに諸生党の市川三左衛門ら七〇〇名余が就き従い、総勢三七〇〇名余が江戸から水戸を目指す。その間隙を突くかのように、水戸から江戸藩邸に向かった尊攘穏健派（鎮派）の榊原新左衛門や激派の武田耕雲斎らが、一〇代慶篤から今度は諸生党の執政の罷免を取り付ける。これで尊攘派は、江戸藩邸を再び奪還した。

水戸へ向かった幕府軍と諸生党の市川勢は、数で劣勢の天狗党（筑波勢）が仕掛けるゲリラ戦に敗れ、幕府軍は江戸に撤退。幕府は体制を建て直し、関東・東

激戦地となった部田野原の一角。現在は肥沃な農地や住宅地が広がる（撮影　渡邉拓也氏）

北諸藩に出兵を命じて一万三〇〇〇名余の追討軍を再編成する。総督には、若年寄の田沼意尊《おきたか》（遠州相良《さがら》藩一万石）を据えた。一方、江戸藩邸を尊攘派に乗っ取られた市川勢は、江戸を追われた諸生党と共に水戸城を占拠し、幕命による水戸表《おもて》の平定を名分に天狗党の弾圧を開始した。

弾圧は、尊攘急進派（激派）を含む天狗党の家族に及んだ。このため天狗党（筑波勢）は、攘夷決行の前に、水戸城の奪還を先行させた。この判断が、共闘していた藩外の尊攘急進派との決別を招く。藩の内紛に巻き込まれることを恐れた彼らが、「趣旨に悖《もと》る」と別行動に走るからである。

天狗党（筑波勢）は、水幕連合軍と真っ向から衝突することになった。事態を重視した一〇代慶篤は、水戸藩連枝の宍戸藩主松平大炊頭頼徳に「騒乱の鎮撫」を依頼。頼徳は、慶篤の名代《みょうだい》として水戸へ下向する。慶篤が、将軍上洛中の幕命を受け、江戸城留守居役を務め、江都を離れられなかったからである。

頼徳勢は自らの手兵《しゅへい》に加え、江戸藩邸を掌握した尊攘穏健派（鎮派）の榊原新左衛門ら水戸藩士や江戸（水戸）街道に屯集する士民など七〇〇名余と、途中から合流した激派の武田耕雲斎や山国兵部らの一隊とを合わせ、総勢一〇〇〇名余に達した。大発勢と言われるこの集団は、その後三〇〇〇名余に膨らむ。

天狗・諸生の両派が大発勢や幕府追討軍を巻き込んで激突した部田野原の戦いで、天狗派が集結した稲荷山陣地跡（和尚塚古墳、撮影 渡邉拓也氏）

部田野原の戦死者を祀った首塚。「稲荷山陣地」近くにある（撮影 渡邉拓也氏）

頼徳は穏便《おんびん》な解決を求め、水戸城を占拠する市川ら諸生党と入城を交渉。市川勢は、頼徳勢の中に激派の武田や山国らの一隊が含まれていることを理由にこれを拒絶。頼徳の単独入城を唱えて譲らず、このため頼徳は市川勢との交戦を回避し、軍兵《ぐんぴょう》を一旦那珂湊に移動させた。

その那珂湊に布陣していた諸生党の一派が、頼徳勢に一斉発砲。このため頼徳勢は、那珂湊から四キロほど南下した磯浜へ転進。天狗党（筑波勢）の加勢を得て、心ならずも市川ら諸生党との戦闘に突入する。市川勢はこのため、幕府追討軍の支援を要請。これを受けて、田沼意尊が総督を務める幕府追討軍が出動した。

以後、元治元年（一八六四）一〇月下旬まで、藩を二分する攻防戦が、一〇代慶篤の名代を務める頼徳勢と幕府追討軍とを巻き込み、那珂湊一帯を主戦場に展開する。水戸藩は、天狗・諸生両党の怨念が絡む血腥《ちなまぐさ》い内乱状態に陥った。

累々たる死者たちの残心

戦況は五転六転。幕府追討軍との交戦を余儀なくされた頼徳は、田沼配下の甘

一九歳で死去した菊池亀摩津の墓

田中愿蔵が処刑された久慈川の河原が左手に広がる。刑場跡の石碑が、今は「道の駅はなわ」の敷地内に移されている

言を受け入れ、幕府にその経緯を弁明すべく手兵を引き連れて戦線を離脱するが捕らえられ、賊徒として切腹を命じられた。また、頼徳同様に「騒乱の鎮撫」を目的とした榊原勢一〇〇〇名余も、頼徳を欠いて拠り所を失い、天狗党（筑波勢）との一線を画すべく、幕府追討軍の懐柔策に乗って投降。榊原ら一九名は後に切腹、他の幹部も全員が死罪（斬首）を言い渡される。

ちなみに、榊原勢に属した、得玖の兄菊池佐之衛門は、部田野原《へたのはら》の「砲戦、百雷落ちるが如き」激戦で負傷。榊原らと共に投降し、郷士以下の咎人《とがにん》として佃島の人足寄せ場に流罪《るざい》になり、慶応二年（一八六六）七月に赦《ゆる》され、帰郷している。彼の妾腹の子亀松（亀摩津）も負傷して佃島に流刑になり、後に水戸の獄に送られ、病によって出牢したが、一九歳で死去している。亀松（亀摩津）は、佐之衛門の長子為之介が幼少のために代理出征していた。

実家からその知らせを聞いた得玖は、戦場を駆け巡る男たちの背後で悲嘆に暮れる女たちに思いを重ね、「でも、くじけてはいられない」「こんな時代だもの」と自分に言い聞かせた。「何があっても、斧四郎たちを守らなければ」「それが務め」と心に決める。かくして、幕末・維新の山深い里に寡婦《かふ》として生きた彼女は、山田村の兄佐之衛門より九年早く、明治八年（一八七五）三月に六〇歳で他

愿蔵の遺体が埋葬された安楽寺（右）と墓地（左）

界する。丘の上の屋敷から眺める遠近《おちこち》には、山桜の花が煙っていた。

別働隊を組織し、尊攘倒幕を唱えた田中愿蔵の一隊三〇〇名余は、本隊に即かず離れず転戦しながら、海防城の助川砦から木枯らしが吹き抜ける八溝山頂に辿り着く。この山頂で一隊の進退は極まった。

愿蔵は所持金を隊士に分配し、再挙を期して隊を解く。全員が散り散りに下山したが、その大半が召し捕られ、斬刑に処せられる。愿蔵は一〇月上旬に陸奥国真名畑村で捕縛され、同月中旬には田沼意尊の命を受けた塙代官所の手によって久慈川の河原で処刑された。

立ち枯れた芦やすすきの群生が激しく騒ぎ、川面《かわも》を渡る風が身に染みる季節に入っていた。断髪（ザンギリ）の首級は塩漬けにされ、水戸まで運ばれて晒される。刑場に放置された二一歳の愿蔵の遺体は、安楽寺の住職によって密かに同寺の墓地に埋葬された。

斬首された愿蔵の懐中からは、「生きては忠義の人となり、死しては忠義の鬼とならん」と認めた自筆の漢詩が発見されたと伝えられる。

平成二六年（二〇一四）一〇月一六日。福島県塙町の安楽寺では、「天狗党・田中隊一五〇回忌」の法要が六〇余名の参列者によって営まれた。その日は、

「志半ばで散った志士の情熱」を今に伝える人々の思いが、焼香の煙と共に愿蔵のもとに届けられた。

京を目指す天狗の一隊

天狗党（筑波勢）の本隊は、一〇月中旬の総力戦で市川勢と幕府追討軍の連合に勝利を収めたものの、その足元はすでに前述のように瓦解《がかい》していた。加えて、連合軍が激しい巻き返しを図った。

このため小四郎らは、榊原らの投降に反対した武田耕雲斎や山国兵部らの一隊と合流し、消耗戦を避けるべく敵陣を突破して那珂湊から脱出。久慈川の上流にあって八溝山を擁する保内郷の大子村を目指した。その数およそ一〇〇〇名を数えた。

東に阿武隈、西に八溝の山地が迫る大子村は、久慈川の清流が北から南に貫流する風光明媚の地である。常陸国北部の奥久慈に位置し、近隣に袋田の滝などの名勝があるこの村には、大子郷校が設けられていた。

山懐に抱かれた静寂な街を見下ろす久慈川左岸の高台には、郷校の書籍類を所

当時の文庫には、四六〇〇冊余の
和書・漢籍が収納されていた

蔵した文庫の建物が、今も大切に保存されている。樹齢およそ五〇〇年と言われる欅の大木が、文庫を抱えるように聳え立つ。晩秋の空に枝を広げるこの巨樹は、動乱の幕末を生きた人びとを無言で見守り続けたのである。大子郷校の開校式当日は、激しい風雨に見舞われた。その悪天候を衝いて今瀬仲や岡数馬、益子孝之助らが武茂郷から濡れ鼠になって駆けつけたことが思い出される。

那珂湊の主戦場から殺気立って敗走してきた水戸浪士の大集団が、閑静な村に与えた衝撃はいかばかりであったか。追撃する市川勢が陣を構えた月居峠では、武田耕雲斎が自ら兵を進め、最後の一戦を交わしている。

彼らはこの村で部隊を再編成し、京都に上ることを決した。一隊の狙いは、朝廷への嘆願である。禁裏守衛総督を務める一橋慶喜を頼りに、尊攘の素志《そし》を伝えて攘夷を訴え、朝廷の警固にあたることを西上の目的に据えたのである。

軍議の結果、武田耕雲斎が総大将に、山国兵部が大軍師に、田丸稲之衛門が本陣に、藤田小四郎と竹内百太郎が輔翼に、さらに六人の隊長が決まっていた。武田は周知の通り藤田東湖や戸田忠太夫（忠敞・蓬軒）と共に「水戸の三田」とも称され、執政を歴任。山国は目付を務めた軍師として知られ、田丸は彼の実弟である。田丸は天保検地の縄奉行や使番・書院番組頭・目付・水戸町奉行などを務めた。

ちなみに、桜田門外の変で落命した神官齋藤監物の妻昌子は、山国の娘である。竹内は常陸国安食《あんじき》村の郷士の家に生まれ、藤田東湖の私塾に学んだ後、佐久間象山の門下生を経て小川・玉造郷校などの館長を務めている。

西上に当たり、彼らは軍律を定めた。一隊には、諸生党の迫害を恐れた三〇名余の女性の姿も見られた。元治元年（一八六四）一一月一日午前二時頃、追撃に備えて甲冑《かっちゅう》に身を固め、銃砲や刀槍で武装した一〇〇〇名余の水戸天狗党が騒然と大子村を発つ。漆黒の空には、冬の星座が鋭い光を放って凍てついていた。以後、およそ二か月に及ぶ八〇〇キロ余の大長征が始まるのである。

その顚末を探る前に、武茂郷における天狗・諸生の党争の跡を辿りたい。

諸生党の逆襲・打ち壊し

元治元年（一八六四）七月二三日。

諸生党の市川勢が水戸城を占拠し、国許の重臣をことごとく自派で固めると、領内各地の保守門閥派が息を吹き返した。彼らは徒党を組み、出征している改革派の留守宅などの打ち壊しに走った。保内郷でも諸生党によるいわゆる「家毀《やこう》じ」が各所で発生。天狗党に反感を抱く農民や猟師が竹槍などで武装し、この襲撃に加わった。

襲われたのは、高柴村の益子喜右衛門、内大野村の飯村平蔵・石井平八郎、小生瀬村の石井重衛門・大藤伝五兵衛・金沢惣七郎、袋田村の櫻岡源次右衛門、大子村の野内源吾右衛門、西金村の小室吉十郎など多数に及んでいる。いずれも御山横目や庄屋・組頭などを務める改革派の村役人の家々である。

蝉時雨が降り、草いきれが充満する炎天下。汗臭い熱風が土埃《つちぼこり》を上げ、狙い定めた家々を襲った。あるいは松明の火を連ね、夜の帳《とばり》に紛れて怒声と共になだれ込んだ。このため、普段は平穏な村々が昼夜の別なく騒擾を極め、村内の対立や亀裂を深めた。

諸生党の天狗狩りは、執拗を極めた。袋田村の櫻岡源次右衛門の場合は、武田耕雲斎が率いる水戸天狗党の一隊に紛れて保内郷を脱出し、越後国に逃れ、慶応元年（一八六五）五月に六二歳で病死。遺骸は明治二年（一八六九）七月になって倅八郎が引き取りに出かけている。内大野村の飯村平蔵は四年余り行方をくらまし、帰郷したのは元号が慶応から明治に代わってからと伝えられる。

今瀬仲の墓（右）と霊璽（位牌、左）

武茂郷においても、保守門閥派の郷士らに対する処分が日を置かず撤回された。「星・北條」と呼ばれる星小野衛門や北條斧四郎らが、安政三、四年（一八五六、五七）以来の逼塞から久方ぶりに解放され、束の間のわが世の春を迎える。彼らには早速、藩から天狗党の討伐が命じられた。

このため八月中旬には、星や北條さらには大山田下郷村の旧族郷士石井長衛門といった面々が、配下の猟師などを引き連れ、水戸城下に出陣。市川ら諸生党と共に転戦する。

その前の旬日《じゅんじつ》。諸生党に同調する農民が那珂郡鷲子村に屯集し、その後、馬頭村の星・北條宅に寄り合って同志を集め、天狗党に与した改革派の村役人や神官の家々を襲った。今瀬家文書によれば、武茂郷でも二十数件の打ち壊しが発生。今瀬自身もこの地方における改革派神官の大立者であったから、戦々恐々たるものがあったはずであるが、どのような事情からか、彼らの襲撃に見舞われた形跡がない。

ところが後日、改めて精読した同文書によってその事情が判明した。諸生党一派の襲来を予測した村方や氏子の進言で、今瀬は家財・道具のいっさいを取り片づけ、村内有志の隠宅や山小屋に一週間余り身を隠した。この間に徒党を組んで

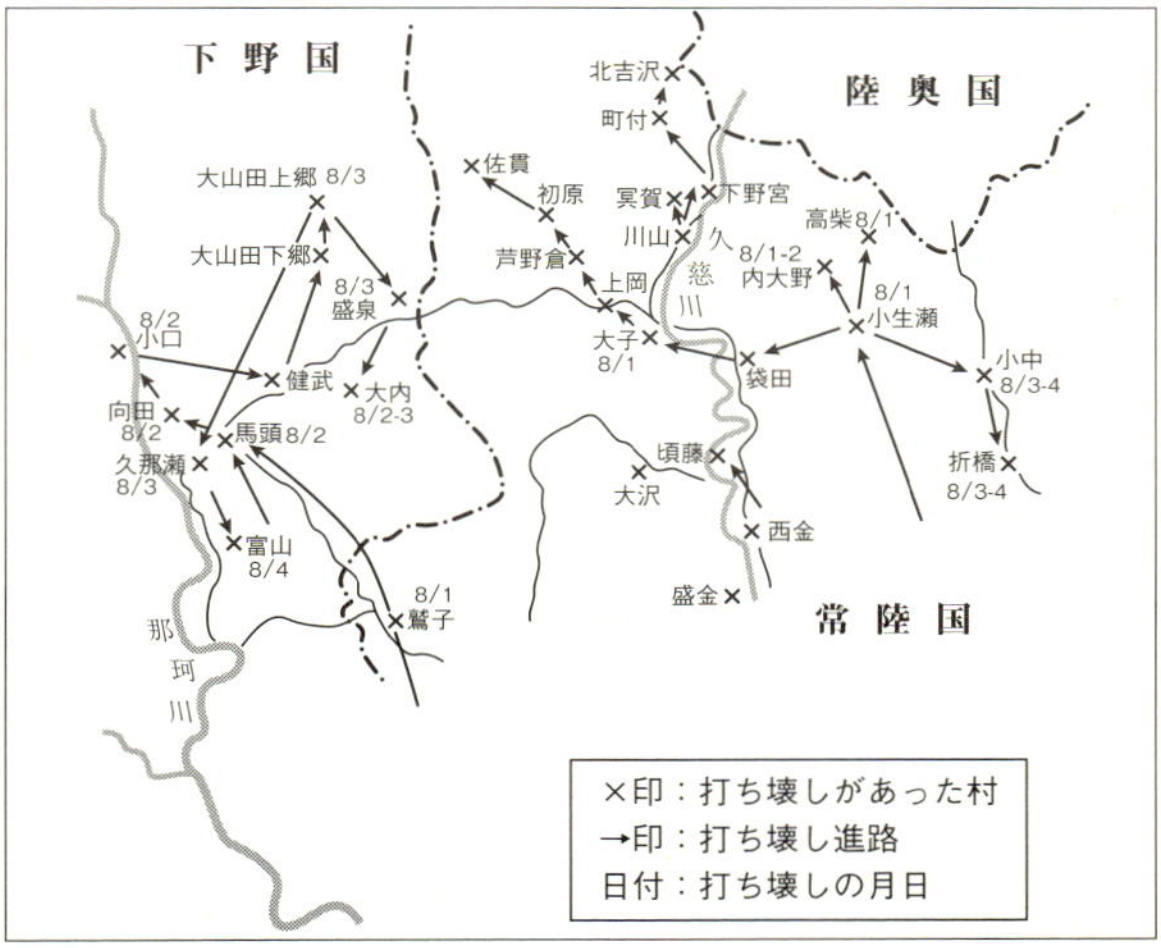

保内・武茂郷の打ち壊し（高橋裕文『幕末水戸藩と民衆運動』から一部抜粋・修正）

押し寄せてきた一党と村方との間で、「今瀬の家は私宅にあらず。役所から村方に引き渡された家であるから、打ち壊されれば村方が再び立て直さなければならない」といった掛け合いがあった。諸生党はこれに対し、天狗隠しの家探《やさが》しを村方に求め、戸障子を打ち開けさせて点検し、撤退するという経緯《いきさつ》があったのである。

打ち壊しは主に、改革派や天狗党に同調した郷士や村役人などに集中した。保守門閥派に代わり村々を支配した者たちが狙われたのである。八月一～四日にかけて荒れ狂った打ち壊しは、当初の三〇〇名余から、翌二～三日には那珂郡の加勢も含めて八〇〇名余に及んだ。

安政の改革期に郷士に列せられ、武茂郷の御山横目を務めた小口村の大森左平次元好などは、格好のターゲットとなった。彼は時機の再来を待ち、奥州白河郷に逃れた。諸生党の一団が暑熱を帯びた大地を揺るがし、勢い込んで村々を駆け巡る。小口村の大金家文書が記す「元治元年八月二日　武茂郷中打破り候家数覚」の中から、その一部を列記する。

飯塚善左衛門（馬頭村庄屋）、井面清蔵（同村組頭）、金子金兵衛（健武村庄屋）、桧山三郎右衛門・菊地通市郎・郡司勘右衛門（同村組頭）、星与右衛門（盛泉村庄屋）、渋井仙之右衛門（大山田上郷村庄屋）、益子又次（郷士・大山田下郷村庄屋）、岡田倉之進（郷士・大内村庄屋）、益子籐九郎（久那瀬村庄屋）、岡市右衛門（同村年寄）、平塚忠五郎（富山村庄屋）、大武源次郎（同村組頭）など。

大内村の庄屋岡田倉之進（内蔵進）宅は、後述する大正八年（一九一九）の村の大火で焼失するが、大内村光崎に広壮な邸宅を構えていた。末裔で戸隠神社の宮司を務める岡田和麿によれば、先祖は佐竹氏の系譜に属し、久慈郡岡田村から当地に移住して御山横目格などを務めた。

馬頭郷校の文武見分会などにも名を連ね、安政四年（一八五七）の出席記録には岡田内蔵之進（倉之進・内蔵進）が延べ九回、倅内蔵之介が同七回とある。岡田氏も天狗党に与《くみ》し、打ち壊しに見舞われる。後年、酒造業や呉服・雑貨・材木業などで財を成し、和麿の曽祖父政之は、明治期に入り四期に渡って断続的に大

庄屋格、大金茂作の墓石（裏面）

内村の村長を歴任している。

庄屋格大金藤右衛門（茂作資兼）の入水《じゅすい》も、諸生党のこの意趣返しから生まれた悲劇ではなかったか。彼は、大内村の一族郎党を打ち壊しから救うために、袂《たもと》に川原石を抱いて淀の深みに沈んだと伝えられる。藤右衛門の苔むした自然石の墓碑には、彼が自裁した期日と思われる「元治元年甲子八月三日」という文字が刻まれている。

小口村の大森左平次元好の屋敷を襲い、家蔵などを打ち壊した一団が、健武村から大山田上郷・下郷村を経て二手に分かれ、そのうちの一手が盛泉村と大内村になだれ込んだのが八月二〜三日であったから、追い詰められた藤右衛門が自死を選んだと思われる八月三日に符合する。これを裏付ける記録が、今瀬家文書に「大金茂作可打倒与押寄候處、茂作義、迚茂難遁与覚悟致水死候ニ付、其家ヲハ相助ケ、馬頭迄引取申し」とあった。

かくして少なからぬ領民が、武茂郷においても天狗・諸生の党争に巻き込まれたが、血で血を洗うような抗争にまで至らなかったことは幸いであった。

「大金祭り」を続ける大内村大金五家の面々

大金茂策氏

大内村大金一族の顚末

余談ではあるが、藤右衛門（茂作資兼）の玄孫《やしゃご》に当たる大金茂策は、昭和五六年（一九八一）から三期九年に渡り馬頭町農協組合長を務めた。その茂策の家を含む旧大内村の大金五家が、毎年秋に恒例の「大金祭り」を催していると聞いた。同族による祖先祭祀（先祖供養）の行事なのか。始まりも由来も、子細は分からない。ただ、同地区に鎮座する大同元年（八〇六）創建の戸隠神社境内に祀る「摂社・末社」の一つ羽黒山神社に、大金五家が毎年揃って参詣し、持ち回りの直会《なおらい》を続けてきたという。

その五家の一戸である茂策の家は分家であるが、醤油の醸造業を営んだ本家の蔵からは、日本刀の束や猟銃などが発見された。大内村の庄屋格を務めた本家は、後に分家の娘が夫婦養子となり、大金五家の一戸として今日に至っている。他には、馬頭町教育長や馬頭中学校長などを歴任した大金進の本家もあれば、官有林の払い下げに大枚《たいまい》をはたいて負債を抱え込み、兄弟仲良く裸同然になった大金家なども ある。後者は大金源平（源兵衛）を祖父に、源三郎を父に持つ兼吉・房吉兄弟の家である。

左入屋敷の川和氏（右）と津島神社（左）

源三郎は、同村の川和茂三郎（實氏）の三女を娶《めと》った。川和氏は家系図が伝えるところによれば大掾《だいじょう》・江戸・佐竹氏などに代々属し、天正年間（一五七三〜九一）の主水（政直）の代に大内村に移り住み、その倅太郎左衛門（氏直）が現在の左入《さにゅう》屋敷に住み着いた。大内村の「佐竹遺族臣」の一戸で、屋敷の隣地の高台にある日光神社の境内には、川和氏が尾張国から分祀した津島神社が祀られている。川和氏は、この神社の世襲による「大世話人」の一戸であった。

源三郎の長男・兼吉は、明治二年（一八六九）に生まれた。兼吉は、早世した先妻との間に三人の女子を儲け、長女に婿金之助を迎えた。金之助は、馬頭町和見の鈴木三代吉の養子である。鈴木氏は政吉を代々襲名し、天保一三年（一八四二）の『那須郡和見村田畑反別絵図』などを所蔵する旧家である。三代吉は、馬頭町の初代と第四代の町長を務めた。彼は分家の弟夫婦が若くして先立ったために、甥の金之助を引き取り、実子同然に育てた。

三代吉の実子延吉は、大正初年、この地方の煙草産業に携わる関係者ら四七家族と語らって朝鮮半島に渡り、金鉱採掘を手掛けるような野心に溢れていた。世の中は第一次世界大戦を目前に控え、大陸進出の気運が漲《みなぎ》っていた。大正六〜七年（一九一七〜八）には、東京で出口王仁三郎《おにさぶろう》の講演に感銘して大本《おおもと》教に入信

山深い大内地区の一角（現在）

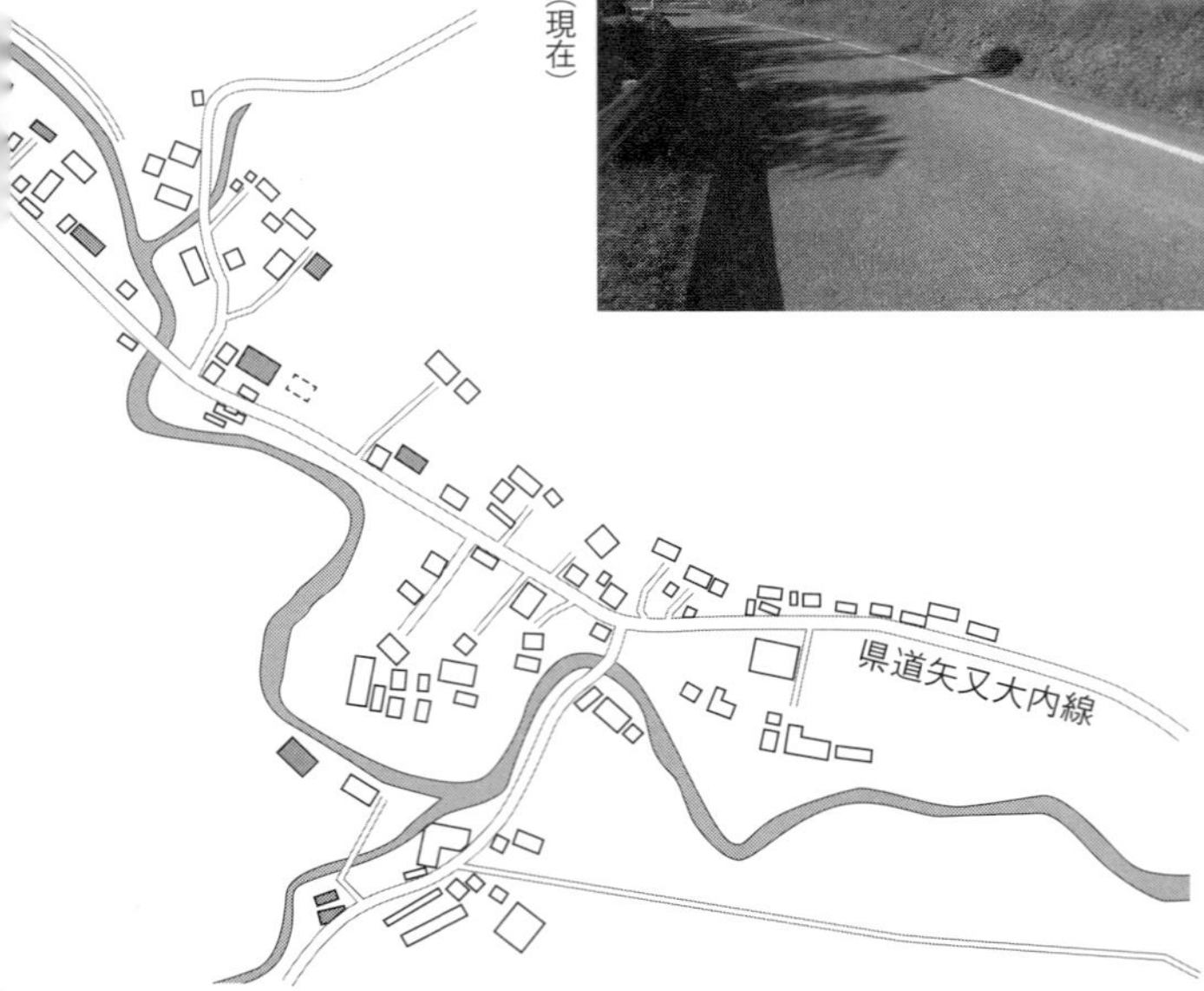

大内村大金五家による恒例の秋の「大金祭り」

大内村大金一族の「らんとば」（墓地）。自然石の墓碑が乱立している

大内地区における大金家▬点在略図（『ゼンリン住宅地図』を参考）

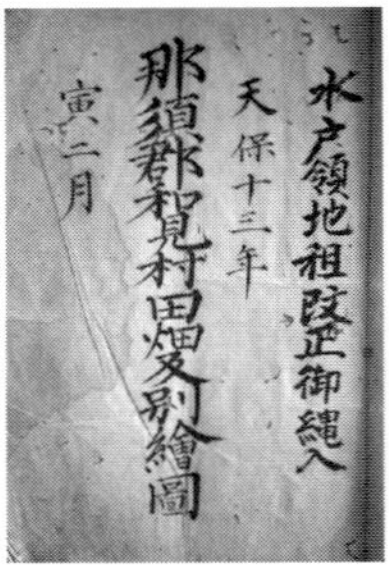

鈴木氏（右）と天保年間の「田畑反別絵図」（左、鈴木顕男氏所蔵）

出口王仁三郎の歌碑と当主の鈴木顕男氏

し、東山分院長に就いた。延吉の二人の息子は京都に赴き、王仁三郎の近習《きんじゅう》を務めている。

　大本教は、出口なおを開祖とする。なおは、京都・丹後地方に暮らす無口で辛抱強い女性であった。幕末から明治中期にかけて極貧の生活に耐えていたなおの身に「艮《うしとら》の金神《こんじん》」が憑依《ひょうい》する。神懸りのなおが唱えたご託宣は、「われよし」（利己主義）が蔓延する「三千世界の立て替え立て直し」と「みろくの世の実現」を説くものであった。背景には、第一次産業革命による経済発展に伴って窮乏化する農村、拡大する貧富の格差、深刻化する社会不安などがあったと見てよい。明治二五年（一八九二）のことである。

　独特の終末観に貫かれた、このローカルで伝統的なシャーマニズムを合理化し、一気に有数の巨大新興教団に発展させたのが、カリスマ性の能力や魅力を備えた婿養子の王仁三郎であった。「神政復古」の世直しを唱える教団の急激な広がりに震撼《しんかん》した権力は、掌中のマスコミを動員し、「邪教」のレッテルを貼って執拗で凄惨な弾圧を強行した。国家神道体制の枠外にあり、近代天皇制の根幹に抵触していると見做《みな》したからである。

　大本教は、大正一〇年（一九二一）と昭和一〇年（一九三五）の二度にわたっ

大本教神殿取壊
肯かざれば強制執行
取壊費用七千余圓

大本教の神殿取り壊し決定を伝える記事（『下野新聞』大正10年10月10日付）

邪教大本に對し
遂に大鐵槌下る
斷乎解散取壊し嚴命

内務省が大本教解散を命じたと伝える記事（『下野新聞』昭和11年3月14日付）

て不敬罪などに問われ、幹部の拘束や建造物・書籍・祭具などの破壊に見舞われた。関東の拠点の一つであった東山分院も、その例に漏れない。

一方、大金兼吉と後妻の末は精米業を営むかたわら、「燃料革命」が始まる前の一時期、木炭の製造・販売で羽振りを利かせた。この家も、大金五家の一戸に名を連ねている。

源三郎の二男房吉は、明治五年（一八七二）に生まれ、二〇代から馬薬を扱う配置薬の行商で関東甲信越を巡回し、いささかの財を蓄えた。武茂郷一帯は、九代斉昭が進めた殖産興業の「里子馬制度」を導入し、馬産地として知られた。房吉は煙草耕作に励むかたわら、薬の調合を始めとする馬産地の先進技術を生かした商売に目を付けたのであろう。借金返済の方策でもあったか。

彼は後に木造三階建ての旅籠《はたご》や隠宅を街道沿いに建てたが、大正八年（一九一九）の村の大火で灰燼に帰している。旅籠は、廊下に檜の一枚板を張り渡したような贅沢《ぜいたく》な造りであったと伝えられる。この地に赴任してきた小学校教師のまかない付き宿舎などにも利用された。

村の大火は、小学校の校舎増築落成祝賀会に打ち上げた花火に起因した。折りからの春の強風が、三八戸・七七棟の集落を焼き尽くす。花が散り、葉桜の季節に入った四月二七日の昼下がりであった。

時代の荒波を乗り越えて

房吉の妻セエは、武茂村久那瀬に居を構える岡廣太郎の長女であった。

久那瀬は、那珂川を眼下に望む左岸の丘陵に位置し、内陸水運の要衝の地として賑わった。宝永五年（一七〇八）に開設された武茂郷最大の久那瀬河岸《かし》には大量の物資が集散し、多数の人馬が行き交った。

上り下りする大小の舟は、下り荷に米穀・酒・醤油・油・漆・煙草・楮《こうぞ》・薪炭などを積載し、上り荷に味噌・塩・魚・木綿・肥料などを積んでいた。目いっぱいの積荷を載せて流れに乗る下り舟や、帆布《はんぷ》を広げてゆるゆると川を遡《さかのぼ》る上り舟の往来は、当地自慢の風物詩であった。

岡氏は、元の姓を関沢と称した。延徳年間（一四八九～九一）に足利氏と対立して近江国の「蒲生郡日野﨑邑」からこの地に逃れ、字《あざな》の関沢を名乗って住み着いたと言う。

足利氏との因縁《いんねん》は分からない。関沢以前の姓も伝わらないが、この地にある二《に》

大金セエ

二渡神社

岡氏一族を祀る「地主塚」

渡《わたり》神社は、関沢氏が元亀二年（一五七一）に祠を立て氏神にしたのが始まりと言われる。関沢姓から岡姓に代わって一九代。岡廣太郎は、その一五代の当主であった。幕末には、分家の岡哲三が二渡神社の神官を務めている。

神社の参道には、岡氏一族を祀る通称「地主塚」があるが、刻まれた石文の内容は判然としない。火災に見舞われた岡氏の手元に残る唯一の家宝に、室町中期の作と観られる無銘の奉納刀がある。長さ八二センチ、反り二～三センチ、腰反りの高い優美な太刀で、手にする者を圧倒する力を秘めている。

岡氏が、ロシア正教会に出逢ってキリスト教の洗礼を受けたのは明治中期と言われる。布教活動が大田原から馬頭地方に伝わり、信者の数が急増していくころのことか。異教徒に対する悪口雑言《あっこうぞうごん》、嫌がらせや暴行あるいは日露戦争の過酷な影響などを凌《しの》ぎ、山深い地域で信仰を守り続けた人々の様子が偲ばれる。

ロシア正教会と言えば、文久元年（一八六一）にロシア領事館付き司祭として箱館にやってきたニコライ・カサートキンを忘れることができない。ニコライは、キリスト教禁制下にあって、「日本人の伝教者による正教会」を立ち上げるべく、公然と布教を開始した。

ニコライの宣教を最初に受け止めた一人に、当時、箱館神明社の宮司を務めて

岡氏の墓地

沢辺琢磨（国立国会図書館内「近代日本人の肖像」webサイト）

いた土佐藩出身の沢辺琢磨《さわべたくま》（旧姓・山本）がいた。琢磨は、坂本龍馬の従兄弟に当たり、幕末の志士として剣術にも長《た》けていた。彼はニコライをロシアの密偵と思い込み襲撃を企てるが、ニコライが説く教理に触れて日本人初の正教徒となった。そんな経緯から、琢磨は使徒パウロになぞらえたパウェルの聖名を与えられた。

ニコライは機を見て上京し、日本人初の司祭になった琢磨らと神田駿河台に東京復活大聖堂（通称・ニコライ堂）を創建し、日本ハリストス正教会の礎《いしずえ》を築く。教勢は、この機に全国に広がった。先述の通り、馬頭町にも一足早く、明治一〇年代にその種が蒔かれ、明治三三年（一九〇〇）には瀟洒《しょうしゃ》な教会堂が建設された。

房吉の妻女の父岡廣太郎も受洗し、モイセイという名を授かった。

房吉の妻セエは、穏やかで優しかった。二人の間に生まれた二女キクエは、昭和七年（一九三二）に結婚する。彼女には一一歳下に一一になる末弟の義丸がいたが、房吉が借財を抱えていたために、夫となった笠井氏に屋敷や農地の名義を譲り渡す。笠井氏が実家の力を借り、房吉の負債を肩代わりしたかたちになる。したがってこの家は、大金五家から外《はず》れた。

那珂川町馬頭の教会堂

大金房吉

笠井氏の分家となった若いカップルの苦労は、並大抵ではなかったろう。しかし、行動的で明朗なキクエは、その苦労を夫と共に乗り越え、後年、この地区の農協婦人部長などを務めた。

キクエの結婚は、昭和初期の農村恐慌や同六年（一九三一）の大冷害などに続く時期に当たり、借金地獄に追い込まれた全国の農村が、疲弊と荒廃の極みに達していた。

暮らしの中に宗教があった

房吉は、井上正鐵《まさかね》が幕末に創始した教派神道の一派「禊《みそぎ》教」を信奉し、世俗的な祈祷《きとう》師も務めていた。「禊教」は、上野国館林藩士安藤真鉄《まがね》の一子で母方の縁者の養子に入った井上正鐵を教祖としている。国学者であり神道家の彼は、勤王思想と大和国風の復興を説き、天保一四年（一八四三）には「幕府滅亡」を予言した廉《かど》で三宅島に流される。明治期に入って彼の門弟がその思想を受け継ぎ、政府公認の神道教団を結成し、活動した。

房吉はその教団に与し、「禊払い」で罪や穢《けが》れを清め、誠心を以て神明に近づ

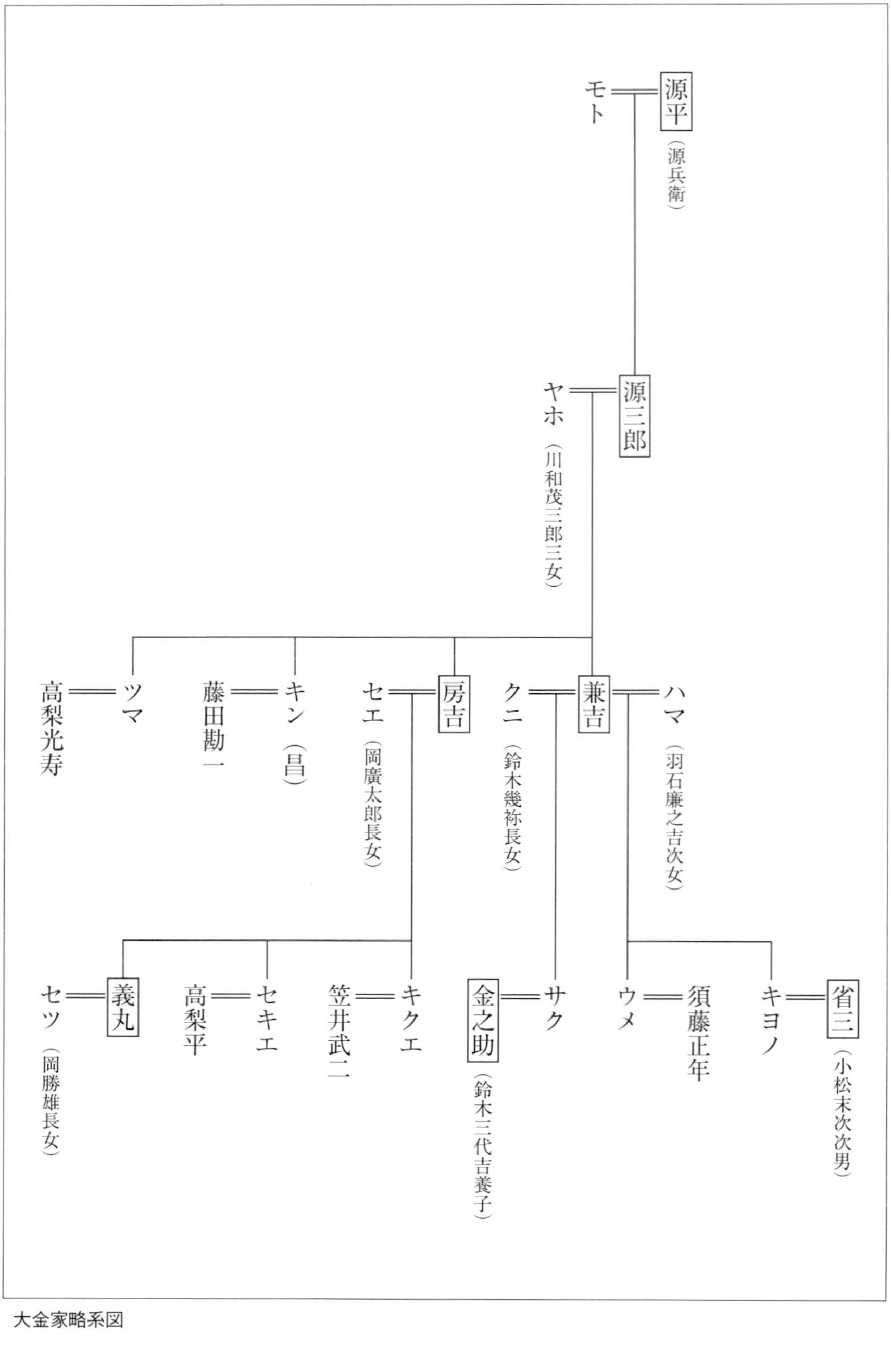

源平（源兵衛）
モト
源三郎
ヤホ（川和茂三郎三女）
ハマ（羽石廉之吉次女）
兼吉
クニ（鈴木幾祢長女）
房吉
セエ（岡廣太郎長女）
キン（昌）
藤田勘一
ツマ
高梨光寿
省三（小松末次次男）
キヨノ
須藤正年
ウメ
サク
金之助（鈴木三代吉養子）
キクエ
笠井武二
セキエ
高梨平
義丸
セツ（岡勝雄長女）

大金家略系図

氏子総出の仮装による祭礼。房吉はいずれか（大正九年〈一九二〇〉）

こうとする神道を、山あいの集落で実践していたことになる。今も廃屋状態で残る房吉や二女キクエ一家が暮らした二階建ての住宅は、村の大火で延焼した屋敷跡に、馬頭町和見にあった大本教団の施設を移築したものであった。大本教は、「禊教」など異教にも寛容であったのか。加えて、房吉の兄兼吉の先妻の長女と入り婿金之助との縁で、大本教の東山分院長を務めていた鈴木氏の力を得たこともあったろう。

当時の農家にしては珍しい木造二階建ての表廊下を備えた二階には、神棚を始め神道一式の調度が整えられていた。房吉は神職の衣装をまとい、訪れる信者の求めに応じて祈祷を行った。大金茂策の記憶によれば、常人とは一風変わった神妙な趣があったと言う。何やら、修験道の行者にも重なるような印象である。

時代を少し遡って、その房吉が二六歳になる明治三〇年（一八九七）。行商中の奇縁から、越後国一の宮の弥彦神社

伊夜日子神社。急峻な里山の頂に鎮座する

標高一〇二二メートルの八溝山頂に鎮座する八溝嶺神社の社殿

の分霊を授けられ、落雷が頻発する村の安全祈願のために伊夜日子《いやひこ》神社を分祀している。村が大火に見舞われた翌年の大正九年（一九二〇）三月には、その神社祭が小学校の校庭で開かれている。氏子総出の仮装による祭りの光景がセピヤ色の写真として残り、房吉の足跡を明かす一葉となっている。

源三郎・房吉の父子二代には、他にも女子を介して姻戚関係が広がっている。房吉の妹ツマと娘セキエが、久慈郡大子町上野宮《かみのみや》で八溝嶺《やみぞみね》神社別当を四〇数代に渡り務める高梨氏に嫁いでいる流れがひとつある。近世における八溝嶺神社は、山麓の常陸・下野・陸奥の三国・四四六か村の総鎮守のような役割を果たしていたが、今は省略する。

さらには馬頭町和見の旧家で、「天狗党に与して出奔した幕末の当主が、そのまま行方知れず」と伝えられる藤田（勘一）氏の流れがある。この藤田氏には、房吉のもう一人の妹キンが嫁ぎ、その娘きくえが後に藤田氏から高梨氏に入籍するという血縁を結んでいる。

「大金祭り」は、同族のそれぞれの内情をよそに、恒例の秋に重ねられ、親密な五家のつながりを継承している。栄枯盛衰は、世の常。集落の歴史やルーツを探る上で唯一の無念は、大正八年の大火であった。古い文物が灰燼に帰したツケ

戸隠神社

が、今もここに残っている。

「志と敬愛」に生きた動乱期の絆

翻《ひるがえ》って、この物語の冒頭に登場する小室主税・主計父子は、「大金祭り」の一員である大金茂策が氏子責任役員を務めた戸隠神社のかつての神官であった。小室父子はあの馬頭郷校に通い、数馬や孝之助らと文武に励んだ同志であった。

戸隠神社は、大内川の渓流を分け入った沿道の畑の中にある。この地方には珍しく、本殿や拝殿が参道より低い地形に鎮座する。弘化元年（一八四四）に改築されたというその社殿には、宮司の岡田和麿の係累に当たる健三郎作の精巧な牡丹の彫刻が施されている。

明治期には、この神社の神官を務めていた小室甲子三が「戸隠神官塾」を開き、謝金を取らずに四書や書道を教えて門弟が延べ一〇〇名余に達したと言われる。それでは、甲子三と先の主税・主計父子とは、どのような間柄なのか。直接の裏づけが見当たらない。以下は、小室氏の戸籍や墓碑銘などに残る生没年からの推量である。

文化一三年（一八一六）に生まれ、明治二三年（一八九〇）に七五歳で亡くなる小室魁（彪）三は、墓碑にある淡路正藤原宗茂の没年と一致しているから、同一人物と見做してよい。戸籍に魁（彪）三の養子とある甲子三は、嘉永二年（一八四九）に生まれ、大正八年（一九一九）に七一歳で亡くなっている。

魁（彪）三には、戸籍上に天保一〇年（一八三九）生まれの実子貞助がおり、この三人の生没年を前提に、健武山神社の神官今瀬仲が遺した「御用留」に登場する主税・主計の安政・文久・慶応年間の年齢を照合すると、魁（彪）三とその実子貞助の年齢がいずれも合致することが分かった。これこそ、主税は魁（彪）三、主計は貞助の証《あかし》ではないか。

一方、戸籍に魁（彪）三の養子とある甲子三は義兄貞助より一〇歳若く、貞助に何があったか不明であるが、明治三年（一八七〇）に二一歳で小室氏の家督を継いでいる。

ここで養子甲子三の妻トクを巡り、一つの疑問が生まれた。戸籍上のトクは、嘉永六年（一八五三）に生まれた「魁（彪）三長女」とある。ところが、甲子三とトクが眠る合墓の墓碑銘には、「神官　小室甲子三藤原宗長」と「岡氏婦人登久」の文字が並んでいる。これはどうしたことか。戸籍にある「魁（彪）三長女」

のトクと墓碑銘の「岡氏婦人登久」とは別人なのか。同一人物なのか。

以下は仮説であるが、トクは、盛泉温泉神社の神官岡数馬の妹ヤスではないかと考えてみた。それには、後述する理由がある。数馬の妹ヤスは、トクと同い歳である。岡兄妹の母親の名前は「得玖」であったから、ヤスが小室氏に入籍する際の名残に、実母の名トク（登久）を名乗った可能性がある。何らかの理由で後継に恵まれなかった小室氏の将来を心配した両氏が談合し、ヤスを魁（彪）三の長女として預け、養子甲子三の妻に仕立てたのではないか。

後年、この二人も実子に恵まれず、養女と養子を迎えている。したがって、小室氏と岡家の関係は、甲子三とトク（登久）の一代限りに留まったが、そこには動乱期を神職として共に生きた両家の信頼と敬愛の絆《きずな》があったという解釈が成り立ちはしないか。過去に岡家から小室氏に「親戚同士だ」という声が何度か掛けられたという背景が、ここにおぼろげながら浮上してきたのである。

いずれにせよ小室主税・主計の父子も、同職の神官と西に東に奔走し、幕末・維新の激動期を志高く生きた。

俗に「下り宮」と呼ばれる畑の中の社殿に向かって、老杉の並木が続いている。境内には、推定樹齢四〇〇年の大銀杏が、澄み切った空に黄金色の樹形を広げている。その巨樹から金粉を撒き散らすように無数の葉を降り注ぐ大銀杏は、集落に流れる永遠の時間を刻んでいるかのようであった。

兵農分離以前からの「佐竹遺族臣」

武茂郷には、大金姓を数多く見かける。その由縁《ゆえん》を探るうちに、信憑性に疑問が残るが、大金姓の地域分布の由来を辿る上で興味深い文書があることを知った。

関ケ原の合戦の際、石田三成や上杉景勝との友誼《ゆうぎ》に後ろ髪を引かれ、徳川方への積極的な参陣を躊躇《ちゅうちょ》した佐竹義宣《よしのぶ》が、慶長七年（一六〇二）五月、家康によって常陸から秋田に移封を命じられた時のことである。義宣は、秋田に随従させる家臣団を譜代九三家に制限。他の小給人については、土着・帰農あるいは他家への出仕を勝手次第とした。

残留を余儀なくされた下級の家臣団はこのため、多くがそのまま在郷に土着・帰農した。そのおよそ二〇年後の元和七年（一六二一）に、常陸吉田山神宮寺薬王院が藩命により「佐竹遺族臣」の氏名と知行高を調査。その写しの中に、「大

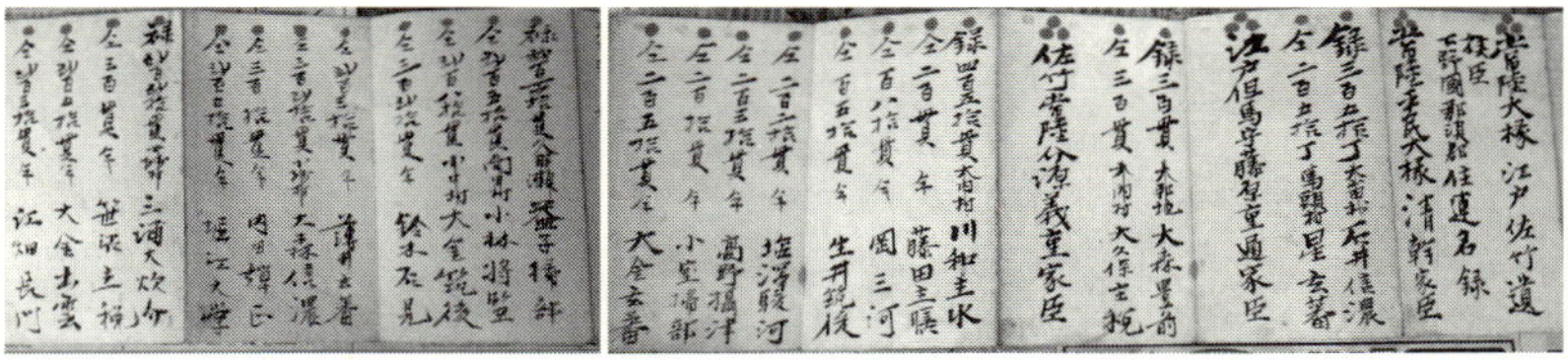

「常陸大掾・江戸・佐竹遺族臣連名録」の一部（三森利明氏所蔵）

金玄蕃」（二五〇貫・大内）、「大金筑後」（二八〇貫・小口）、「大金出雲」（二五〇貫・小砂）なる名があって、禄高や受領名《ずりょうめい》はともあれ、大金姓の地域分布に重なる関係が窺われた。

薬王院の調査結果を写し取った「下野那須大内里住」の「大久保泉山」なる人物の正体が分からない。また、この文書を所蔵する三森利明にも、文書の由来や出所が分からない。そんな事情もあるが、大掾・江戸・佐竹氏の「遺族臣」に記載されているおよそ六〇に及ぶ氏名・禄高・住地が、現在に残る旧家にほぼ重なって読めるところに妙があるように思われる。

「佐竹遺族臣」の筆頭に、「川和主水・四五〇貫・大内」の記述がある。この記述は、左入屋敷に居住する川和氏所蔵の家系図の書き込みにも符合する。しかも、川和氏には、代《だい》が定かでないが、家督を継承した長女の弟に当たる人物が、数ある古文書を入婿先の大久保氏に持ち出したというエピソードが残っている。とすれば、あるいはこの文書の出所は川和氏ということも考えられる。それがなぜ三森氏に渡ったのかは不明であるから、いずれにせよ、文書の真偽や今日に伝わった経緯などは、歴史の彼方に沈んでいる。

また、以下は平成一八年（二〇〇六）の「大金姓に関する全国アンケート調査」

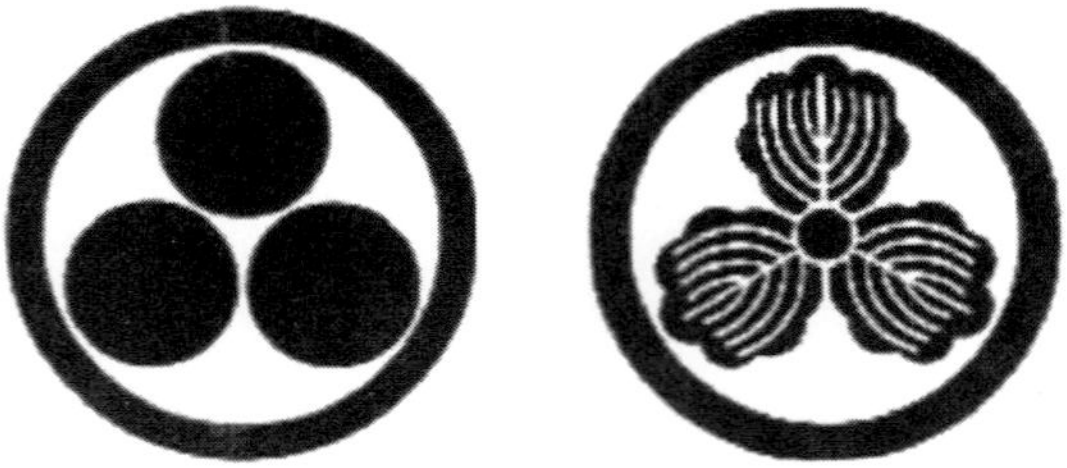

家紋。丸に三つ柏（右）と丸に三つ星（左）

によるが、武茂郷内の居住地によって、大金姓の家紋が大きく二つの傾向に分かれていることが分かった。武茂川支流の大内川に沿って開かれた大内村では「丸に三つ柏」紋が、小口川に沿って隣接する小口・小砂村では「丸に三つ星」紋が多数を占めている。

これは何を意味するのか。推量に過ぎないが、一七世紀初頭に佐竹家臣団から切り離されて帰農した大金姓の一族郎党が、土着した山あいの集落毎にそれぞれ独立性の強いまとまりを形成し、累代の暮らしを営んできた経緯を物語っているように思われる。と言うより、それぞれの山あいに集住して佐竹氏の配下にあった大金姓が、秋田移封を余儀なくされた佐竹氏と切り離され、そのまま在郷し続けた、と言ったほうが正しいかもしれない。いずれにせよ、兵農分離が豊臣秀吉の「太閤検地」や「刀狩り」を契機に、江戸初期にかけて定着していく過渡期の出来事である。

「大金玄蕃」の正体は不明である。しかし大内村の大金姓が、この文書によればこの人物の流れを汲む郷侍《ごうざむらい》あるいは在郷足軽の一党であったことが窺える。同様に、小口・小砂村の大金姓もまた、それぞれに「大金筑後・出雲」の一党であったと言えよう。

常陸大掾・江戸・佐竹遺族臣連名録（三森利明氏所蔵『馬頭町史』）

［大掾清幹家臣］

氏　名	禄高	住　地
	丁	
石井　信濃	350	大山田
星　玄蕃	250	馬　頭

［江戸重通家臣］

氏　名	禄高	住　地
	貫	
大森　豊前	300	大那地
大久保主税	300	大　内

［佐竹義重家臣］

氏　名	禄高	住　地
	貫	
川和　主水	450	大　内
藤田　主膳	200	〃
岡　三河	180	〃
生井　筑後	150	〃
塩沢　駿河	220	〃
高野　摂津	230	〃
小室　掃部	210	〃
大金　玄蕃	250	〃
薄井　民部	190	〃
軍司　土佐	220	健　武

氏　名	禄高	住　地
	貫	
石井　若狭	240	健　武
荒井　大炊	330	〃
葛西　委正	220	〃
大武大城守	300	矢　又
桒野　民部	280	〃
菊地　肥後	300	〃
荒井玄蕃頭	260	富　山
大武　監物	400	〃
高野　雅楽	250	〃
鈴木　飛騨	350	松　野
小幡　石見	280	〃
小川　主計	250	〃
小口　兵庫	280	〃
小室　主殿	240	〃
益子　掃部	260	久那瀬
小林　将監	250	向　田
大金　筑後	280	小　口
鈴木　石見	320	〃
薄井　玄蕃	230	〃
大森　信濃	320	小　砂
内田　弾正	310	〃
堀江　大学	250	〃
三浦大炊介	220	〃

氏　名	禄高	住　地
	貫	
笹沼　主税	300	小　砂
大金　出雲	250	〃
江畑　長門	230	〃
永山　和泉	250	〃
増子　主計	310	〃
鈴木　兵部	330	〃
笹沼　主殿	290	和　見
小高　出羽	320	〃
鈴木　但馬	290	〃
木村　采女	210	〃
益子　伊織	350	大山田
益子　清記	280	〃
益子　主税	280	〃
石川　出羽	380	〃
屋代　陸奥	350	〃
長谷川伊豫	260	谷　川
石川　対馬	270	〃
笠井　佐渡	380	大那地
戸部　但馬	250	盛　泉
北條　相模	210	〃
関　監物	230	〃
渋井　筑後	350	大山田

現に、小口村には受領名こそ異なるが、大金備後守重宣の名が残っており、その嫡男に対馬守重頼の名がある。

梅平・大金重貞の事績

小口村梅平に館を築き、永禄年間（一五五八～一五六九）に居住するようになった備後守重宣は、美濃源氏の土岐氏の流れを汲む金山貞房の子貞徳を始祖とする大金家の当主であった。彼は武茂氏らと共に佐竹氏の武将として那須氏と戦い、数々の武功を挙げたことで知られる。対馬守重頼に関しては、大金重貞が著した『田畑難題物語』に次の件《くだり》がある。（『栃木県史　通史編四　近世一』）

大金対馬守重頼一男弥右衛門貞経、慶長七年七月牢人と成、梅平郷に住ス、依レ為二病気一奥州に不レ下、同年壬寅八月三日に卒ス、彼貞経か一子惣左衛門重宣、其子七右衛門重供、百性（百姓）となりて、田地を耕事、慶長七年より天和三年迄八十二年に及也、我親重供田地百五拾石余作候

小口村大金氏

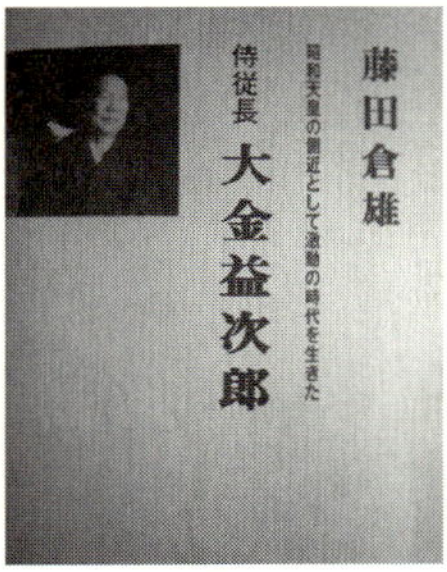

益次郎については、藤田倉雄氏が平成七年（一九九五）に著した伝記がある

重貞の記述は、佐竹義宣の移封に伴う小口村の大金家の進退に言及し、当時の持高が一五〇石余であったことを伝える。これを記述した重貞は、知る人ぞ知る「近世前期、下野に生を受けた農民の中で最も光彩をはなつ人物」であった。

寛永七年（一六三〇）生まれの重貞は旺盛な好奇心を発揮し、多数の著作を残している。那須氏一族の興亡を描いた『那須記』一五巻を始め、『仏法裸物語』三巻や先の『田畑難題物語』二巻、自叙伝『重昭童依調年記』五巻などである。

さらに、那須国造碑の発見や堂宇建立を巡る二代光圀とその儒臣佐々《さっさ》介三郎宗《むね》淳《きよ》との交流も、広く知られる。重貞の館には、光圀自身も宿泊したと伝わり、佐々も逗留して堂宇建立の指導に当たった。光圀の晩年には、常陸太田にある隠居所の西山荘を重貞が訪ねて親交を深めた記録もある。

ともあれ小口村の大金家は、水戸藩の治世下においても大山田村の金山の金掘支配を始め、武茂郷の郷代官や御山横目格などを務める豪農の歩みを重ねた。天狗・諸生の党争が激化した幕末には、両者の浮沈に呑み込まれることなく中立の立場を守っている。

この家からは、昭和天皇の側近として敗戦直後の地方巡行に随従した侍従長の大金益次郎が出ている。彼の足跡は、天皇の側《そば》近く影のように付き従うその姿と

那珂川町馬頭郷土資料館の「小砂焼の歴史」コーナー

大金彦三郎の墓

共に巡行の先々に残されている。

斉昭と小砂焼と大金彦三郎と

小口村に隣接する小砂村の大金姓が脚光を浴びるのは、天保元年（一八三〇）からである。九代斉昭が殖産興業の一環として藩営の製陶所開設を悲願にしていた時に、大金彦三郎保重の持ち山から良質の陶土が発見された。

斉昭は、藩の経済力をアップする「天保の改革」で産馬や植林を奨励し、藺草《いぐさ》などの試作を命じている。加えて、他領から移入する日用品の陶器類の国産化を図り、他領への移出を目論んだ。

しかし斉昭の願いは、家臣団の反対に遭遇する。農民が米作りを疎《おろそ》かにして金儲けに走りかねないという理由である。また、逼迫する財政にゆとりがないなどの反対意見が続出する。これに天保の飢饉や斉昭自身の失脚に伴う藩内騒動が重なり、斉昭の素志は宙に浮いたままになった。

その後、復活・再起した斉昭の意向を受け、陶土山を保有する彦三郎や小砂村の庄屋を務める藤田重衛門らが、御用瀬戸の焼き立てをしたのが嘉永四年（一八

窯業技術を教育した大山田工業補習学校と大金薫（左手前、明治中期、那珂川町馬頭郷土資料館所蔵）

斉昭が大砲鋳造のために建設した反射炉（昭和一二年（一九三七）、那珂湊に復元）

五一）。この間にほぼ二〇年の歳月が流れたが、これが小砂焼の始まりとなった。

ついては、庄屋の重衛門が村に本格的な窯場《かまば》を建設すべく、隣接する烏山藩領志鳥村で製陶に取り組む越中国出身の陶工斎藤栄三郎を招いている。栄三郎は後に、重衛門の倅半三郎と父子の契りを結び、藤田半平と改称し、小砂焼の発展に力を尽くした。

さらに、藩が海防強化の一環として嘉永七年（安政元年・一八五四）に那珂湊での大砲鋳造を計画すると、反射炉建設用の耐火煉瓦が求められた。その原料に最適の粘土が小砂村にあり、彦三郎が献納と搬出に力を注いだ。

明治期に入って地場産業である陶磁器業の振興に力を注ぎ、印南丈作や矢板武らと共に那須野ヶ原開墾などにも奔走する大金薫は、彦三郎の孫に当たる。

かくのごとくに、小砂村の大金姓も誠に健在なのである。

大金姓の六割が下野・常陸に分布

ここで先に触れた大金姓に関する「全国アンケート調査」の結果を簡単に見ておこう。電話帳による手作業のリストアップで得た大金姓は九四九件であった。

藤田製陶所の藤田眞一代表（六代目）

「現在の小砂焼」（那珂川町馬頭郷土資料館所蔵）

他に大鐘姓が二九六件、大兼姓が八三件ある。この数値は、後日照合することになる名字ランキング・サイトの一つ「姓名分布&姓名ランキング　写録宝夢巣」（日本ソフト販売株式会社）などの数値とほぼ合致する。
アンケートの対象者を大金姓に絞り、返信用葉書を同封した調査協力の依頼文書を発信。二五五件の回答を得た。二七％の回収率である。
母数となる全国の大金姓は、栃木（四〇八件・約四三％）と茨城（一九〇件・約二〇％）の両県で六割強を占める。東京（八三件）・神奈川（六六件）・埼玉（五四件）の三都県を合わせると二〇三件。その多くが栃木・茨城の両県から流出し、関東五都県の合計は八〇一件と全体のおよそ八四％に達する。アンケート回答者の出身地も、回答者全体の三分の二が栃木、四分の一が茨城と、両県で全体の九割を占めた。
分布度の高い地域を市町別に見ると、次の通りである。

栃木県那珂川町
那珂川流域（北向田・小川）・那珂川支流の小口川流域（小口・小砂）・那珂川支流の武茂川流域（馬頭・健武・大山田）・武茂川支流の大内川流域

（大内）・武茂川支流の矢又川流域（矢又）

栃木県大田原市

那珂川流域（佐良土）・那珂川支流の亀久川流域（亀久）

茨城県常陸大宮市

那珂川支流の緒川流域（小田野）

茨城県常陸太田市

久慈川支流の里川流域（小中・大菅）

以上からは、栃木県東北部及び茨城県北部の那珂川と久慈川の両流域、とりわけその支流域の中山間地域に大金姓が数多く分布していることが分かった。この中には、那珂川本流の水運を担って河岸問屋を手広く営む大金姓も見かけられた。

黒羽河岸の下流にある矢倉河岸は、大金弥惣右衛門が矢倉村の庄屋を兼ねて舟運を独占的に経営し、水戸・黒羽藩領の荷主の材木や炭などの輸送に携わっている。文政～安政（一八一八～一八五九）年間のことである。

ついでに二五五件の回答者を家紋別に見ると、一位が「柏」紋で六八件（二

古代産金の里で武茂川の流れを望む健武山神社（写真中央）

七％）、二位が「巴」紋で四一件（一六％）、三位が「三つ星」紋で三五件（一四％）、四位が「藤」紋で一九件（八％）、五位が「桐」紋で一六件（六％）六位が「木瓜」紋で一一件（四％）と続いている。

上位三つの家紋の地域別分布を見てみよう。「柏」紋が馬頭一五、大内一三、小中八、大山田三、健武三など。「巴」紋が大菅一二、矢又九、小田野五、上深荻二、馬頭二など、「三つ星」紋が小口一四、小砂五、亀久四、北向田二など、となる。

八溝山塊と古代産金の里

さて、その大金姓の一族郎党がいったい何時頃から、どのような経緯を辿ってそれぞれの地域に集住するようになったかとなると、小口村の大金家が残した文書の範囲を超える足どりは、濃い霧に覆われて判然としない。多く語れば、歴史浪漫の領域に踏み込むことになるから、少しだけ付言する。

武茂郷は、陸奥国と並ぶこの国最古の産金の里として知られた。八溝山塊から湧出し、山襞《やまひだ》を縫うように流れ下る中小河川からは、豊富な砂金が産出された。

健武山神社

聖武天皇が国家の威信を賭けて取り組んだ奈良・東大寺の大仏造営に、武茂郷の砂金が献上された記録もある。この砂金採取に、大金姓が直接関わったかどうかは分からない。

しかし、山塊の豊富な恵みを頼りに狭隘《きょうあい》な田畑を耕し、霊峰八溝の山々に敬虔《けいけん》な祈りを捧げて暮らす山の民がいたことは確かである。八溝は、修験道の霊山でもある。険しい山野で苦行を積んだ修験は、霊力を備えた宗教者の顔を持ち、同時に多彩な知恵や知識や技術を身につけた知識人の顔を持っていた。分けても、山岳の地理や地形・天候・動植物・地質・鉱物などに詳しかったはずである。霊山・霊地を漂泊する彼らの一部には、この地に定住する者もいたろう。

無論、砂金採取の多様な関係者が数多く出入りした。なかには渡来人も含まれていたかもしれない。

やがて地域には、自らの才覚や手腕を活かし、財を築いて武力を振るう者が現れる。いわゆる地侍や土豪が覇権を争い、勢力を拡張する時代が到来する。自己増殖する武士団には、勝者と敗者が生まれた。

那須地方最大の武士団は、那須氏であった。那須氏は、東から勢力を拡大する佐竹氏との間で衝突を繰り返す。武茂郷はその境界にあり、武茂氏や大金姓は佐竹氏に与した。その象徴が、小口村の大金家である。先に触れた大内村の「大金玄蕃」にせよ、小砂村の「大金出雲」にせよ、佐竹氏の在郷の家臣団に属し、農業を営みながら小給人（郷侍・在郷足軽）としてその渦中を生きたことになる。

ちなみに、農民は領主に年貢を納め、給人は年貢に見合う軍役を負担した。大金姓がすべて給人であるはずはなく、絶対多数はむしろ土着の農民であったろう。その農民の中の主家に当たる者が小給人として、戦《いくさ》の際に一族郎党を束ねる役割を担ったに違いない。したがって佐竹氏の遺臣とは言っても、兵農分離の以前であったから、平時は農民としての暮らしを営んだ。

この地に覇権を確立した佐竹氏は、砂金採取から採鉱へと技術を革新し、金山経営に積極的に取り組んだ。その金山に目をつけた豊臣秀吉は、佐竹氏領内の金山を自らの直轄地として佐竹氏にこれを管理させる体裁をつくろい、産金の一割を運上させた。

佐竹氏が、豊臣政権下にあって佐渡金山を擁する越後国の上杉氏や陸奥国の大崎氏などに次ぐ第三位の運上金を誇ったのも、領内から多量の金を産出したからである。水戸藩もその初期には、保内郷の塩沢金山や武茂郷の大山田金山などでの金掘りを重視したが、金鉱脈が枯渇するか、あるいは鉱山掘りの採算が取れぬかで産金が下火になり黄金の威力が失われた。水戸藩が乏しい財政に明け暮れる、隠れた一因と言えば過言か。

いずれにせよ、珍名の一つとも言える大金姓には、金を産出した八溝山塊と深く結びつく山の民の歴史や文化の匂いが濃厚に纏《まと》わりついて見え隠れする。この姓の分布が、武茂郷などに分け入った大金姓の広がりなのか、この産金の里を所《しょ》縁《えん》に派生した大金姓の広がりなのかは、知る術《すべ》がない。

大金姓の所縁については、末弟が別途詳しく取りまとめる予定というから、そちらに譲る。

八溝山塊を往く天狗党

この八溝山塊に抱かれた奥久慈の大子村を発ち、水戸天狗党の一隊が一橋慶喜のいる京都を目指している。物語を、水戸天狗党のその後の行方に戻そう。

元治元年（一八六四）一一月一日未明。武田耕雲斎を総大将とする水戸天狗党は、総勢一〇〇〇名の隊列を整え、大子村で久慈川と合流する押川沿いの道を西へ進む。さらにその支流に分け入って、初原川沿いの間道を北西に遡上。上岡・

辰ノ口・初原・佐貫を経て下野国黒羽藩の領内に入るルートを辿った。

一隊は天勇・虎勇・竜勇・正武・義勇・騎馬などの六隊編成で、先頭に水戸徳川氏の葵の家紋の吹流しを掲げ、それぞれに奉勅・攘夷・報国・赤心など思い思いを記した旗をかざした。小荷駄を運ぶ馬を曳き、大砲を押し、女性や老人も混じる隊列が、凍てつく星空の下を往く。底冷えのする足元の闇を踏み分け、国境の峠に差し掛かる頃には、夜が白々と明けた。この日から総行程およそ八〇〇キロの苦難に満ちた寒中行軍が、およそ二か月に及ぶ。

幾重にも連なる冬枯れの山々が、昇り始めた朝日を受け、目の前に寒々と広がっている。一隊は意を決し、野州(下野国)黒羽藩の領内に足を踏み入れた。峠を下る間道《かんどう》に、行く手を遮る障害物が待ち構えていた。杉や雑木の大木が伐り倒され、行軍を阻んでいる。その障害物に、水戸天狗党に対する黒羽藩の明確な意志が見て取れた。

黒羽藩主の一五代大関増裕は、「城下を通過するなら、幕府の手前一戦も辞さず」という強い態度を臣下に示し、総大将の武田にルートの変更を促すよう、伝令に指示。これを受けた二一歳の馬廻役大沼渉らが現地須賀川村に駆けつける。しかし、大沼らが武田の所在を突き止めて藩命を伝える前に、一隊と黒羽藩の半

臨済宗妙心寺派の古刹、雲巌寺。松尾芭蕉の句に「木啄も庵はやぶらず夏木立」がある

常磐共有墓地に眠る藤田小四郎の墓（左手前）

小隊（二〇名）とが小さな銃撃戦を始めた。一日早朝のことである。

大沼がこの模様をいち早く城中に注進すると、黒羽藩は早鐘《はやがね》を打ち鳴らし、揚げ玉を使って周知。城下の実戦配備に取り掛かって防御を固めた。水戸天狗党の先鋒は須賀川村を明神峠まで西走してこれを知り、一隊は進路を北へ取る。双方ともに、無用の衝突を嫌っていた。

一隊は、大治年間（一一二六～三〇）に開基、弘安六年（一二八三）に仏国国師が再建したと伝えられる名刹雲巌寺《うんがんじ》を左に見て北上し、川上村に宿営。翌二日早朝にはさらに木佐美村を抜けて寺宿を通り、河原村でその夜を明かした。この日は、途中の険路鰻坂で黒羽藩兵の襲撃戦に応戦してこれを撃退。翌三日は、伊王野・芦野まで北上すると西南に進路を選び、那珂川上流の四本の支流を渡って堀越・鍋掛宿に一泊。明けて四日は黒磯近くの高久まで那珂川沿いを遡り、その後、粛々と那須野ヶ原を南下した。

下野国を抜けた水戸天狗党は、上野・信濃・美濃国を経て越前国の敦賀に至り、幕藩軍の包囲網の中で警備の加賀藩に投降する。厳寒期の行軍中には、上野国の下仁田や信濃国の和田峠などで幕命を受けた諸藩との激突があったが、無事に辿り着いた八三〇名余が銃砲・刀槍と共に自ら武装解除した。

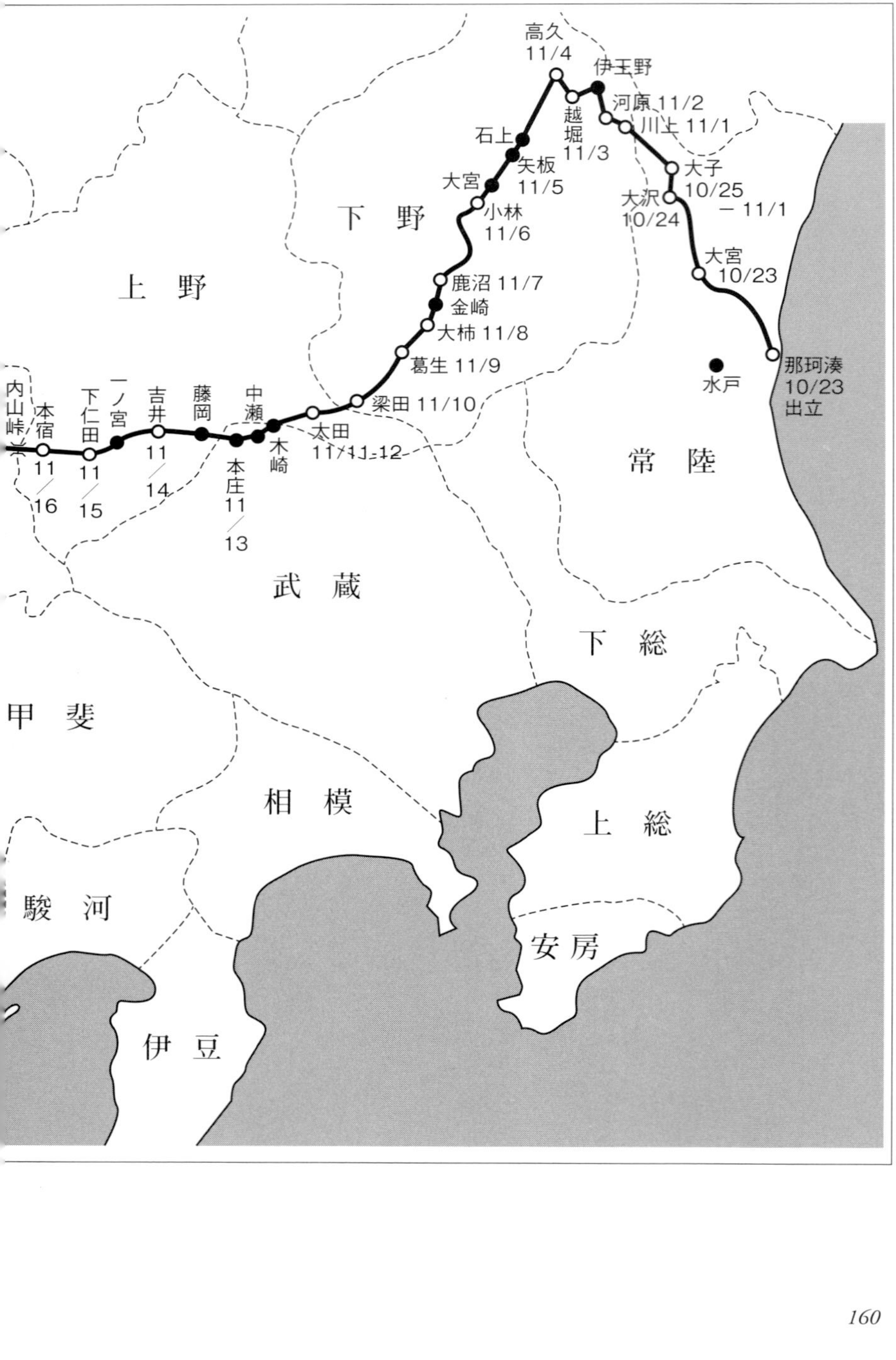
高久
11/4
伊王野
越堀
11/3
河原 11/2
川上 11/1
石上
矢板
11/5
大宮
小林
11/6
大子
10/25
－11/1
大沢
10/24
大宮
10/23
下野
上野
鹿沼 11/7
金崎
大柿 11/8
葛生 11/9
梁田 11/10
那珂湊
10/23
出立
水戸
内山峠
本宿
11/16
下仁田
11/15
一ノ宮
吉井
11/14
藤岡
本庄
11/13
中瀬
木崎
太田
11/11-12
常陸
武蔵
下総
甲斐
相模
上総
駿河
安房
伊豆

水戸天狗党西上経路図（『水戸市史』などを参考に作成）

明治維新百年を記念して造営された回天神社。維新回天に殉じた志士を祀る

尊攘の水戸殉難志士を埋葬した常磐共有墓地の墓列

その引き金となったのは、彼らが頼りにした禁裏守衛総督を務める慶喜自身が、水戸浪士鎮圧隊を組織し、京都から出兵したことにある。慶喜を唯一の拠《よ》りどころにする一隊が、慶喜自ら総督を務める追討軍の的《まと》となり、すべての望みを絶たれた。

一隊の軍議では、幕府への不信を激しく唱え、徹底抗戦を主張する強硬意見も出たが、総大将の武田耕雲斎が、主家同様の慶喜に弓矢は向けられず、朝廷に尊王攘夷の素志を伝える役割を慶喜に期待するのが行軍の道義であると諭《さと》した。

幕府は、投降した彼らに対する僅か一週間足らずの取り調べを型通り行うと、八三〇名余の処分を断行。武田以下三五〇名余を斬罪、残る多数の遠島などを執行した。武田・山国・田丸・藤田ら幹部四名の首は水戸に送って晒され、その妻子ら水戸の家族などは市川三左衛門ら諸生党の手によって打ち首・永牢に見舞われた。

時移って維新期に入ると、今度は天狗党の生き残りが保守門閥派や諸生党の残党狩りに走り、同じようなことを繰り返した。今からおよそ一五〇年前の元治二年（慶応元年・一八六五）～慶応四年（明治元年・一八六八）のことである。

この間に、武茂郷で天狗党に与した大森佐平次元茂が、弘道館を占拠した諸生

福井県敦賀市から移築した鰊倉。幕府はこの倉に天狗党員を監禁。順次処刑した

党との戦いで戦死したことは先に述べた。諸生党に加担した旧族郷士の北條斧四郎は、北越戦争に参加した後、立て籠もった会津若松城の落城の際に脱出し、高原山を越えて宇都宮に至るが、新政府軍の斥候《せっこう》に遭遇し、明治元年（一八六八）九月に自刃している。石井長衛門は水戸で獄死。「星・北条」並びに石井氏は「闕所《けっしょ》」の憂き目に遭い、旧家の格式を誇った三氏ともども歴史の悲哀を蒙るのである。

また、保守門閥派並びに諸生党の巨魁《きょかい》市川三左衛門は、会津・北越と転戦。会津若松城が陥落すると、再び水戸に舞い戻って水戸城奪還を図り、敗走。しぶとく逃走した市川は、東京潜伏中に捕縛されて水戸に送られ、明治二年（一八六九）四月に、生きながら逆さ磔《はりつけ》の極刑に処せられた。

権威に頼った天狗の悲劇

結局、水戸藩の内部抗争とは何であったのか。どのような性格と限界を持っていたのか。夥《おびただ》しい血が流れ、多くの貴重な人材が葬られた。法外なその代償を払って、水戸藩が手に入れたものは何であったのか。

幕末の水戸藩は、尊攘運動の魁《さきがけ》を為した。『大日本史』編纂という壮大な文化事業によって育まれた水戸学がその運動を精神的に支えたが、水戸藩が唱えた尊攘運動は最後まで「翼幕《よくばく》」の域を乗り越えることが出来なかった。

それは何故か。水戸藩が、徳川幕藩体制下にあって親藩・御三家という比較優位の立場にあり、斉昭の第七子である慶喜を将軍後見職あるいは一五代将軍として擁していたこと。それらの権威を矜持《きょうじ》にしたところに、「翼幕」を基軸にした限界が生まれている。

同じく尊攘運動に走りながら、外様である薩摩・長州藩などが藩論を「倒幕」に統一していく経緯と、これはいかにも対照的である。親藩・御三家と外様とが拠って立つ、徳川幕藩体制の中心と周縁の位相を反映した顚末と言い換えることも出来る。

藩内にあっては、急進的な改革を求める九代斉昭の登場を契機に、保守門閥派と改革派との対立が鮮明になる。前者は累代の恩顧に安座《あんざ》して既得権益にしがみつく典型であり、改革路線を巡る内部分裂もまた、後者の典型である。これらは当然に起こりうる事態であった。

水戸藩の悲劇はむしろ、斉昭亡き後に深刻化した。揺れ動く政局に振り回され続けた一〇代慶篤の優柔不断や無定見が、水戸と江戸とに二つの藩庁を持つ定府制と絡み合い、藩内の紛糾と混乱を手の施しようのない事態に追い込んでいる。加えて、慶篤の名代として派遣された頼徳と幕府追討軍の二つの名分《めいぶん》が、内乱をさらに錯綜させる要因ともなった。

権威に頼り、権威に見捨てられた水戸天狗党の悲劇は、これらの要因が輻湊《ふくそう》して生まれ、自壊する水戸藩を先取りしていたとも言える。諸生・天狗の私闘とも言える最終局面の抗争からは、失ったものの大きさばかりが際立っている。

討つもはた討たるるもはた哀れなり同じ日本の乱れと思へば

けだし、武田耕雲斎が辞世に込めた「哀れ」は、水戸藩そのものの悲劇を物語っている。春まだ浅い越前・敦賀の町外れにある来迎寺境内で、耕雲斎以下三五〇名余の水戸藩浪士が、幕府による斬罪に見舞われ、次々に落命する事態は、まさにその象徴であった。

元治二年(慶応元年・一八六五)二月。断続的に処刑されていく彼らの眼に、春を告げる椿の赤い花は、どのように映っていたのであろうか。

第二部 下野国黒羽藩の幕末・維新

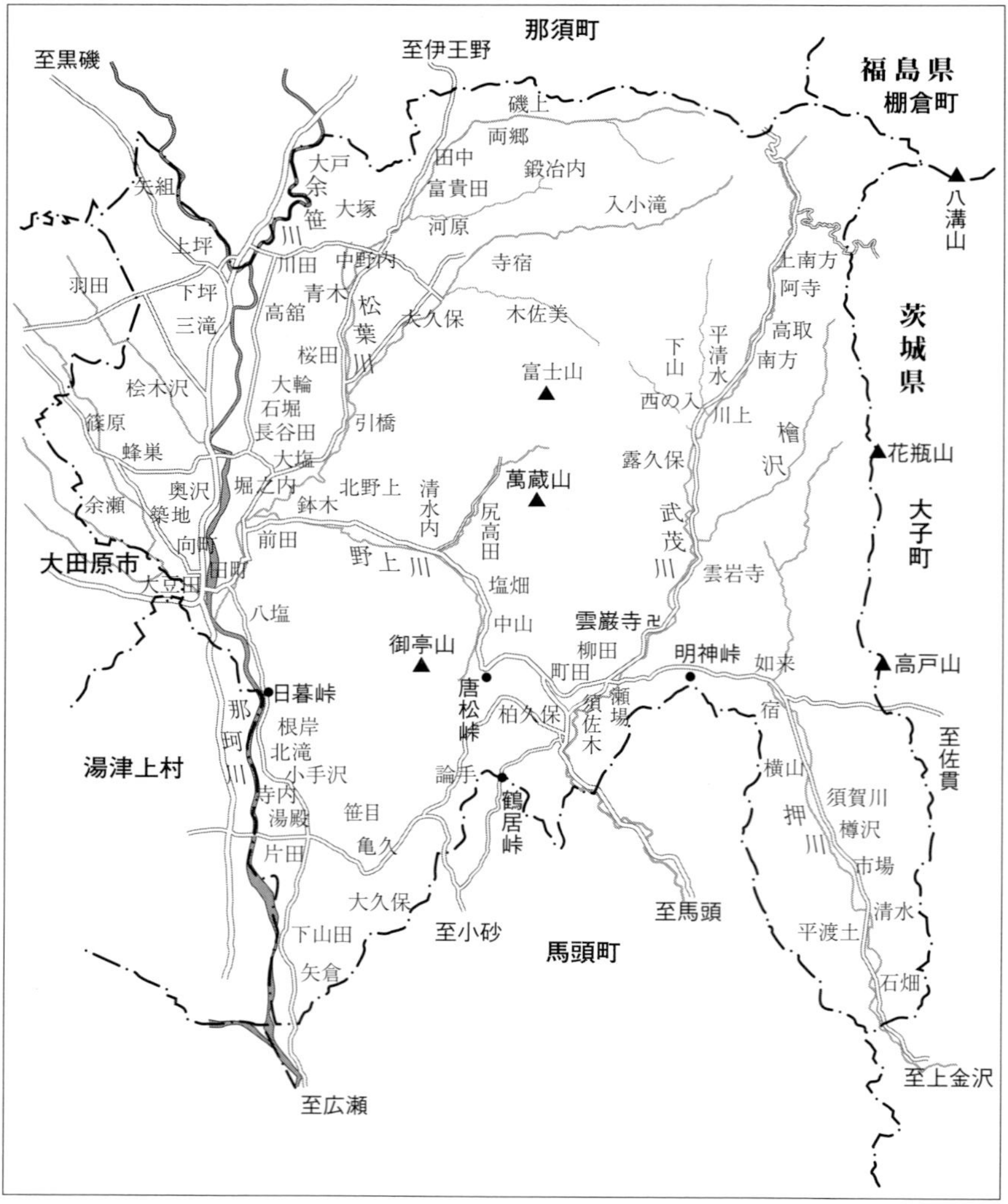
那須町
至伊王野
至黒磯
福島県
棚倉町
磯上
両郷
田中
大戸
余
笹
川
鍛冶内
富貴田
矢組
大塚
入小滝
河原
上坪
川田
中野内
寺宿
上南方
八
溝
山
羽田
下坪
青木
阿寺
高舘
松
葉
川
大久保
木佐美
三滝
茨
城
県
平
清
水
高取
下
山
南方
桜田
富士山
桧木沢
大輪
西の入
石堀
篠原
長谷田
引橋
川上
檜
沢
花瓶山
蜂巣
大塩
露久保
萬蔵山
奥沢
堀之内
北野上
清
水
内
余瀬
鉢木
築地
尻
高
田
武
茂
川
大
子
町
向町
前田
大田原市
田町
大豆田
野上川
雲岩寺
塩畑
八塩
中山
雲巌寺
御亭山
柳田
明神峠
如来
町田
日暮峠
唐
松
峠
瀬
場
高戸山
那
珂
川
根岸
柏久保
須
佐
木
宿
至
佐
貫
北滝
小手沢
横山
湯津上村
論手
鶴
居
峠
須賀川
寺内
笹目
押
川
樽沢
湯殿
亀久
市場
片田
大久保
清水
至小砂
至馬頭
下山田
平渡土
馬頭町
矢倉
石畑
至上金沢
至広瀬

旧黒羽町略図

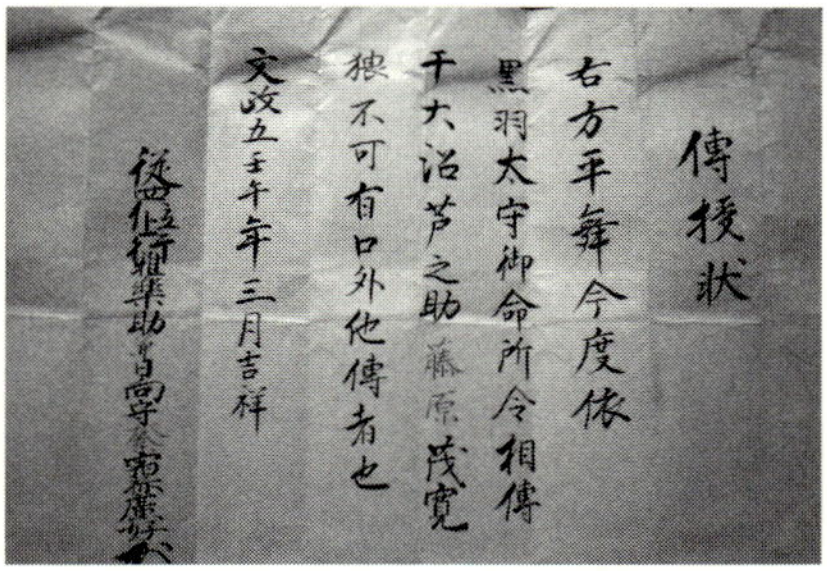

傳授状
右方平舞今度依
黒羽太守御命所令相傳
于大沼芦之助藤原茂寛
猥不可有口外他傳者也
文政五壬午年三月吉祥
雅楽助日向守宿禰廣好

「方平舞」の伝授状（大田原市黒羽芭蕉の館所蔵）

大沼分家の半太夫が家老職に

文化三年（一八〇六）六月生まれの大沼半太夫茂寛《しげとも》が、下野国黒羽藩の家老職に就任したのは天保一二年（一八四一）閏正月一一日のことである。藩主の大関増儀《ますのり》は、黒羽藩が近世大名として確立する初代資増《すけます》（高増の三男）から数えて一二代に当たっていた。

黒羽城は、那珂川と松葉川に浸食された断崖上に土塁と壕を巡らせて築いた居住型の山城である。藩主が住む本城を警固《けいご》するように、家臣団の質素な武家屋敷が門を構え、軒を連ねる。その合間を縫って曲がりくねった小道が、本城と断崖下の町屋を結んでいた。

半太夫茂寛の屋敷は、本城に最も近い東側の一角に表門を構えていた。母屋の前栽《せんざい》には、梅の老木が枝を広げている。節くれ立って苔むした黒褐色の幹から、萌黄色の若い枝が伸び、その枝先に白い蕾《つぼみ》が綻《ほころ》びかけている。一冬《ひとふゆ》の寒気が緩み、そこだけが早い春の訪れを告げていた。

大沼分家の当主である半太夫茂寛は、三六歳の働き盛りであった。芦（蘆）之助を名乗った若い頃には「方平舞」に打ち込み、雅楽助日向守宿禰廣好の伝授状

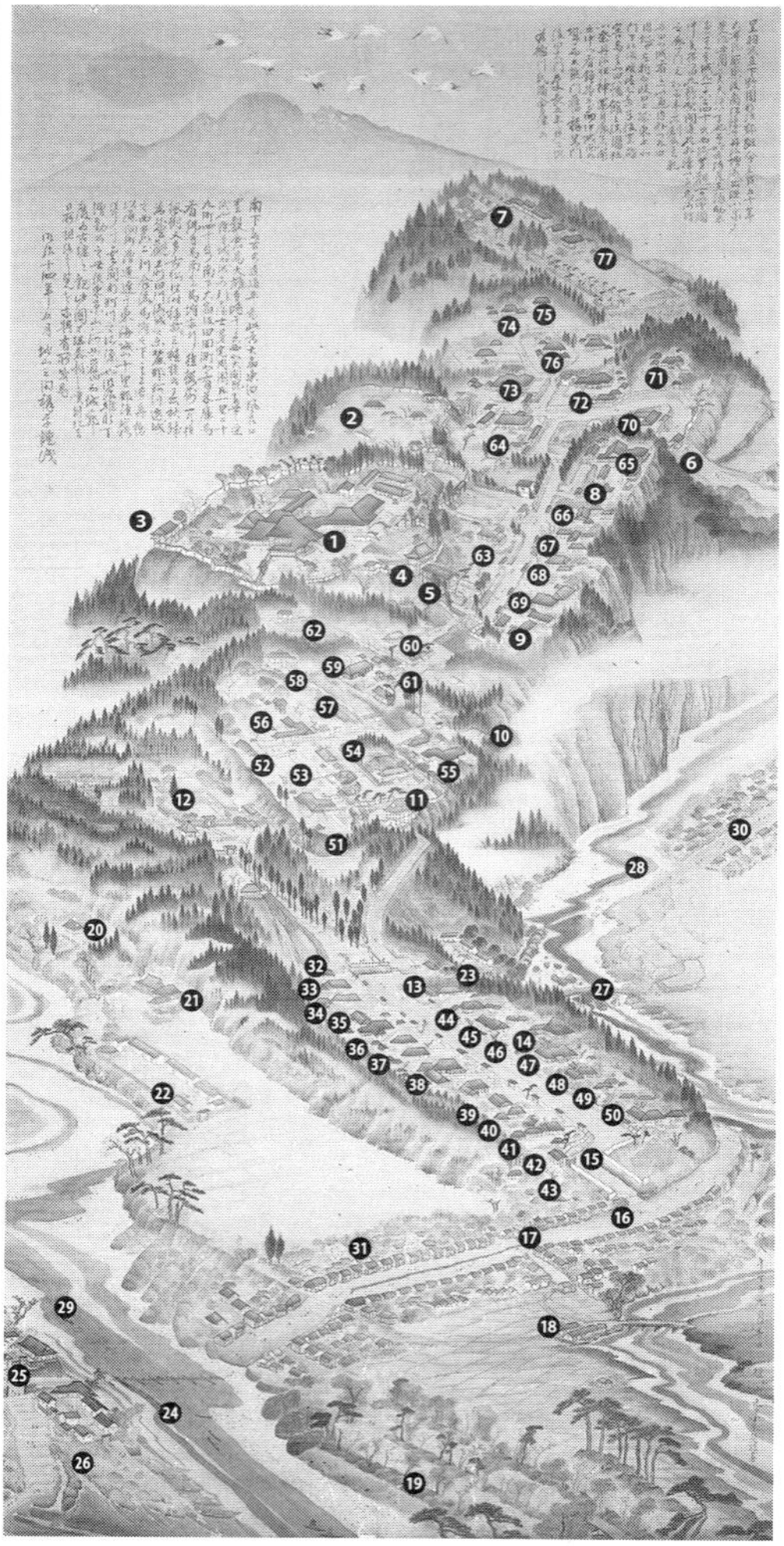

1 大関城
2 御北城
3 物見台
4 九鶴門
5 閣道（廊下門）
6 北坂門
7 鎮国社
8 白旗山帰一寺
9 会所
10 宝寿院稲荷
11 樵門（黒門・大門）
12 大雄寺
13 番所
14 新善光寺
15 木戸
16 公札場
17 八雲神社
18 鋳物工場
19 桜馬場
20 正法寺
21 長松院
22 西蔵
23 穀倉（風呂口）
24 船橋
25 黒羽河岸（上河岸）
26 （下河岸）
27 下高橋
28 松葉川
29 那珂川
30 前田
31 黒羽田町（家中屋敷）
32 那須均
33 程島仁
34 渡辺伝
35 五月女□□
36 益子元
37 高橋亘
38 松本徳太郎
39 大関□彦
40 矢野保
41 板倉丈一郎
42 武田清人助
43 ハットリ
44 安藤小太郎
45 野口左太郎
46 瀬谷月山
47 佐藤計四郎
48 大塚寅二郎
49 □田又兵衛
50 風野大ノ□
51 浄法寺清
52 浄法寺直衛
53 小山忠録
54 松本鉄之助
55 滝田登
56 津田鋧之助
57 波多野厚
58 大沼渉
59 元鈴木武助
60 倉井文八
61 小山寿
62 村上光雄
63 大沼亀
64 梁瀬昌幸
65 籏山武治
66 秋元傳四郎
67 川上五郎左衛門
68 渡辺豊雄
69 芝内藤助
70 佐野勝次
71 渡辺記右ヱ門
72 興野隆政
73 興野清八郎
74 青山礼助
75 益子得一郎
76 簗瀬□□
77 小泉徳造

小泉斐「黒羽城鳥瞰図」（佐藤梧陽覚書〈明治15年〉『黒羽町史』、大田原市黒羽芭蕉の館所蔵）

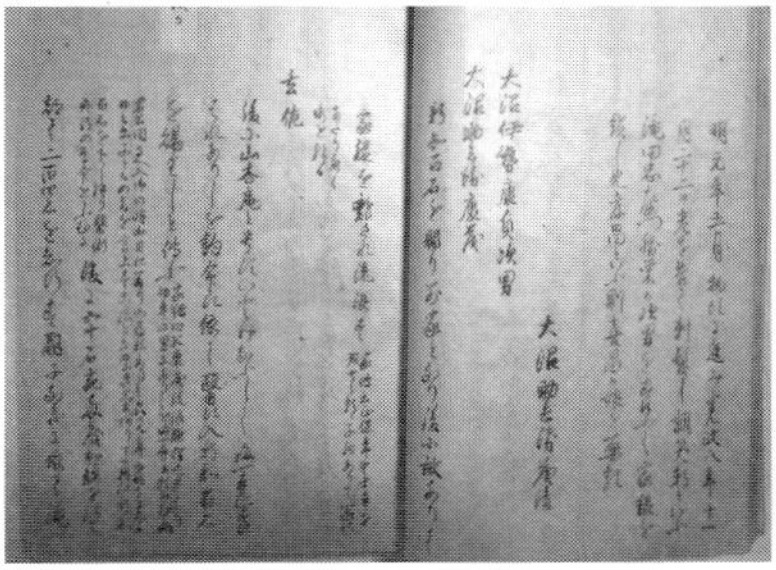

『創垂可継（諸臣系略）』（右）と大沼分家の系略の一部（左、いずれも大田原市黒羽芭蕉の館所蔵）

を手にしている。背筋を伸ばし、腰をやや落とし加減にして丹田《たんでん》に力を集め、身の内から湧き出す精気を鎮《しず》めて、雅《みやび》な品格を重んじる立ち居姿は、伸びやかでいささか武張《ぶば》ったところのある抽象的な舞を自在に演じる基本の構えである。武家として生きる心構えにも重なる、と半太夫茂寛は考えていた。

日差しがあっても硬く、寒気が足元から這い上がってくる。早春を告げる庭の老木に目を遣りながら、半太夫茂寛は父祖《ふそ》や先人の来し方に思いを馳せた。馥郁《ふくいく》たる花の香りは、しばし昔日の光景を思い起こさせるものがある。その時節まではまだ十分に間があるな、と半太夫茂寛は思った。

九代前に遡る半太夫の系譜

半太夫茂寛から数えて九代前の助兵衛康茂《やすしげ》の時に、康茂の兄助左衛門康季《やすとき》（主馬）が七代康貞《やすさだ》（内記）の家督を相続し、大沼本家の八代を継いだ。これが、慶長一五年（一六一〇）と伝わる。時の二代藩主政増《まさます》から分家を興すことを許された弟康茂は、新しく一〇〇石の領地を下賜され、半太夫を名乗ったが、正保年間（一六四四〜四七）に「小故あって」藩から暇を出され、追放される。家伝は、その仔細《しさい》を詳《つまび》らかにしない。

ただ、黒羽藩は正保から寛文年間（一六四四〜七二）に、家臣団の再編成と本格的な検地を断行し、近世大名としての藩主権力の確立を図る行政改革や財政再建に取り組んだことが知られている。

前者は、関ケ原合戦後に徳川氏から直接知行《ちぎょう》を与えられた「公知衆」と呼ばれる重臣などの給人《きゅうにん》（家臣）を整理・削減し、給人地方知行《じかたちぎょう》制に楔《くさび》を打ち込むことを狙った。給人地方知行制とは一言で言えば、給人が藩主から与えられた地方（土地）の知行（支配）権を行使し、その土地の農民を使役して手作り（直接耕作）経営に取り組み、そこから得た収益の一部を俸禄として受け取る制度である。

給地における年貢の決定・徴収権や農民の使役権、裁判権などは給人がこれを保持し、土地や農民を直接支配する中世以来の遺制《いせい》といってよい。

兵農分離以前の古い仕来《しきた》りを残した給人と農民の、この伝統的な支配・服従関係は、藩主が領内の権力を掌握する上で、乗り越えなければならない厄介な障《しょう》碍《がい》であった。このために黒羽藩は、「家中払い（家臣の召し放ち）」による家臣団の再編成（リストラ）を強行する。

黒羽藩が初めて本格的に実施した後者の、いわゆる寛文検地は、藩庫の充実を目指した。給人地方知行制によって、それまで不統一であった給人の収禄高を知行高の一律四割とする「四つならし」を実施し、その他の収納をすべて藩が取り上げる一方、検地で打ち出した新田を藩の蔵入地《くらいりち》（直轄地）にする財政改革や集権化を図っている。

加えて、知行地内における給人の裁判権を、藩の目付や郡奉行に移管する司法権の掌握を目論んだ。一連のこうした行財政・司法改革は、これを牽引《けんいん》した時の家老鹿子畑《かのこはた》左内高明の更迭・追放といった代償を払う「家中大狂い」と呼ばれる事態に発展した。新たに分家を興した康茂が、そんなリストラ策や騒動に巻き込まれた可能性は大きい。

いずれにせよ、大沼分家は危うく初代で断絶に見舞われるところであったが、幸運にも藩主によって救われる。浪々の憂き目に遭った康茂の遺児が、城郭内にあった大関氏の祈願寺である白旗山帰一寺に養われていた。その幼子の姿を目に留めた藩主がこれを哀れみ、再び召し抱えることになったという顚末が伝えられている。

召し抱えられたその遺児に当たるのが、大沼分家の二代玄佐《げんさ》であった。玄佐は、新知一〇〇石を拝領し、藩主から医術の修行を命じられる。後に山杏庵《さんきょうあん》と号し、五〇石ずつ二度加禄され、やがて二〇四石を知行する藩医として黒羽藩に仕えた。

大沼分家に生まれた安藤東野

玄佐（山杏庵）には初め男子が無く、先の「家中払い」で一家断絶に見舞われた滝田仁右衛門の二男を養い、娘の婿養子（丁庵）に仕立てるが、その後、実子の弓之助や矢之助が生まれる。弓之助が一五歳になると、婿養子の丁庵が家督を弓之助に譲りたいと願い出て、養父の玄佐（山杏庵）と互いに義を以って対立した。

父子の諍《いさか》いに藩主が割って入り、大沼分家の家禄は実子弓之助に相続させて武家を継がせ、丁庵には新知一五〇石を下賜して、医家を相続させている。丁庵と玄佐（山杏庵）の娘との間には、二男二女があった。医家を継いだ長男の玄会は、上京して医術修行に励むが「不行跡の子細ありて流浪し」、この家は断絶した。

丁庵の二男は、上京して安藤宗純の養子になり、安藤仁右衛門煥圖《かんと》を名乗っ

荻生徂徠（国立国会図書館 web サイト）

安藤東野（国立国会図書館 web サイト）

た。彼は江戸の儒学者荻生徂徠《おぎゅうそらい》（寛文六年・一六六六～享保一三年・一七二八）の門下に入り、字《あざな》を東壁または東野《とうや》と号した、と家伝にはある。

安藤東野は、徂徠が柳沢氏の家臣として吉保《よしやす》に仕えていた元禄時代の末頃に、長州藩出身の山県周南と共に最も早く弟子入りした一人である。徂徠を介して東野も柳沢氏の家臣になり、吉保や時に五代将軍綱吉に儒学を講じる一方、新たに古文辞学を確立する徂徠の弟子として、中国の口語を駆使する能力を発揮した。

古文辞学は、和訓を排して華音華語による読解を通じ、儒教の古典を往時の社会的な文脈の中で理解しようとする学問的態度をとった。徂徠学は、朱子学のように後世の解釈に頼らず、古代中国語によって直接古典を読み解き、その精神を実証的に学ぼうとしたのである。東野が、徂徠の門人として発揮した能力や価値がここにあった。

徂徠の門弟・東野の早逝

徂徠の出現は、近世儒家思想界の「事件」とまで言われた。それは何故か。祖霊信仰（孝）などの「人倫」を踏まえた仁や礼による君子の政治を説く朱子学の

曹洞宗福壽院（右）と路地を挟んだ斜向かいの東野の墓（左）

徳治《とくち》主義を批判し、天下の安泰は、中国古代の帝王（聖人・先王）たちが創出した「礼楽（礼法など）刑政（法・制度）」によって求められる、と唱えたからである。

徂徠は、道徳と政治とを分離し、政治に固有の「道」を求めた。天下を治め、民を安んずる「道」は、適切な制度を通してこそ、民の行動を導き、社会秩序の安定を図ることが出来るとしたのである。徂徠のこの実践哲学には、士農工商の身分制度のもと、それぞれが互いに依存し合いながら、与えられた役割を積極的に引き受けることで、社会全体の安寧《あんねい》が得られるという、社会と個人との関係において社会を優先する現実主義的な考え方が貫かれている。

加えて、政治権力に非合理的な権威を認めた徂徠の思想は、神道による祭政一致と結びつき、幕末期や近代日本の国家主義の源流をなした国学や水戸学などに大きな影響を与えることにもなった。

ともあれ、個人の道徳よりも政治制度などに重きを置く徂徠の門下にはその後、太宰春台や服部南郭など錚々《そうそう》たる門弟が名を連ねることになる。

東野はしかし、享保四年（一七一九）に惜しくも労咳《ろうがい》で早世してしまった。時に三七歳であった。江戸・浅茅が原（台東区橋場一丁目）の福壽院には、東野の墓碑があり、南郭による銘文が刻まれている。

二代玄佐から八代茂清へ

二代玄佐（山杏庵）の実子弓之助は、三代半太夫茂継《しげつぐ》を名乗って藩の給人筆頭を務めた。四代助右衛門茂旨《しげむね》は延享年間（一七四四～四七）に家老職となり、五〇石を加禄されて二五四石取りになった。彼には、鈴木刑部左衛門正武の養子に入った弟がおり、その弟は武助重武を名乗った。鈴木武助《ぶすけ》正長（為蝶軒《いちょうけん》）の父に当たる人物である。

武助正長（為蝶軒）の祖父正武は、文武両道に秀《ひい》で、文は林大学頭や荻生徂徠の門に学び、武は「古法心影流」の奥儀を極《きわ》めた。父重武を一三歳の時に失った正長は、この祖父に私淑《ししゅく》し、文武に精進《しょうじん》している。

四代茂旨の三男が、長兄の早世により五代八十五郎茂備《しげとも》を名乗るが、彼もまた早くに他界したため、他家に養子に出ていた二男が養家と離縁して実家に戻り、六代半太夫茂矩《しげのり》を名乗って家督を継いだ。この時、茂矩は五〇石を減録され、二〇四石取りに戻ったが、後に給人筆頭を務めている。

塚田氏の四脚門（右）と現在の母屋（左）

五代茂備と六代茂矩の兄弟は、鈴木武助正長（為蝶軒）と従兄弟《いとこ》同士になる。武助正長は、明和五年（一七六八）から寛政一〇年（一七九八）に至るまで、九代藩主増輔《ますすけ》の下で家老職など藩の重責を担い、農政改革に献身的に尽力した。

六代茂矩は実子を授からなかったためか、大関治部左衛門の二男を夫婦養子で迎え、七代幸之進茂卿《しげあき》を名乗らせる。茂卿は物頭を務めた。彼は男子に恵まれず、娘の婿養子に常陸国大子村上金沢の塚田六郎兵衛（六郎）の男子を迎え入れ、八代助兵衛茂清《しげきよ》（安永六年・一七七七～嘉永五年・一八五二）を襲名させた。

塚田氏は佐竹氏の遺臣で、当地に土着し、代々、六郎兵衛（六郎）を名乗る豪農として知られた。藤田東湖が北郡奉行を務めていた天保二年（一八三一）の「巡村日録」には、六郎兵衛が東湖に当地の経済状態を伝える件が記されている。また、九代斉昭が巡村した天保五年（一八三四）には、塚田氏の屋敷に立ち寄り昼食をとった記述がある。

斉昭が実施した天保検地（天保一〇年・一八三九～天保一四年・一八四三）には、当地の御山横目を務めていたために郷役人に選ばれ、「代々苗字帯刀御免」のうえ、新たに二人扶持の恩典に与《あずか》った。斉昭雪冤運動には嘆願書に連署して奔走し、安政二年（一八五五）の義民引き立てで「一代郷士列」などの論功行賞

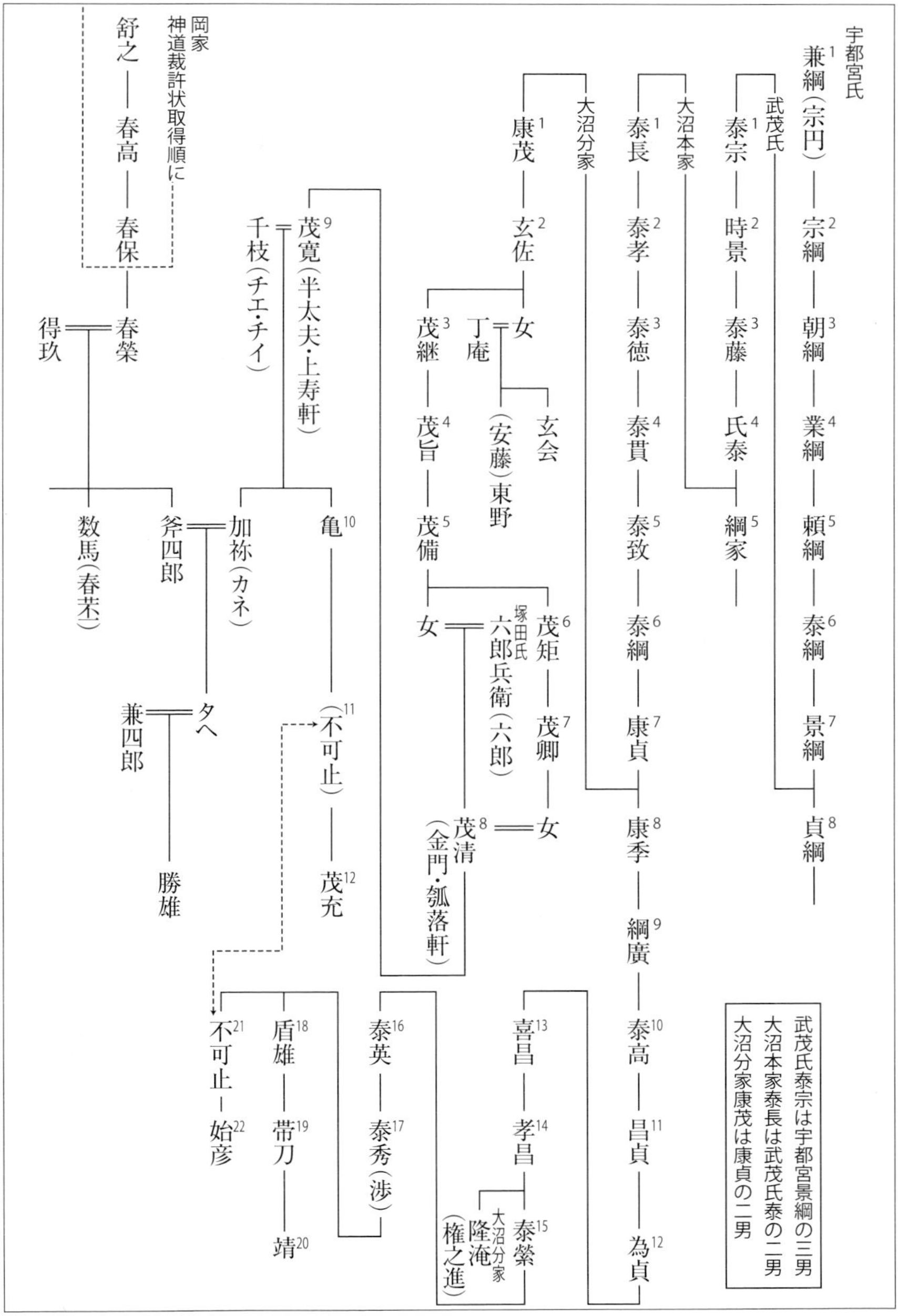

宇都宮氏・武茂氏・大沼氏・岡家略系図

塚田氏のかつての矢場跡

塚田音吉の墓

も受けている。

また、桜田門外の変で現場を指揮した関鉄之介の僕従の一人に、六郎兵衛の倅で聾唖《ろうあ》者の音吉がいた。良く気が利き、書画を楽しむ音吉を愛《いと》おしんで、鉄之介が音吉に贈《おく》ったと言われる一首が残っている。

さく花の憐れは深しなかなかに千事おもひをくちなしにして

大沼分家は、この塚田氏の男子である八代茂清の家督相続により、血統が途絶えたかに見えた。しかし八代茂清の母は、六郎兵衛に嫁いだ五代茂備の娘であったのである。何処《どこ》にも見かける、血統の存続に賭けた当時の苦心が偲ばれる。

藩儒を務めた八代茂清

実はこの八代茂清が、此度《こたび》新たに黒羽藩家老職に就任した九代半太夫茂寛の父に当たった。八代茂清は名を控、字を南為、号を金門と称し、他に瓠落軒《かくらくけん》とも称した。恬淡《てんたん》として率直な人柄が好まれ、詩は李白・杜甫、文章は韓愈・柳宗元、書は王義之・王献之などを理想にしたと言われる。

文政年間（一八一八〜二九）には、藩儒として藩校何陋館《かろうかん》の教授を務めたが、文政一二年（一八二九）正月に、家督を嗣子の半太夫茂寛に譲ると、頃合いとばかりさっさと隠居してしまった。半太夫茂寛はこの時、二四歳になっていた。

文政七年（一八二四）に、時の一一代藩主増業《ますなり》が重臣など家臣団の不興を買って隠退に追い込まれると、何陋館はみるみる衰微し、八代茂清は自宅で細々と私塾を開き、後進を育んだ。幕末・維新期の黒羽藩を主導した三田称平（地山）などは、彼の教え子の一人である。

隠居してから干支《えと》で一回り、六八歳になる八代茂清は、今なお矍鑠《かくしゃく》として余生を楽しんでいる。

半太夫茂寛は再び梅の老木に目を転じ、隠居部屋に端座《たんざ》して読書に耽《ふけ》る父の姿を思い浮かべた。私情を捨て、恬淡と齢《よわい》を重ねてきた父上のように、自分は生きられるだろうかと、白く膨らみ始めた梅の蕾に視線を注いだ。

「おれにはどこか清濁併せ呑むようなところがあるからな」と、半太夫茂寛は自嘲気味に老梅から視線を逸《そ》らせた。やがて生気が漲《みなぎ》る顔を上げ、煌《きらめ》く浅春《せんしゅん》の空に目を細めた。雲が流れ、いつの間にか城郭の木々を微《かす》かに揺らして、風が肌を刺すように渡り始めていた。内城の東側に構える屋敷からは望むべくもないが、遠く北西に連なる高嶺は、未だ白銀の世界である。

宇都宮氏・武茂氏と大沼家

家系譜によれば、大沼家のルーツは康平六年（一〇六三）に下野国守に補された宇都宮氏と伝えられる。宇都宮氏の元祖兼綱《かねつな》（宗円）から数えて七代景綱《かげつな》の三男泰宗《やすむね》が、武茂荘一〇余郷を領有して分家を興し、武茂氏を名乗った。武茂荘は、第一部で主な舞台になった旧馬頭町に当たる。乾徳寺の裏山に築かれた武茂城は、この泰宗の手によると伝えられる。

泰宗を初代とする武茂氏の四代氏泰《うじやす》は、宇都宮氏一一代基綱《もとつな》の娘を嫁にする。武茂氏の五代綱家《つないえ》は、その長男である。五代綱家の男子（持綱《もちつな》）が宇都宮氏の婿養子に入って一三代を継承したために、武茂氏六代は、五代綱家の弟泰長《やすなが》が継いだ。泰長は、北関東で繰り広げられた永享年間（一四二九～四〇）の戦乱の折りに、宇都宮氏の再興を助けた褒章《ほうしょう》として伊予国大沼荘を拝領する。宇都宮氏は、伊予国の守護職を務めていた。

これによって大沼姓を興した武茂氏六代泰長は、長男泰綱《やすつな》に武茂氏七代を継がせ、二男泰孝《やすたか》に大沼家二代を継承させた。その二代泰孝・三代泰徳《やすのり》と大沼家は、北関東の両雄である那須氏と佐竹氏の狭間《はざま》で揺れ動き、四代泰貫《やすつら》（采女）の時に那須氏の属将で那須七騎に数えられた大関氏の宿老として臣従することになった。これが明応～大永年間（一四九二～一五二七）と思われる。この時の大関氏の当主は、宗増《むねます》である。世はまさに戦国時代であった。

以来、大沼家は大関氏の重臣に名を連ね、幕末・維新期に至る三世紀半に渡り、本・分家ともども主家の大関氏に仕え続けることになった。

大関氏の宿老として臣従

大沼家が大関氏の宿老になり、時を経た天文一一年（一五四二）冬に、一大事が発生する。大関宗増の子増次《ますつぐ》が、那須家の属将で同輩の大田原資清《すけきよ》と不仲になり、居城の白旗城を急襲される。増次は、少数の家臣と城近くの金丸山に狩りに出ていた。その隙《すき》を突かれ、八〇〇名余の軍勢に攻め立てられ、増次は自害。大沼家の五代泰致《やすむね》（弾正）や五月女増行ら重臣は討ち死にしてしまった。その場所

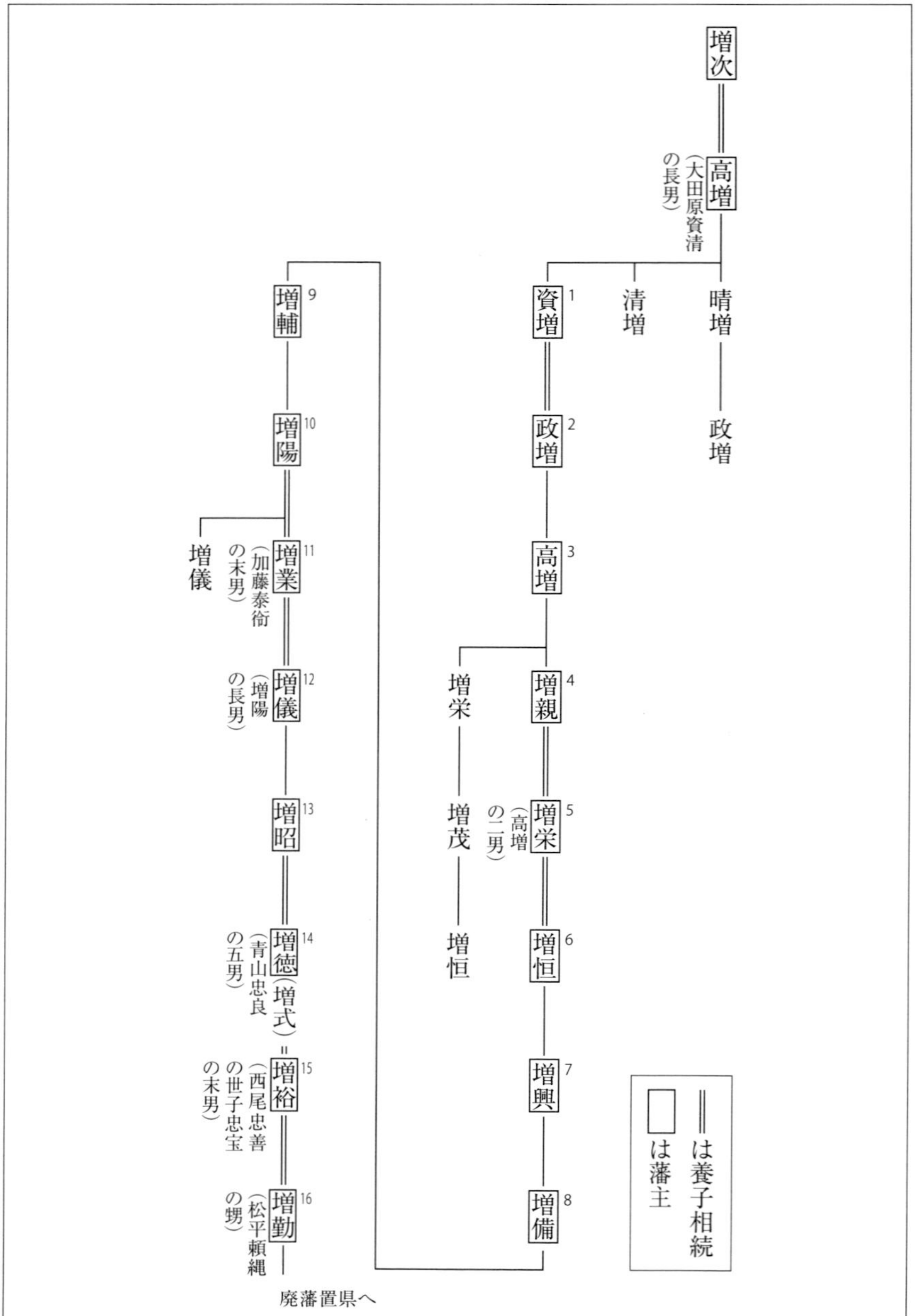
増次
高増
（大田原資清の長男）
晴増
清増
資増 1
政増
政増 2
高増 3
増親 4
増栄
増栄 5
（高増の二男）
増茂
増恒 6
増恒
増興 7
増備 8
増輔 9
増陽 10
増業 11
（加藤泰衍の末男）
増儀
増儀 12
（増陽の長男）
増昭 13
増徳（増式）14
（青山忠良の五男）
増裕 15
（西尾忠善の世子忠宝の末男）
増勤 16
（松平頼縄の甥）
廃藩置県へ
║は養子相続
□は藩主
黒羽藩大関氏略系図

には今も、非運に見舞われた増次を悼《いた》む墓碑や泰致ら随臣のものと思われる五輪塔が残されている。

増次の父宗増はこの時、八〇歳の高齢であった。彼は、倅を自害に追い込んだ大田原資清と泣く泣く和睦し、資清の長子高増《たかます》を亡き増次の養子として迎え入れる。高増は大関の名跡《みょうせき》を継ぎ、家名を継承して増次の遺臣をそのまま掌握したが、高増にはすでに佐竹四郎義元の娘に当たる妻がいたために、旧大関氏の血統はこの一件で断絶した。

武力がすべてを決した戦国の世である。旧大関氏の遺臣はこの事態を甘受し、身の安泰と保全を図ったが、大沼家の六代泰綱《やすつな》（内匠助）は、父泰致や主君を討った仇敵《きゅうてき》の倅に臣従することを「潔《いさぎよ》し」とせず那須氏に仕え、後に再び大関氏の重臣に返り咲いている。主君の高増は、そんな経緯にとらわれず、泰綱を松本・五月女・井上氏らと共に四宿老の一人として重用したと言われる。

戦国末期の武将のそれぞれの生き様を伝える逸話であるが、高増については知略に富んだ勇剛なエピソードも交え、大関氏の礎《いしずえ》を築いた才覚や器量の大きさが後世まで語り継がれることになった。天正四年（一五七六）には、城地を余瀬の白旗から、那珂川を西に望む断崖上の要害、黒羽に移転している。

南北に連なる白旗丘陵。その南端部の杉山に白旗城跡がある

自害に追い込まれた大関増次と随臣の墓域を、後裔の増業が修復している

光厳寺の山門

大関美作守高増肖像（大田原市黒羽芭蕉の館所蔵）

那須氏累代の五輪塔（光厳寺）

城地を白旗から黒羽に移して近世への礎を築いた大関高増の墓（光厳寺）

高増夫妻が眠る墓地は、旧黒羽町寺宿に堂宇を構える臨済宗妙心寺派の光厳寺《こうごんじ》境内にある。光厳寺の開山は、源平の合戦で名高い那須与一宗隆の時代に遡ると伝えられる。一度焼失した寺を那須資村の代に現在の地に再建したのが康元二年（正嘉元年・一二五七）。その後、那須氏の衰運と共に寂《さび》れた寺を再興したのが大関高増であった。

この禅寺には、那須氏ゆかりの累代の五輪塔が守られている。六代泰綱を葬った大沼本家の墓地も、この古刹にあった。寺宿が、大沼本家の知行地の一つであった因縁から、光厳寺が大沼本家の本菩提寺になったと言う。昭和八年（一九三三）の火災からも免れた七百数十年前の見上げるような山門をくぐり、苔むした石橋を渡って、本堂を目の前に右手の奥へ進むと、丈高い木立に抱かれた高増夫妻の墓地があり、木漏れ日が密やかに戯《たわむ》れていた。

保守門閥派の一角をなす

さて、七代康貞《やすさだ》から八代康季《やすとき》が継いだ大沼本家はその後、綱廣《つなひろ》・泰高《やすたか》・昌貞《まささだ》・為貞《ためさだ》・喜昌《よしまさ》と代々三〇〇石余を知行し、当代によってまちまちではあるが、家老・中老・物頭・側用人・給人筆頭などを歴任している。さらに一四代孝昌《たかまさ》（助之丞）が文化一二年（一八一五）五月に五歳となる増儀（一二代藩主）の傅役《ふやく》（養育係）に、さらに文政二年（一八一九）正月から七年間家老職などを務めた後、同八年（一八二五）に江戸藩邸で病没すると、一五代泰縈《やすつぐ》（弥学）が家督を相続。天保一一年（一八四〇）正月に家老職に就任したものの、同一三年（一八四二）一〇月に足の病で退任している。

一五代泰縈には男子が無く、女子に常陸国から婿養子を迎え、一六代泰英《やすひで》（助之丞）を名乗らせたが、彼は養父泰縈に先立って早世し、二男一女を残した。その長男が、藩領に侵入して来た水戸天狗党の偵察に走る馬廻役を務めていた若き一七代泰秀《やすひで》（大沼渉《わたる》）であった。泰秀は、弘化元年（一八四四）六月に生まれている。

この間に、一五代泰縈の弟隆淹《たかひさ》（権之進）が一一代藩主増業の命により一五〇石を受領して分家を興した。隆淹は定府の下命を受け、江戸藩邸で中老・物頭・家老などを歴任し、増業・増儀・増昭《ますあきら》・増徳《ますよし》（増式《ますつね》）・増裕と一一〜一五代の藩主に仕えることになる。

第二部をここまで書き継ぎ、いささか鼻白む気分に見舞われる。それは何故か。往時の武家社会が血統や家督の世襲を第一義としたこと。さらには、これを担保する擬制的な血統システム（養子縁組制度）を組み込み、「家」をめぐる家父長的な観念や「家格」（身分）による慣行を代々に渡って張り巡らせ、保守門閥派を形成したこと。かくして、時代の変革を妨げたという思いが、沸々《ふつふつ》と湧き上がって来たからである。

　このような門閥の圏外にいる者は、いかに有能であれ、容易に頭角を現わすことの出来なかった土壌こそが、藩の衰亡を加速させた。あるいは、その保守的な凡庸さこそが、封建体制の温床となったとも言える。ウォルター・バジョットが一九世紀後半に説いた「前近代」を貫く「慣習の支配」がそこにはあった。

　隣接する水戸藩では、その牢乎たる「慣習の支配」が契機となり、天狗・諸生両党の血で血を洗う内乱にまで発展したことは、第一部に見た通りである。下野国黒羽藩の場合はどうか。第二部の主眼をここに置き、以下、この物語をさらに先へ進めよう。

ウォルター・バジョット
（一八二六～七七）
　英国のジャーナリスト。政治・経済・社会など幅広い分野で評論活動を繰り広げた。政治史家の三谷太一郎によれば、バジョットは『自然学と政治学』で「前近代」を「慣習の支配」と見なし、「近代」の原理として「議論による統治」を見出した。また、貿易や植民地化の動向に、近代化を促す推進力を見てとった。
　この国の「議論による統治」の先駆としては、老中首席阿部正弘がペリー来航時の対応策を諸大名や幕臣に諮問した経緯があげられるか。後述するように、黒羽藩では安政の農民一揆をめぐって重臣層の姿勢を問う「家中アンケート」が実施された。
　幕末の尊攘運動も、処士横議の横行がその母胎となった。幕府の崩壊は、この国が「前近代」から「近代」に蝉脱する契機となったが、水戸藩内の内部抗争や戊辰戦争などのような暴力や殺戮の介在を余儀なくされた。

財政再建の「常套策」を超えられず

ご多分に漏れず、黒羽藩もまた、長く財政難に苦しみ続けた。野州（下野国）北端に一万八〇〇〇石を領有する外様の小藩の最大の悩みが、この一点にあった。

石高制を基礎とする藩の財政は、米本位制によって成り立っている。労働力や生産技術や地力に気象条件が加わって、その年の米の生産量や米価が決まる。生産量が増えれば、米価が下がり、生産量が減少すれば、米価が上がる。これは当然のことである。

商品・貨幣経済が発達し、貨幣が社会全体を動かすようになると、米を換金して成り立つ藩の歳入は、きわめて不安定になる。藩の歳入を増やすには、ともあれ、財源となる米の増収を図る以外にない。

もちろん、特産物・商品の開発や生産・流通・販売など殖産興業を督励し、藩の増収を図る方策もあるにはあったが、米本位制の下では、この方策が農民の米生産意欲の減退や貨幣経済の浸透による浪費の増長などを惹き起こしかねないと考える否定的な傾向が強かった。その背景には、商《あきな》いを軽視する儒教思想があった。

結局、藩の産業政策は、米の増収を図る農業政策に特化し、新田開発や検地による新田打ち出しなどに力点が置かれた。いずれにせよ、その負担は領内の農民に振り向けられた。高い年貢率は、端《はな》から限界に達している。新田開発にも、様々な制約や障碍が立ちはだかる。領内の農民は、農民として暮らしていけなければ、それらの負担に耐えることが出来ない。「百姓は生かさぬように、殺さぬように」とは、両者のこのような基本的な関係から生まれている。

藩に残された財政再建策は、歳出削減を図る倹約に次ぐ倹約と、「家中借り上げ」と称した家臣団に対する支給俸禄の逓減《ていげん》に次ぐ逓減、さらには豪商などからの借金・献金の調達あるいは運上金の徴収といった常套策《じょうとう》に止まった。

大掴みに言って、これらが大小藩を問わず多数あった当時の貧乏藩の一般的な事情と施政に他ならなかった。

度重なる災害と人口減少

黒羽藩の窮乏は、享保年間（一七一六～三五）に至るといよいよ切迫し、享保

黒羽藩の人口推移（須永昭「黒羽藩」『新編 物語藩史　第二巻』）

年代	人口(人)	指数	年代	人口(人)	指数	年代	人口(人)	指数
享保17	24,746	100.0	天保10	14,440	58.3	安政4	16,028	64.7
寛延3	22,975	92.8	〃 12	14,664	59.2	〃 6	16,416	66.3
宝暦13	20,842	84.2	〃 14	14,704	59.4	万延元	16,530	66.7
明和5	20,673	83.5	弘化2	14,979	60.5	文久元	16,648	67.2
安永9	19,055	77.0	〃 4	15,375	62.1	〃 2	16,809	67.9
寛政4	17,263	69.7	嘉永2	15,582	62.9	明治2	17,556	70.9
文化元	16,953	68.5	〃 5	15,962	64.5			
〃 7	16,334	66.0	安政元	15,658	63.2			

二年（一七一七）には初めての家中借り上げを実施し、翌年には知行高の三分の一、五か年の借り上げを行っている。同一八年（一七三三）には厳しい倹約令も発布した。

以後、家中借り上げは寛延年間（一七四八～五〇）に知行高の五割、文化年間（一八〇四～一七）になると七～八割にまで引き上げられて恒常化した。一方、倹約令も延享・寛延・宝暦と重ね重ね発布するが、肝心の領内は度重なる自然災害に見舞われ、荒廃の一途《いっと》を辿った。

ちなみに、下野国を襲った災害は、元禄一四年（一七〇一）から寛政一二年（一八〇〇）までの一〇〇年間に飢饉・凶作二五回、霖雨《りんう》（長雨）・大雨三〇回、洪水四〇回、旱魃《かんばつ》二二回、地震五回、火山噴火一三回、病気流行一七回というデータがある。このデータによれば、飢饉・凶作は四年に一度の割合で発生している勘定になる。

江戸期は、地球規模で気候が寒冷化した小氷期に当たっていた。なかでも、宝暦・天明・天保期を中心とする一八世紀中葉から一九世紀中葉にかけてのおよそ一世紀は、寒冷化の第二波に襲われている。

大災害や飢饉の影響は、翌年に及ぶ。疫病の流行とも重なり、農民の暮らしは、たちまち恐慌を来たした。人馬に頼る零細な米作りに与えた影響は、言うに及ばない。なかには耕作を放棄し、逃散《ちょうさん》する者も多数現われる。堕胎や出生間引きも横行し、蔓延した。このような要因が重なり、黒羽藩の人口は、減少に歯止めの掛からない事態に陥った。

享保一七年（一七三二）におよそ二万四七〇〇名いた人口が、文化七年（一八一〇）には八四〇〇名減少して一万六三〇〇名になり、さらに天保一三年（一八四二）に至ると一万四六〇〇名にまで落ち込んだ。この一一〇年間に、六割近い人口減少に逢着《ほうちゃく》するのである。人口減少が、年貢米の収納基盤の縮小に直結していたことは言うまでもない。

八代藩主増備の「政治改正考」

大関増備《ますとも》が、部屋住みの暮らしを長く続けた末に黒羽藩の八代藩主を務めた在任期間は、彼が三三歳で早世する直前の宝暦一三年（一七六三）から明和元年（一七六四）までの僅か一年足らずであった。

増備が一〇代後半を過ごした寛延年間（一七四八～五〇）には、藩の勝手向きが著しく窮迫する。江戸藩邸における家中の扶持米は、毎日計量して支給せざるを得ないほどの窮状振りであった。そのために、増備は嗣子でありながら、将軍との御目見えさえできなかった。貧しさを骨の髄まで体験した増備が、藩主就任の前年に認めた自筆の財政再建私案（「政事改正考」）が残されている。その私案を作成した事情に触れ、増備は次のように記述している。（黒羽町公民館所蔵「大関家文書」『栃木県史　史料編　近世四』）

近年他借之金銀増長シテ家中ノ物成三分一、五分一、或ハ半地（知）ニ致シ、又ハ有リ扶持ニ申付候得共、致方之不届故カ次第ニ他借重リ、家中ハ困窮シ、民百姓ハイタミ、主人ハ公辺之武役モ成兼、家来ハ主人へ勤モ成兼ル様ニ成リ、又我等昼夜是ヲナゲキ取続べキ致方ヲクフウシテ、他家之倹約宜ヲモチイ、又ハ諸人之ハナシニ元付テ一札之倹約之書ヲツヽル

末尾に「倹約之書」とあるように、増備が記した財政再建私案は、結局のところ家中借り上げと倹約と年貢増徴の三点セットに尽きていた。耕作の引き受け手が無い荒廃地（手余り地）などが領内に拡大し、一万八〇〇〇石の表高《おもてだか》が実高一

万五〇〇〇石に止まり、生じた不足高の三〇〇〇〇石に見合った対策が旧態依然の内容で、これといった目新しい方策が残念ながら見当たらない。

骨身に染みた窮乏の体験を踏まえ、部屋住みの増備は、ひとり懸命に藩財政の再建策を考案し続けたに違いない。その心の内を思うと、胸が痛む。人は常に「時代の子」としての制約を受けて生きざるを得ない。増備は、「封建の子」であった。

彼は疲弊した領内の実情を踏まえ、「先ヅ、百姓困窮セヌ様ニ取扱タキモノナリ」と農民の維持・育成を唱え、財政再建のための先の三点セットを推進する機構改革など、細目に及ぶ処方箋を具体的に列挙した後、「借金ハ大敵之事」と、以下のように綴っている。（同前）

右之条々何連モ能熟談シテ勝手直リ候様ニ可致、或ハ軍ハ勢之多少ニ不寄、士ノ心ヲ一ツニスルトセザルトニ有トイヘリ、大敵ト言ハ今之借金也、此大敵士ノ心ヲ一ツニシテナドカハセメフセズシテ可置哉、納リシ世ニザイヲクル事ハ天下より預ル所之民百性ヲイタマザ（ル）様ニナデヤスンジ家来之者共困窮セザル様ニサイハイヲフルより外ノ軍法有間敷哉、諸役人又此ドウ理ヲ勘弁シテ預所之役々ヲ専一トハゲミテ大借リ敵之大旗ヲ倹約之ノボリヲシ立諸役人心ヲ一ツニシテ一トセ（攻）メセメンニ、ナドカ倹約之ツヨキ所へカウサンサセズニ可置

「借金大敵」に挑む鈴木武助

借金と闘う決意を残してこの世を去った八代藩主増備の志は、家督を相続した実子の九代増輔《ますすけ》が引き継ぐべきであったが、増輔は僅か三歳であったため、後見職の祖父増興《ますおき》（七代藩主）がその遺志を継承した。増興は、家老職の瀬谷善兵衛に「郷町惣掛」を任命し、その下に「郷方改役」を新設して、大目付の鈴木武助正長（為蝶軒）を抜擢し、その任に充てた。明和五年（一七六八）三月、明治維新から遡る一〇〇年前のことである。

鈴木武助正長（享保一七年・一七三二〜文化三年・一八〇六）の父が、大沼半太夫茂寛から数えて六代前の助右衛門茂旨の弟であったことは先に述べた。天明の大飢饉を無事に切り抜けた武助の名声は広く知れ渡り、幼い頃からその功績を聞かされて育った半太夫茂寛は、武助が永眠した年の六月に生まれている。

鈴木武助正長（大田原市黒羽芭蕉の館の展示コーナーから）

「天保の今こそ、難儀この上ない」と、半太夫茂寛は白い綿雲の流れを追った。流れ雲が薄くなって千切れ飛んだり、またひとつになったりしていた。山国の天候は、移ろいやすい。雲の色が濃くなり、梢《こずえ》の騒ぎが大きくなった。こんな日は、よく風花が舞う土地柄である。

半太夫茂寛が家老職に就任した天保一二年（一八四一）は、領内の疲弊も藩の財政もどん底の状態にあった。加えて、この年の出来秋は、関東一円に凶作が広がり、疫病も蔓延する。その因果な巡り会わせを、半太夫茂寛はまだ知る由《よし》もない。

荒廃した領内の建て直しは、誰の手によっても、一筋縄では行かない。明和五年（一七六八）の財政再建に鈴木武助が指名されたのは、彼が三七歳の時であった。爾来、彼は老病を理由に家老職を辞任する寛政一〇年（一七九八）までの三〇年に渡り、藩の農政改革に一身を投じる。

武助は、藩主増輔の名において毎年毎月のように教令（御下知書・御法令）を発布し、領内を自らも巡回し、その趣旨を領民に説き聞かせた。一日に三会場を回り、それぞれ二〇〇～三〇〇名の領民を集め、教令の詳細を解説して仕法の徹底を図った。武助の手に成る数々の教令は、一一代藩主増業が編纂した『創垂可《そうすいか》継《けい》』の中に収録され、引き続き推奨された。武助自身も晩年に『農喩』を著し、往時の人々に広く読み継がれることになる。

天明の飢饉を乗り越えた武助

武助が起草した教令の内容は多岐に渡り、風俗矯正・窃盗取り締まり・酒造禁止・産児制限の禁止・植林・倹約励行・金利統制・売春矯正・領内穀留・親子親和・隣保互助・農事出精・備荒奨励など、領民の暮らしの全般に及んでいる。

これら数多くの教令と平易な弁舌と持ち前の謹厳実直な人柄とを武器に、武助が借金大敵を調伏・打倒せんとした仕法は、一に勤勉、二に倹約、三に備荒貯穀の伝統的な手法に集約することが出来る。武助もまた、商品・貨幣経済に対応した殖産興業の諸施策には、至って冷淡で消極的であったのである。

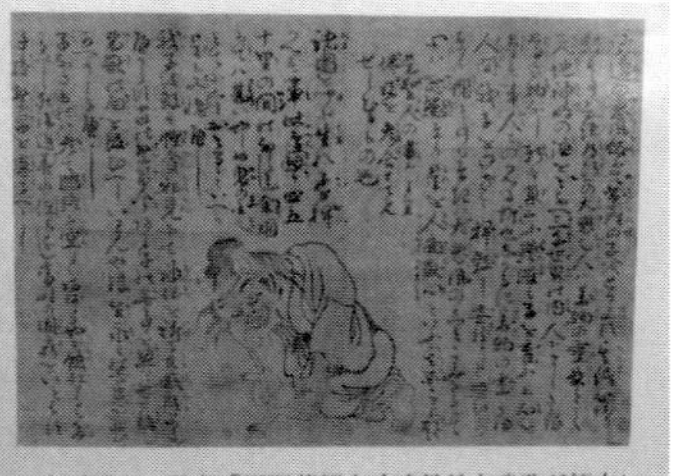
人面獣心の壁書「黒羽藩郷方吟味役鈴木武助が領内にはん布した出生間引をいましめた教令壁書」

人口政策のポスターとも言える「壁書」（大田原市黒羽芭蕉の館の展示コーナーから）

人口政策には、出生間引きの禁止に力を注いだ。女装した猫が乳幼児を押さえ付けている絵に詞書を添えた「壁書」を版行・配布するといった新手《あらて》のメディア作戦を展開。その絵は、武助自身が筆を執っている。さらには、人口減少防止のために妊婦調査を実施し、出生児の男女に限らず三人目から、一人につき一か年

鈴木武助の墓。黒羽田町西崖共同墓地にある

に一俵の養育米を向こう三か年間支給する貧困対策なども手がけ、何やら現代と変わらぬ取り組みを実施している。

このような取り組みは、隣の水戸藩においても、九代斉昭の改革の一環として強化された。天保元年（一八三〇）以降、斉昭は頻繁に堕胎・間引きの防止を諭《ゆ》告《こく》し、育児料の支給を実施。妊婦の有無を年三回に渡り調査・報告させ、分娩の届出などを厳格化して、農村人口の減少に対策を講じている。

ともあれ、黒羽藩における武助の最大の功績は、何と言っても、あの天明の大飢饉に領内からひとりの餓死者も出さなかったことである。武助が一貫して重視し、領民に唱えた備荒貯穀の郷倉《ごうくら》制度が大いに功を奏したのである。これは、特筆大書してよい。

後年、武助の著書『農喩』に序文を寄せた鈴木石橋《せっきょう》を師とする熱血漢の蒲生君《がもうくん》平《ぺい》などが、一〇代後半から武助の人となりを敬慕。武助の晩年まで忘年の交遊を結んでいるくらいである。

しかし武助の仕法も、荒廃する農村の再建や藩の財政改革の抜本策には程遠かった。その意味では、避け難い失敗に帰した。この間の黒羽藩の人口や年貢収納率の減少・低下傾向などが、それを裏付けている。

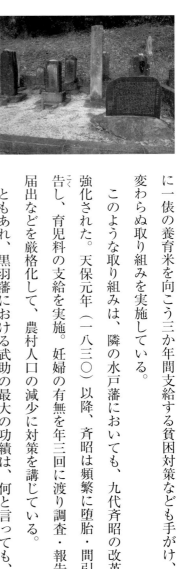

武助はこの体験を踏まえ、寛政二年（一七九〇）から翌年にかけて二度に渡り、時の老中首座松平定信に幕政の諸改革を建言するが、米本位制による封建体制の破綻《はたん》は、容易に繕《つくろ》い難い事態に陥っていく。

一一代藩主増業の藩政改革

黒羽藩は八代増備亡き後、九代増輔・一〇代増陽《ますはる》と家督を継承し、文化八年（一八一一）一一月に一一代増業が藩主に就任した。一〇代増陽には三人の弟や実子果治（次）郎（増儀）がいたが、藩の財政窮状を救済するために「金子御持参ニテモ之有ル方ヨリ御養子」（持参金付き養子）を迎え入れる。

一一代増業は、伊予国大洲藩主を務めた加藤泰衙《やすみち》の末子であった。黒羽藩と大洲藩との間に、どのような縁とやり取りがあったのか。興味深いのは、大洲藩の分知に当たる新谷藩一万石の加藤氏の下屋敷が、黒羽藩の下屋敷と共に江戸・三ノ輪にあって、ほとんど隣り合わせていたこと。そんな地縁や、あるいは江戸城の詰めの間が共に柳之間であったことなどから、両氏の間に増業の養子縁組が浮上したのかもしれない。

大関増業（「感応公并黒羽平戸侯画像」部分、真田宝物館所蔵）

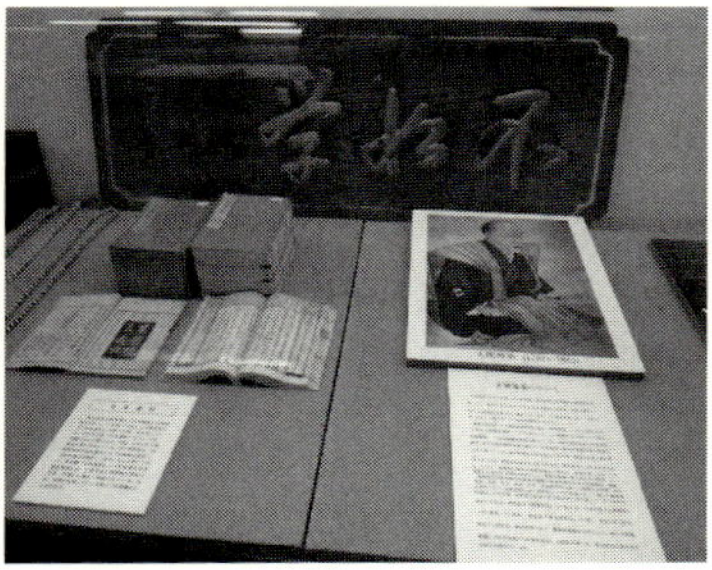

増業の事績を紹介する大田原市黒羽芭蕉の館の展示コーナー

増業は当年とって三〇歳になる妻帯者で、養父となる一〇代増陽より二歳年長であった。「借金大敵」に敗れた大関氏は、ここに再び血統を失った。

途絶えた血統が回復するのは、一一代増業が文政六年（一八二三）九月に家臣団の不興を買って失脚し、一〇代増陽の実子果治（次）郎（増儀）が一二代の家督を継承する文政七年（一八二四）七月に至ってからである。このため、一一代増業の藩主在任期間は足掛け一四年、実質一一年となった。

増業が夫婦養子として大関氏に入籍した頃の藩財政は、藩主の参勤交代費用にも事欠き、家中借り上げに苦しむ家臣団の暮らしも、貧窮の極みに追い込まれつつあった。彼は、襲封後直ちに江戸藩邸において「家老始諸士之者へ」「家老并諸役人共へ」「農民并町人共へ」などといった五通の直書《じきしょ》を認め、国許の黒羽城に通達。家中の協力を求めた。

その眼目は、古格古法を改め、一層の倹約による財政再建の実現を図るというものであった。増業は、施政に臨む決意を次のように記している。「我今より十年の内ニわ国用足り士民少しくハ安からしめんこと寸分の考とする所なり、是故ニ諸有司も今迄の格法離れ、古法潤色して護国玄梁二君の御志を継て質素を本とし、盛武成法を厳重に行と思ふ」。（「家老始諸士之者へ」同前）

護国とは七代増興、玄梁とは八代増備を指している。敬神崇祖を信条とする増業の細心や政治的な配慮に加え、夫婦養子として家督を継承した彼の藩内における微妙な立ち位置が伝わってくる表明である。

差し当たって彼は、六か年の倹約期間に「万古不易の良法」を樹立し、十年後には藩の財政再建を達成するという目標マネジメントを明示した。このために勤倹を専らとする「入るを図って出づるを制する」財務の合理化・健全化を提唱。河岸問屋や米穀商を営む高柳源左衛門ら豪商には、献納金や御用立金の協力を要請した。

増業は、「諸人」に次のように呼びかけている。

深山路のすぐなる杉のしるべにて誠の道にあゆめもろ人

板絵大関増業肖像（大田原市黒羽芭蕉の館所蔵）

彼は、名主（庄屋）・組頭・百姓代など村方三役を順次呼び出し、城内の表書院の前庭に着座させて藩の財政事情を語り、農事や年貢米上納の向上に努めるよう督励。課題解決のための情報を開示し、その共有にも努力を惜しまなかった。

増業は諸芸・学問に通じた文化人として、殖産興業策にも積極的であった。植物懸・漆掛・国産取立方・河岸運送懸などの新設、各種技術・知識の調査・集成、硫黄採掘事業の開始、積立金仕方を窓口にした資金融通制度の創設、藩校何陋館・錬武園の開設さらには藩政の「一切経」と称される『創垂可継』の編纂や黒羽版『日本書紀』を始めとする著作物の版行など、藩政史上未曾有の功績を残している。

理想と現実の狭間で蹉跌

しかし、「死地に踏み込む覚悟」で改革に取り組んだ増業の仕法も、八代増備の財政再建私案や鈴木武助の仕法を踏襲し、家中借り上げと倹約と年貢増徴の三点セット方式を容易に克服することが出来なかった。否《いな》、家中借り上げや倹約はいよいよ厳しく、領内の荒廃も加速した。

増業の藩主在任期間に重なる文化一二年（一八一五）の家中借り上げ率は、知行高二〇〇石以上の平均で八割四分、二〇〇石未満一〇〇石以上の平均で七割五分と、最上位者から以下、扶持米取りまで順次小刻みに低くなるように配慮され、全体で八～三割の幅を持たせている。このために、給人階層間の実質的な俸禄格差が著しく縮小している。わけても、重臣層の負担が夥《おびただ》しかった。

黒羽藩の年貢収納率は、このおよそ一〇〇年間に田方で六割台に、畑方でも七割台に落ち込み、さらに六~五割台へと低落する傾向を見せている。商品・貨幣経済の浸透による諸物価の高騰などは言うに及ばないから、士民の窮状は想像に余りあるものがあった。倹約令に次ぐ倹約令により、藩の年中行事も自粛に追い込まれ、取り止めや圧縮を強いられた。家中の士気は落ち、綱紀も弛緩《しかん》した。

期限を設定した増業宿願の財政再建は、彼の意図に反して藩の負債を膨張させた。彼が豪商高柳源左衛門から受けた資金援助は、献納金四四〇〇両、利子を除く御用立金六七〇〇両と、合わせて一万両を超える事態からも、そのことは窺える。士民の期待は裏切られた。それは、増業の封建的な仕法が端《はな》から抱えていた当然の帰結でもあった。彼は、理想と現実とのギャップに足元を掬《すく》われる。

家臣団の隠退要請

公約の一〇年が過ぎると、文政五年(一八二二)一〇月、増業在藩中に発生した黒羽城本丸御殿の全焼をきっかけに、過酷な家中借り上げに耐えてきた重臣層を始めとする家臣団の隠退要請運動が起こった。

火災は右筆部屋から出火し、本城全体に燃え広がった。増業は休息口から難を逃れたが、この火災を巡る賞罰が重臣層の不評を買った。火災から半年を経た文政六年（一八二三）四月には、増業お気に入りの重臣であった風野五兵衛や大沼助兵衛茂清（半太夫茂寛の父）の二名が家中を代表し、政事向きを速やかに旧に復する諫言《かんげん》を行っている。

同年五月には、重臣が揃って隠退を要請。家中は、御勝手係給人などが中心の隠退要請派と増業を名君と仰ぎ忠勤に励んだ中禄を食《は》む家臣らの在職支持派とに分かれて対立した。増業と通じた奥医師ら一部藩士が、増業隠退の決定に反旗を翻《ひるがえ》し、二〇〇〇両余の決起資金を借り集めて発覚。親類預けなどの処分が行われている。しかし、財政悪化による改革の失敗が、増業には何より応《こた》えた。

彼は、文政六年（一八二三）九月に決定を見た六項目から成る「御引込中之取極書」に基づき、隠退を余儀なくされた。

その内容は、増業に対して「御政事向、御勝手向」に今後一切世話なきこと、彼が改めた「御法」も「御旧法」に復すことがあり得ること、「御物数奇事」を慎み、「御手許入用御定」に従い、奢侈《しゃし》な生活にならないこと、さらには知友・交友関係も含め隠退生活の全般に渡り、厳しい制限を求めている。増業の仕法に対する家臣団の根強い忌避《きひ》感や反感が伝わってくる内容である。

因循姑息な家中風土に敗れる

失脚した増業の仕法の限界については、すでに触れた。増業もまた、その意味では明らかに「封建の子」であったが、それ以上に、彼が藩主を務めた黒羽藩に固有の特性や体質が、その仕法を大きく制約した。増業は、北関東の零細小藩の財政改革に一身を投じ、積極果敢に挑戦した。その障碍となった黒羽藩の特質とは何か。

先ずは、家老など重臣層を始めとする家臣団の財政改革に対する極めて消極的な体質が挙げられる。彼らには、時代の変化に対応する感性や才覚が欠けていた。それは何故か。

戦国期以来の主従関係から成り立つ旧族大名の家中にあって、給人による手作り経営が根深く残り、知行地がすべて蔵入地化した元禄年間（一六八八〜一七〇三）以後も、領内に牢乎《ろうこ》とした領民支配を温存させてきたからである。旧知行地内の農民を勝手次第に使役し、都合よく隷属させる陋習《ろうしゅう》に胡坐《あぐら》をかく給人らの家中風土が、古くないはずがない。変化に見合った改革の芽を育む土壌がなかった。

抜き難いその保守的な家中内外の風土が、内陸部にあって生産性が低く、比較的に閉ざされた経済基盤の上で体制内的な現状維持を優先し、これに自発的に隷従する士民の意識を形成してきたことは大きい。増業による僅か一〇年余の改革で何とかなる、あるいは何とかできるような黒羽藩の特性や体質ではなかった。その結果、何が生じたか。目先の疲弊や困窮に翻弄され、疲弊が疲弊を呼び、負債が負債を生んだ。そのツケが、領内の農民に回されたのである。

さらに言えば、増業と黒羽藩の重臣層との間には、当初から埋め難い溝があった。藩が藩主の血統を重んじるなら、前藩主増陽に家督継承者がいないわけではなかった。あえて養子縁組による他藩からの後継者を求めたのは、財政窮状を打開する持参金に期待したからである。

そこにたまさか、藩政改革を積極的に担おうとする学究肌の有能な養子が登場した。改革には士民の痛みが伴う。働き盛りの増業は改革を自明の理として笛を吹いたが、重臣層は踊らず、模様眺めを決め込んだ。両者のこのミスマッチが、

	黒羽藩・大関増業	米沢藩・上杉鷹山
生没年（享年）	天明2年（1782）～ 弘化2年（1845）（64）	宝暦元年（1751）～ 文政5年（1822）（72）
養子縁組	大洲藩5万石→黒羽藩1万8,000石	高鍋藩3万石→米沢藩15万石
藩主在任期間など	30歳で大関家の養子・藩主に 文化8年（1811）～文政7年（1824） 実質11年で隠退・失脚	9歳で上杉家の養子に内約。10歳で世子、17歳で藩主に 明和4年（1767）～天明5年（1785） 19年。35歳で隠居し、最晩年まで藩政改革をバックアップ
後継者	12代増儀	10代治広・11代斉定
藩政改革の主なポイント（改革目標・課題の明示）	※「古法古格」の変革 ※厳しい倹約と借り上げ（緊縮財政） ・特産品による殖産興業 植物懸・漆掛などの新設 ・硫黄採掘事業 ・農林業・土木・機織・組糸・染色など手工業技術の研究 ・農業の適地適作 ・那珂川水運の振興 ・株仲間解散による商業の自由化 ・『創垂可継』『止戈枢要』など多数の編述 『日本書紀』の校訂など ・積金制度の創設など ・豪商との提携	※「為せば成る為さねば成らぬ何事も成らぬは人の為さぬなりけり」 ※「伝国の辞」（国家人民を私するな、など藩主心得3か条）を治広に授ける ※後継者育成・ボトムアップ・動機づけを含む人材登用・育成 ※厳しい倹約と借り上げ（緊縮財政） ・新田開発 ・青苧（カラムシ）の生産・加工一貫 ・殖産興業（織物・陶器・人形・塩・和紙・すい石・扇・墨硯など） ・馬市開催・鯉の養殖・薬草栽培 ・漆・桑・楮各100万本植栽計画 ・豪商との提携
家中との関係	これといった支持者が現われず、ミドル層の一部に同調者が出たが、重臣層を中心に、多数は冷やかな傍観・静観者に回る。人材育成・登用に至らなかった	（藁科松伯）竹俣当綱・莅戸善政・木村高広・佐藤文四郎・神保綱忠・細井平洲など、積極的な人材登用による支持者で身辺を固め、保守門閥派の千坂高敦・色部照長・須田満主・芋川正令らを抑える ・「七家騒動」に対する厳しい処分（切腹・家名断絶など）も断行
藩校	錬武園・何陋館 文化10年（1813）	興譲館の再興 安永5年（1776）

大関増業と上杉鷹山の藩政改革（概略）

増業が隠棲した東京・三ノ輪。彼の事績を称える「大関横丁由来之碑」が、都電荒川線沿いに立つ

増業失脚の背景にはある。加えて、増業の仕法が短兵急《たんぺいきゅう》に過ぎた。頻繁《ひんぱん》な直書の発令や行政規律の厳格化など、「上意下達」の上から目線も、因循《いんじゅん》姑息《こそく》な重臣層の反感を招いたに違いない。孤軍奮闘する学究肌の限界が見え隠れする。

時代が前後するが、増業の仕法と米沢藩主上杉鷹山《ようざん》の仕法とが対照的である。鷹山は、内発的な発展の契機を引き出すために忍耐強く時間をかけた。保守門閥派に対抗する改革推進派の陣形づくりにも腐心《ふしん》した。

改革推進派を創出し得なかった増業の失敗は、文政六年（一八二三）に重臣層が増業に提出した四一か条の意見書からも窺える。増業の改革意図が、重臣層には全く伝わっていなかった。重臣層の隠退要請に、増業が思いのほかあっさりと応えたのも故《ゆえ》なしとしない。彼の一〇年余に渡る努力と奮闘が一部から評価されるのは、没後およそ二〇年の幕末に至ってからである。

増業の失脚は、そのまま藩主権力の失墜に重なった。それは同時に、家老を中心とする重臣層の手に、藩の実権が移行したことを意味する。この時、大沼半太夫茂寛は一八歳になりたての青侍《あおざむらい》であった。

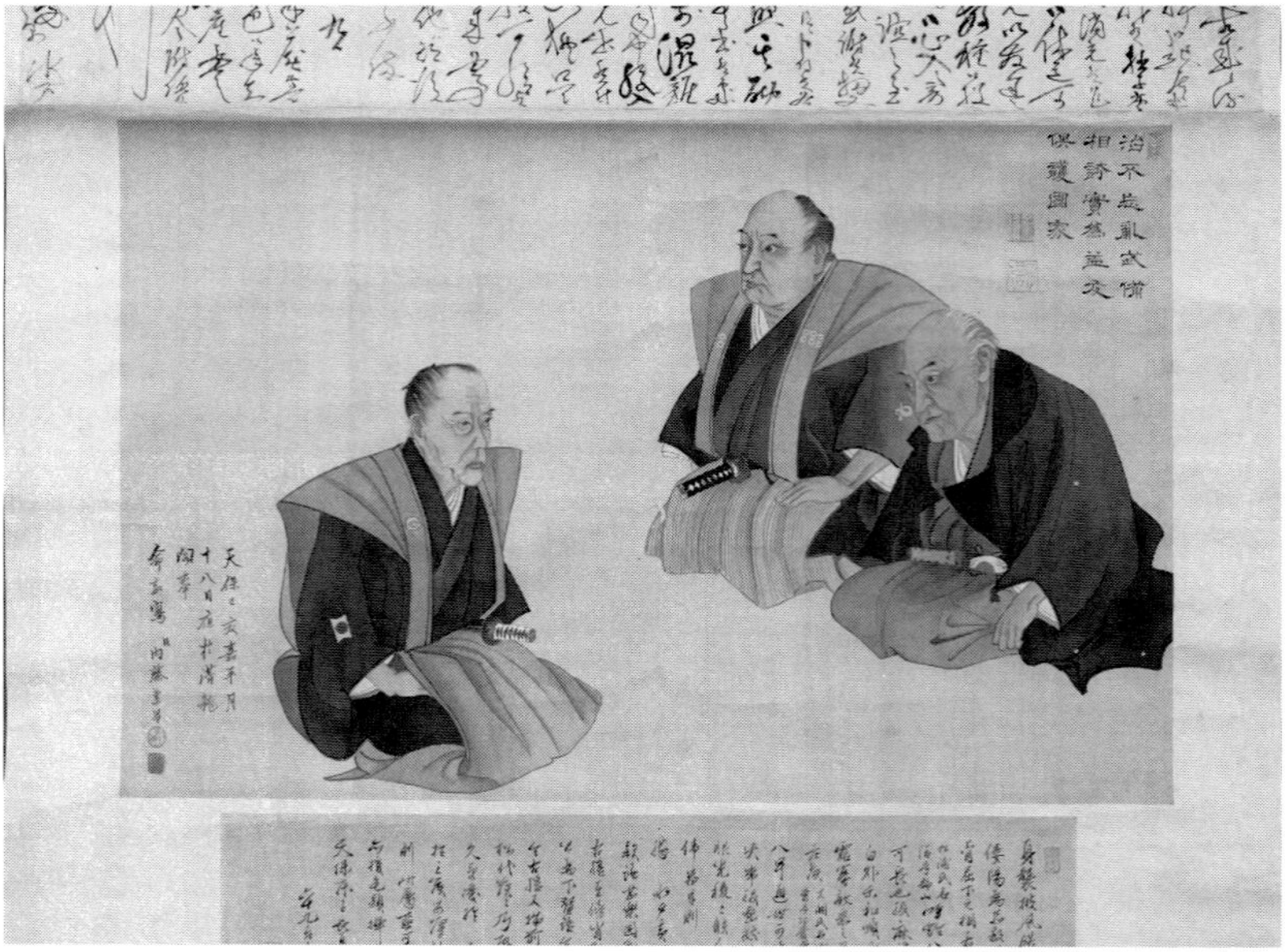

斉昭が描かせた真田幸貫・松浦静山と増業（「感応公并黒羽平戸侯画像」真田宝物館所蔵）

藩主権力の失墜と重臣の跋扈

隠退に追い込まれた一一代増業は、江戸・三ノ輪の黒羽藩別邸（下屋敷）に閑居《かんきょ》し、弘化二年（一八四五）三月に六四歳で長逝する。生前の交友関係で親しかったのは、岳父《がくふ》（妻の父）で幕府若年寄を務めた近江国堅田藩主（後に下野国佐野藩主となる）堀田正敦《まさあつ》や姻戚（義甥）関係に当たる陸奥国白河藩の前藩主で幕府老中首座に進み「寛政の改革」に取り組んだ松平定信（楽翁《らくおう》）であったと伝えられる。水戸藩主の九代斉昭とも親交を結んだ。斉昭は、信濃国松代藩主の真田幸貫《ゆきつら》や肥前国平戸藩の前藩主松浦静山《まつらせいざん》と並ぶ「天下の三畏友」として増業を敬愛している。

増業が他界した弘化二年（一八四五）は、波瀾万丈の生涯を送った斉昭にとっても、実に多難の年に当たって

大関増業の墓碑（大雄寺）

増業の墓（功運寺）。彼はみずからの遺言により、江戸に埋葬された。寺は、三田から中野区上高田に移転している

いた。幕命による致仕・謹慎で「天保の改革」が頓挫し、一三歳の嗣子慶篤に家督を譲った前年の弘化元年（一八四四）から始まる藩内騒動の真只中にあった。幕閣との対立も、激しさを増していた。その模様は、第一部で見た通りである。

ともあれ、共に三〇歳で、増業は文化八年（一八一一）に黒羽藩主の一一代を、斉昭はその一八年後の文政一二年（一八二九）に水戸藩主の九代を襲封した者同士の交流が偲ばれる。水戸藩では保守門閥派と改革派との内部対立が熾烈《しれつ》な内乱にまで発展したが、黒羽藩の財政改革を巡る藩内騒動は、この後独自の展開を見せる。

いずれにせよ両藩に共通する要点の一つは、増業・斉昭以降に加速する藩主権力の凋落《ちょうらく》・形骸化と言ってよい。徳川幕藩体制の解体過程が、その内側から確実に進行していく。誠に、組織は内部から崩壊するのである。

儒学に勤しんだ半太夫だが

一一代増業が家臣団の不興を買って四三歳で隠退すると、黒羽藩は一四歳の増儀が一二代藩主に就任した。文政七年（一八二四）七月のことである。増儀は一

小峰城跡。結城親朝が一四世紀中葉に築き、丹羽長重が改築した小峰ヶ岡の平山城。阿部氏など六氏一九代が居城とした。戊辰の役では、白河の攻防戦の拠点となる

〇代増陽の実子であったから、大関氏はめでたく血統を回復したが、藩政は、家老を始めとする重臣層が取り仕切った。

文政七年（一八二四）は、後に大沼半太夫茂寛の妻女になる千枝（チエ・チイ）が、陸奥国白河郡会津町で三宅三郎右衛門景程《かげのり》の長女に生まれた年でもある。那須岳の威容が目の前に迫り、武家屋敷が連なる会津町は、阿武隈川の畔《ほとり》に「奥州の押え」として築かれた小峰城の城下にあった。

千枝（チエ・チイ）と半太夫茂寛とは、十九歳の年齢差があった。三郎右衛門景程は、白河藩主阿部氏の家臣で禄高三〇〇石を拝領していた。正保年間（一六四四〜四七）から代々阿部氏に仕え、千枝（チエ・チイ）の父三郎右衛門景程は六代目に当たる。千枝（チエ・チイ）の実兄で七代目の坂右衛門は、慶応年間（一八六五〜六七）に阿部氏が幕命を受けて棚倉藩に移封する折りは御鎗奉行を務めていた。

千枝（チエ・チイ）は当初、禄高三〇〇石の同藩士平岩頼母の倅に嫁ぎ、女児を儲けたが、若くして夫に先立たれた。未だ年若い千枝（チエ・チイ）の処遇を巡る三宅・平岩両氏の合意により、彼女は実家に引き取られた。半太夫茂寛との縁組は、嘉永年間（一八四八〜五三）に入ってからである。四〇代後半の半太夫

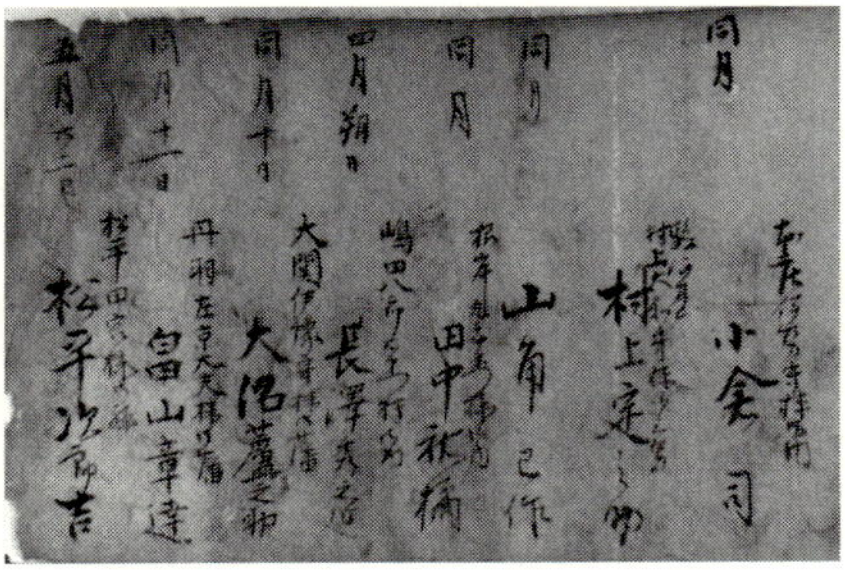
安積艮斎の「門人帳授業録」（安積国造神社所蔵）には、半太夫が若い頃に名乗った大沼芦（蘆）之助の名がある

茂寛が初婚か再婚か定かではないが、かなりの晩婚に違いなかった。

半太夫茂寛は、彼が二三歳になる文政一一年（一八二八）四月に安積艮斎《あさかごんさい》に入門し、朱子学や陽明学などの学派にとらわれない自由な教えを受けている。陸奥国二本松藩の社家に生まれた艮斎は、後に昌平坂学問所教授として活躍し、ペリー来航時のアメリカ国書の翻訳やプチャーチン持参のロシア国書に対する返書の起草などに携《たずさ》わる一方、二三〇〇名を越える門人を育てた幕末の著名な儒学者であった。

彼の門人には、小栗忠順《ただまさ》・吉田松陰・高杉晋作・岩崎弥太郎・前島密《ひそか》など、錚々たる人物が名を連ねている。

艮斎と半太夫茂寛との接点は、半太夫茂寛が江戸勤番の機会にでも生まれたのか。仔細は分からないが、艮斎が黒羽藩を訪ねた天保七年（一八三六）一〇月には、鮎の図で知られる黒羽藩在住の画家小泉斐《あやる》の草庵に一泊し、半太夫茂寛の父に当たる儒家の大沼茂清（金門）を交え、三人で親しく歓談している記録がある。艮斎には後に、幕末・維新の黒羽藩を支える三田称平（地山）や二三歳で早世する一三代藩主増昭なども入門している。

父が儒学者であった半太夫茂寛は、自らも漢学を良くし、自宅の一部を「万年

小泉斐「七福神図」（大田原市黒羽芭蕉の館所蔵）

堂」と称して開放し、『論語』の輪読会を主宰している。弘化四年（一八四七）から始められたという輪読会は、同好の簗瀬平蔵・阿見太次右衛門・滝田勝次郎・三田称平（地山）らが毎月「三」の付く日に集まって開かれ、安政年間（一八五四～五九）まで臨機応変に重ねられた。儒学は、彼らの嗜《たしな》みであったのか。

半太夫茂寛には、今に残る自作文集「漢詩手控」などもあるが、ここでは触れない。

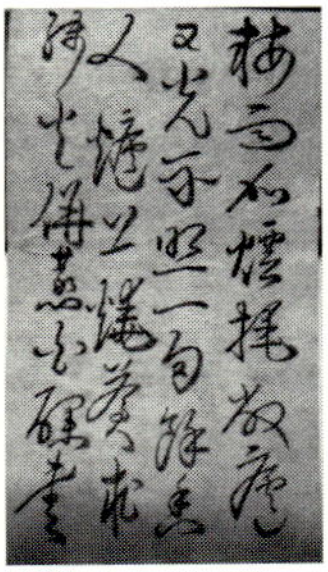

大沼半太夫の「漢詩手控」（部分、大田原市黒羽芭蕉の館所蔵）

半太夫に処分下る

時に半太夫茂寛は、黒羽藩の家老職を務めていた。彼は天保一二年（一八四一）閏正月、一二代藩主増儀の治世に同職に就き、農民一揆の火種の一つになった家中高利貸しの責任を問われて「役儀取揚蟄居」を命じられる安政四年（一八五七）四月までの一七年間、同職の座にあった。

筆頭家老たる半太夫茂寛の処分に当たり、「申渡覚」（宇都宮大学附属図書館所蔵「益子家文書」『栃木県史　史料編　近世四』）は、次のように彼を指弾している。

其方儀高利之金子在町之者へ貸出し、右貸附方取立方共ニ不宜相互ニ実意を失ひ、天保度触面に相振れ、悪風俗ニ押移リ、右高利金之為ニ在町貧窮人共弥以極窮ニ陥リ、引潰退転之基ひニ成行、終ニ旧年徒党及愁訴候始末、全其方始家中之者より貸出し候高利金より事起リ、外聞ニも相拘リ不容易事ニ候、司政事諸士之模範ニ可相成身分〱、別て有之間敷事ニて、言語道断不届至極ニ候、依之紀之上申付方も可有之処、家督後初て之在邑

中ニ付、格外之憐愍役儀取揚蟄居申付候、訖度相慎可罷在候
但し逼塞ハ差免候

この時の藩主は、一九歳になる一四代増徳《ますよし》（増式《ますつね》）であった。増徳（増式）は、一二代増儀の実子であった一三代増昭が早世したために、増昭の妹於鉱《おこう》の婿養子となり家督を継いだ。丹波国篠山藩五万石の藩主青山忠良《ただなが》の五男である。

ちなみに、安政三年（一八五六）の分限帳《ぶげんちょう》によれば、一四代増徳（増式）を支える黒羽藩の重臣層は、城代に浄法寺弥一郎高譜、家老職に筆頭の大沼半太夫茂寛ほか益子左近・滝田典膳・村上左太夫らが名を連ね、江戸留守居役には大沼権之進（隆淹）の名が見受けられる。

疲弊する家中と改革の人材不足

安政の農民一揆は、この一四代増徳（増式）の初入部を機に、新藩主への直訴を企てて勃発《ぼっぱつ》した。藩政の実権が家老を中心とする重臣層の掌中にある以上、これは当然の成り行きであった。その重臣層の筆頭にあって権勢を振るっていたの

が、大沼半太夫茂寛であった。彼はこの時、五二歳の初老に達していた。一揆の顚末は、すでに多くの研究者や郷土史家が明らかにしている。半太夫茂寛は、後にテレビ時代劇の悪徳家老のモデルにも取り上げられたほどであるから、当地では知る人ぞ知る幕末の一大事件であった。

領地の荒廃や家中の疲弊の原因は、度重なる自然災害や飢饉に加え、これに対処する歴代藩政の仕法が持つ封建的な限界にあった。さらには、生産性が低い北関東における小藩経営や中世以来から続く伝統的な支配・服従関係、これらを根底から揺るがす商品・貨幣経済の浸透などが、藩の貧困に追い討ちを掛けている。

しかも、その貧困に挑む人材が、藩の外部から擬似的な血統関係を担って登場する藩主などに限定されていたことなどもあった。その典型が一一代増業である。

しかし、彼とて所詮は「封建の子」の制約から免れることが出来なかった。さらには、凋落する藩主権力を養嗣子として継承した政治的な脆弱さからも免れられなかった。獅子奮迅の増業の働きは結局、自らが公約した期限内の成果を示すことが出来ずに藩の負債を膨張させ、家臣団から四一項目に渡る専横の謗《そし》りを浴びせられ、失脚する。

遡《さかのぼ》って鈴木武助など、ごく一部の家臣を除く家臣団の人材不足も否めない。とりわけ家老ら重臣層は、自らの体質とも言える伝統的な経済・社会風土に安住し、これを顧みることさえ思いもよらない凡庸な保守門閥派に他ならなかった。

藩政の限界を体現した半太夫

隣接する水戸藩では九代斉昭の施策により、幕末の人材育成を担った一五の郷校が領内各地に立ち上げられ、藩校弘道館と共に一定の歴史的な役割を担っている。その郷校は斉昭失脚後に解体の一途《いっと》を辿ったが、もともと水戸藩には、幕府老中の松平定信が文武奨励に重きを置いて取り組んだ寛政の改革以来、領内に多数の私塾が設立されてきた経緯があった。

文化年間（一八〇四～一七）には、水戸城下にすでに二四の私塾や四三の寺子屋があり、私塾の中には寺子屋を兼ねたものもあった。向学の気運は文政年間（一八一八～二九）に入るとさらに高まり、城下以外の近郊へも広がっている。私塾は身分を問わず、郷士・神官・郷医・農民など志のある士民に広く門戸が開かれ、それぞれの塾によって教師と塾生との間で自由な教育が行われた。著名なところでは、立原翠軒《たちはらすいけん》の此君堂、藤田幽谷・東湖の青藍舎、会沢正志斎の南街塾、加倉井砂山の日新塾などがある。人的資源の開発を重視する文化・教育的な土壌や環境が、水戸藩内にはそれだけあったということである。

翻って、黒羽藩の場合はどうか。一一代増業は藩校何陋館や錬武園などを創設したが、彼の失脚によって衰微した。その後、作新館と改称した藩校が再興されてはいる。また私塾も、三田地山が最晩年まで続けた地山堂家塾があり、他にも村上・磯・佐藤などの塾名が残っているが、そうした公私の教育機関（施設）が、家臣団やその子弟などの文武両道に、どれほど寄与・貢献したかとなると心もとない。

人的資源の開発は、親藩や外様あるいは藩の大小を問わず、藩の将来に関わる基本的な課題である。むしろ零細小藩ほど、無から有を生む人材の育成や登用が求められた。

筆頭家老の立場にあった半太夫茂寛が、施政家として抱えていた限界は、そのまま黒羽藩に固有の限界を体現していた。藩の実権を掌握する家臣団トップの人格以上に、藩政は良くならない。同時に、旧態依然の藩政が、トップの人格を決定していたとも言える。以下にその実態を、一揆の顛末と共に明らかにしておこう。

安政の農民一揆が勃発

騒動が一揆の様相を帯びたのは、安政三年（一八五六）一一月中旬を過ぎてからである。農民は各所で秘密裏の集まりを重ね、村を越えた連携を模索する廻《かい》状《じょう》を密かに回覧して、決起のエネルギーを溜め込んだ。数々の嘆願書を作成し、目安箱や家老宅の門内に投げ込んだが、藩主の手に渡る前に焼き捨てられたり、握りつぶされたりしていた。一一月に入ると、代表を江戸に送り込み、新藩主の実家である青山氏の屋敷内にも何通かの嘆願書を投げ入れる動きを見せた。

不穏な動きは、すでに四〜五か月前に始まっていたが、藩は、藩主交代や新藩主の初入部に伴う雑務にかまけ、対策を怠《おこた》った。騒動はこの間に嘆願のレベルを越え、藩に対する実力行使の様相を呈し、公然化した。徒党を為した農民が松《たい》明《まつ》を手に、那珂川を挟んで黒羽城と対峙する旧白旗城跡を中心に屯集し、城下へ押し寄せ強訴する動きを見せた。

夜の底冷えが、足元から這い上がった。凍てつく星空の下、横殴りの那須颪《おろし》が時に唸《うな》り声を上げ、剃刀《かみそり》のように身を切った。かがり火が火の粉を撒き散らし、松明の火が、千切れては燃え上がった。

決死の覚悟で決起した農民を、足軽隊と共に騎馬で駆けつけた藩兵が「徒党はご法度《はっと》、不平は文書で提出せよ」と馬上から怒声を浴びせた。二〇〇年来絶えてなかった騒動へと発展したのである。

農民の手に成る長文の嘆願書が、何通か残されている。それらの嘆願書から、訴願の内容を整理すると、大きく二つの問題が浮上する。一つは家中高利貸しの横行であり、一つは国産政策の強行である。この二つが、農民の窮状に追い討ちを掛けた。

家中借り上げの強化が、家臣団の暮らしを著しく圧迫していたが、家中高利貸しや国産政策は、凶作や諸物価の高騰でどん底に喘《あえ》ぐ農民を逃げ場のない窮地に追い込んだ。農民一揆は文字通り、「窮鼠《きゅうそ》、猫を噛む」行動であったのである。

領主を頼りに利用はしても、農民は村に根ざして独自に生きようとする。自らの生存を保障する村ぐるみの生命線を守るためである。領主もこれに暗黙の了解を示して臨む。黒羽藩の家中高利貸しや国産政策は、両者のそうした基本的な信頼関係を根底から覆《くつがえ》した。一揆のエネルギーが生まれた所以である。

家中高利貸しに手を染める半太夫

家中貸しは四十数年前に、士民の窮状に対する救恤《きゅうじゅつ》策を兼ねた利殖の方策として一一代増業の仕法に採用された経緯がある。積立金仕方を窓口とする、いわゆる小規模の積金制度である。財政資金や藩主のポケットマネーなどから小額を出資し、商人の資金協力を得て一般財政から切り離した「御金箱」に資金をプールし、士民に貸し出す金融制度であった。増業が、藩内の商人資本に接近していく契機ともなった。

家中高利貸しが、この制度にあやかったわけではあるまいが、窮乏化する領民を対象に公然と横行したのである。しかも、その貸元《かしもと》たるや、公権力のトップの座を占める筆頭家老の大沼半太夫茂寛や物頭・大吟味役の津田武前、大目付の松本源太夫ら藩の重臣であったから、何をか況《いわん》やである。

「家中貸しはもともと、金に困った者に頼み込まれたものだ。領地が荒廃し、家中が疲弊して、要望が高まった。これに応えるうちに、貸し借りが膨らんだ。利

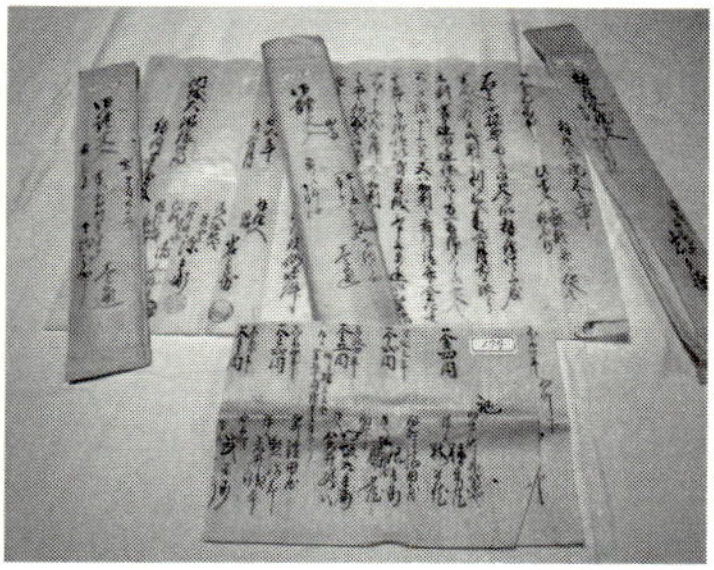

大沼分家に残された多数の借用証書の一部（大田原市黒羽芭蕉の館所蔵）

息は、通り相場で決めている。貸した金は回収し、借りた金は返してもらう。これは当然」と、大方こんなところが、半太夫茂寛らの言い分であったに違いない。半太夫茂寛らの私的な家中貸しはこのように根を下ろし、根を広げて行ったのであろう。

彼らが城下の貸金業者なら問題はなく、問題が生じたにせよ、農民の鉾先《ほこさき》は貸金業者に向かうだけである。半太夫茂寛らは、黒羽藩の重職を務めていた。金利も年率二割と、幕府が定めた当時のガイドラインである一割二分（上限一割五分）の法定利率を大きく上回っている。大沼家文書に残された多数の「拝借金証文」などからも、高利は裏付けられる。

さらに大きな問題があった。「三月躍《おど》り」と言われる三か月切り替えの元利貸し金の更新や催促飛脚銭・逗留銭・樽銭（肴代）・礼金の支払いなど、過重な取り立てが貸し金に付随した。返済が遅滞すると、屋敷・家財道具・田畑はもとより、農耕馬・雑木山などまで抵当として巻き上げたのである。

公権力に物を言わせた講・無尽

この家中高利貸しの資金作りが、悪質を極めた。家中借り上げの重圧に苦しむ彼らの手許に、融通する資金のゆとりがあるはずもない。物頭・大吟味役の津田武前は自ら主催者となって講・無尽を立ち上げ、家中の士分や城下の商人、さらには尻込みをする農民などを半ば強制的に加入させて年に二～五回の会日を設け、掛け金を集めた。

会員は、掛け金の口数に応じて籤《くじ》を引き、その会日の落ち籤を引いたものに資金を貸し出す仕組みである。入会を余儀なくされた農民は、会日毎に掛け金の支払いに追われた。掛け金の未納者は、矢の催促に見舞われる。未納金には、高利が課せられた。悪弊が公権力に物を言わせ、蔓延した。藩の重臣である半太夫茂寛らが、農民一揆の槍玉に上がった由縁の一つである。

農民一揆に至るこのような藩政腐敗が、堂々と罷《まか》り通った黒羽藩の特質を、ここで改めて思い知らされる。一つは藩主権力の失墜、一つは藩領が全《すべ》て蔵入地化した後も、かつての給人地方知行制の名残が、給人と農民との日常的な支配・服従関係にそのまま残り続けたことによる。この二つはしかも、表裏一体の関係にあった。

給人の手作り経営は、家中借り上げによる微禄を補った。給人は、その労働力を旧知行地内の農民に求めた。年貢未納の農民や借金を抱える農民を対象に、その肩代わりとなる「家中質物奉公」を求め、「引き上げ」や「台所引き上げ」と称して隷属的に使役したのである。農民を私物化する、旧態依然のこの主従関係にいささかの疑念も抱かぬ体質が、半太夫茂寛ら重臣層にはあった。領地の荒廃や家中の疲弊は、その当然の帰結であったとも言える。

一揆を招く国産政策

安政二年（一八五五）一〇月二日。江戸に直下型の大地震が発生し、水戸藩では、九代斉昭の懐刀《ふところがたな》として活躍した藤田東湖や戸田忠太夫（忠敞・蓬軒）らが、小石川藩邸内の舎宅で被災し、死亡している。

二日夜半に江戸を襲った地震の詳しい一報が黒羽藩に届いたのは、四日深夜になってからである。途中の街道筋が混乱し、上急飛脚の到着予定が半日ほど遅れたためである。湯島天神下にある黒羽藩の上屋敷も、「御殿御長屋」もろともに倒壊する甚大な被害に見舞われた。

国許では早速、家老の滝田典膳が動いて、復旧に対応すべく板・材木の統制や普請《ふしん》人足の確保などを指示し、勝手方の配下に臨時部署を設けて江戸へ送る板・材木の運送体制を整えた。

最前線でその指揮を執ったのが、勝手方で実権を握っていた物頭・大吟味役の津田武前や新たに「諸材木操出懸り」を命じられた大小姓の瀬谷善次郎であった。津田武前は、一三代藩主増昭が夭折した安政三年（一八五六）の前年夏頃から、勝手方を仕切るようになっていた。瀬谷の配下にはさらに、板・材木の買い占めや運送を請け負う問屋の按屋忠兵衛や鉄屋利平らが「操出世話方」として配置された。

津田武前らは、江戸藩邸普請用の板・材木を調達する買い占めや専売の体制を敷き、領内における私的な伐り出しや相対《あいたい》売りを禁止した。彼らは、藩によるこの緊急の強権発動をまたとないビジネス・チャンスとして生かし、板・材木の国産政策に発展させる。僅か一年余りで、藩に三〇〇両以上の利益をもたらす辣腕《らつわん》を振るった。

板・材木をすべて国産品扱いとし、領民による勝手売りを禁じる一方、伐採・

搬出・製材・運送などの作業に領民を無償で動員、江戸へ送り込む仕組みを藩の新たなビジネス・モデルとして開発したのである。この成功体験を、藩は領内産の漆や柏皮を始め煙草などの専売にまで広げて適用する動きを見せた。これが、農民一揆のもう一つの槍玉に挙がった。

それは、当然である。中山間地域で貧困に喘《あえ》ぐ農民にとって、山林資源を活用した農間稼《のうかんかせ》ぎや葉煙草の生産などは、暮らしを守り支える貴重な収入源であった。これらを取り上げられたり、統制買い占めを強行されたりすれば、暮らしの命綱《いのちづな》を奪われる事態にもなりかねない。加えて、臨時の普請御用とは言え、この年の秋から冬にかけて無償の夫役を課せられた農民の負担は甚大であった。

物頭津田武前らの悪政

津田武前らによる仕法や成功体験は、農民の犠牲の上に成り立った。その不満や怒りの矛先《ほこさき》が、国産政策を強行した藩に直接向けられ、分けても、第一線でこれを強引かつ悪辣《あくらつ》に執行した津田武前らが、その矢面《やおもて》に立たされたのである。

一揆の嘆願書に、津田武前らを名指しで指弾した長文がある（那須町沼野井「滝田馨家文書」同前)。婿舅の間柄にある津田武前と瀬谷善次郎が、「御役柄之御権威ヲ以」って講・無尽を領内の農民・町人に無理強いし、「御領内之もの難渋御厭ひ無之段、以之外之義」と非難し、新規企ての差し止めを次のように求めている。

　右無尽之義、懸ヶ金弐分ニて鬮数弐百本余、年弐会ニて廿四会致、終会之節残り鬮へ配当之金凡七八千両程ニ相成、会主徳金千両余ニ相成、悉大造之御企ニて、往々御領内惣百姓衰微退転之基有之、第一不容易御催し之事故、早々御差留、是迄之懸迄懸ヶ金割返候様被仰付度

さらにこの条に続けて農民は、津田武前の日頃の口上を取り上げ、彼らの役職罷免を要求している。津田の権柄《けんぺい》尽《ず》くの口上は、実に明快であった。「百姓共は、何様厳敷取扱候共、百姓之騒動ニて大名之潰と申義は無之、御領内より出候諸品は不残御国産ニいたし十分ニ運上取立候ても子細無之」というものであった。

　津田らの仕法は、領民をもっぱら「搾取」の対象としてしか見ていなかった。その結果、家中高利貸しや賭《と》博《ばく》同然の講・無尽に対してはもとより、私情をはさ

んだ不公平な御用金調達、人馬を駆り立てた夫役の強制、「操出世話方」(御用商人)との結託などを露骨にした国産政策など、津田らの施政全般に対する農民の糾弾が浴びせられたのである。理が農民にあるのは、当然であった。家中には、村方の農民に同調する者も現われた。

内部告発した「八人の侍」

新藩主の一四代増徳（増式）に対する直訴という形で、その行動は現われた。一揆勃発《ぼっぱつ》から五日経った一一月二四日のことである。当今の、いわゆる内部告発に相当する。往時の家中では批判を買い、後に全員に閉門の処分が下されるが、藩政の腐敗を正面から告発した黒羽藩の勇気ある「八人の侍」に敬意を表し、以下にその姓名を列記する。

大関篤之介・渡辺監物・大塚久太郎・松本織之介・山上兵衛・板倉政一郎・鹿子畑早太・綾瀬兵右衛門

彼らは家臣団の中堅クラスに属し、一七〇石取りから一〇人扶持までの給人知行取りや切米取りであった。彼らの直訴状（「口上手控」同前）から、その要点を簡略に整理しておこう。手厳しい内容ながら、礼節をわきまえた原文の丁重なニュアンスは、この際、無視したい。

①他藩と異なって往古より続く黒羽藩では、四民共に累代の下知《げじ》を守って忠節を尽くし、忠実に仕えて来たところである。

②しかるに、士分の者から貸し出す金子が単に高利のみにあらず、「利ニ利」を加える仕法もあって、村方の農民は金子の代わりに山林・田畑・農馬などまで引き上げられ、困窮を極めている。

③その上、領民は先年の凶作によって困憊《こんぱい》し、年貢の納入にも差し支え、欠落・退転も少なくない。領内は衰微し、年を追って人口も減少している。

④そうした事情の中で発生したこの度の農民騒動は、「全く士分之者之所為」であって、公儀や他藩の手前も聞こえが悪い。

⑤ついては農民の願いの筋を取り上げ、「誠ニ御仁慈之御政道」を示してい

ただきたい。さもなければ、途方に暮れて絶体絶命の場に追い込まれた農民による「如何様之大事出来」仕るべきやも計り難い。

⑥「公儀御法度之高利を貸付」け、騒動の基を開いた者の罪と、困窮切迫して嘆願のために徒党を為した者の罪と、いずれの罪が重いか。「御先祖様御当代様」に対して、私共は前者の罪が重いと考える。そこのところをよくよく御賢察願いたい。

この直訴状は事実上、家中高利貸しなどに手を染める大沼半太夫茂寛ら重臣層に対する弾劾《だんがい》や責任追及を求めるものであったから、これに対する報復や反動は覚悟の上の行動であったろう。藩の現状に対する「八人の侍」の危機意識が窺える。

半太夫茂寛ら藩の執行部は、意想外の展開に、思わぬ窮地に立たされた。

半太夫茂寛は、怒りを噛み殺した。

「わしや津田らを悪人に仕立て上げたところで、どうなるものでもあるまい。金を借りてくれと農民共に頼んだ覚えは、一度もないからの。津田らに遣《や》り過ぎのきらいはあるやも知れぬが、国産の仕法とて、藩の財政を思うてのことじゃ」

黒羽城址。土塁と空壕（右）を築いて、複郭居館型の本城を構えていた（左）。この場所でどんなドラマが繰り広げられたのか

藩主は名ばかりとなり、重臣層が実権を牛耳る体制に狎れ切った半太夫茂寛の思い上がりや強がりが目に浮かぶ。事態はしかし、半太夫茂寛の経験則を超えて展開した。黒羽城の彼方、西北に聳《そび》える那須連峰はすでに白い薄化粧を施し、凛《りん》とした山容を見せていた。

署名入りの家中アンケート

筆頭家老を含む藩の要人を名指しで指弾した村方・家中の騒動に、どう対処すべきか。黒羽藩は悩んだ末に、家中の切米取り以上の藩士に、各自の意見を文書で提出させる前代未聞の命令を下した。公の場での議論は難しいとの判断が、そこにはあった。署名入りのアンケート調査を実施したのである。一二月二一日に一斉に提出されたその上申書が、今も数十通残っている。

白紙の上申書が多数を占める中で、「八人の侍」や津田武前配下の瀬谷善次郎、国産政策を担当する佐藤官太夫などが、それぞれの立場から自己の意見を表明している。以下に、それらの一部を手短《てみじか》に紹介する。

先ずは「八人の侍」のうち、松本織之介の上申書から。（同前）

半太夫利欲ニ迷ひ、上ノ御為を不存威光振候得は於御前相争候様ニては恐入候儀と奉存差扣相引候得共、此度言上仕候御家中金貸御制禁被遊候共、御勝手御差支之儀御座有間敷奉存候、百性共農行（業）を勤御年貢上納仕候得は、御勝手御差支之角相見不申候、百性共より之難（歎）願書ニ相見候通山林田畑等無躰ニ引取、或は御上納越差押農馬等取上ヶ候得共、自然百性困窮仕御収納相減候得は、御勝手御差支之根元と奉存候

さらに、大塚久太郎の言上《ごんじょう》を見ておこう。（同前）

一　大沼半太夫重役筆頭之身分と言、諸士之手本鑑ニも相成べく身分ニて高利金貸出し百性を取掠め、御時節不相応之家作等いたし、右様之始末ニ候得は、末々ニ至り候ては、誠ニ非道之働等致候者有之哉と奉存候

一　津田武前御勝手役相勤候、身分は第一御収納其外米金之方相心得候御役ニ御座候得共、御領内之善悪邪正其外飢寒困窮ニ相迫り候者之進退差略仕候儀は、御役之任ニて専ラ司り候御役と奉存候得共、然ル処、左は無

之去丑年中も質素節倹之儀、厳重被仰出候御趣意も御座候得は、右御役ニては、衆人之手本ニも相成候事故、別て心を附、質素之行を以、衆人を相示し可申候処、身分不相応之奢をきわめ家作并夜喰等迄美麗なる事、其外吉凶之仕向他ニ過たる事、衆人之見渡候処ニ御座候、右様奢ニ相用候金子町在へ貸出し非道之利分取立、利潤仕候事ニ有之哉と奉存候、其外ニも大講多株企、中ニも取抜講此儀は鬮数等も数百本ニて博奕ニもひとしく、尤

公儀御法度之儀ニ奉存候

渡辺監物の上申書も、半太夫茂寛らに手厳しい。(同前)

一　士分より貸出候金子之儀は、先達て御直ニ奉申上候手扣書ニ委敷相認置候ニ付、此度は不申上候、乍去百性奉願候通ニ弐拾ヶ年賦被仰出候ては、貸出候者之慾心相残居候て、永年之内ニは如何様之謀計相発、猶御外聞之儀出来候哉も難計奉存候間、不残棄損被仰出候様、乍恐奉存候、且高利之金子貸出置、無躰ニ農馬等引揚候大沼半太夫・津田武前之類は、厳重之御沙汰ニ被仰付候様、乍恐奉存候事、左も無御座候ては、百性共帰伏仕

間敷候

筆頭家老を務める半太夫茂寛らと中堅層の「八人の侍」との認識の隔たりは大きい。藩を私物化する上層部の腐敗は、否《いな》みようがなかった。半太夫茂寛はもとより、分けても津田武前らに、その非難が具体的に集中した。津田らを起用した半太夫茂寛ら重臣層の責任も免れ難い。

津田には、「やり手」として見るべき才覚や実行力があったようにも思われるが、施政家としての人品には欠けるものがあったというほかない。それを見抜けず放任し、あるいは結託して私欲に身を任せていたとすれば、半太夫茂寛の資質もまた、糾弾されて然《しか》るべきである。

黒羽藩には、一一代増業が編纂して後世に残した藩政の法典とも言うべき『創垂可継』がある。その中の「諸職条約　上巻」には、「御家老勤め方」なる三八項目の執務規定が明記されている。失脚した藩主の手に成るものとは言え、半太夫茂寛は家老就任に当たり、あるいはその在勤中に、この文書に目を通すことがなかったのか。

その一部を引けば「一、御領分の御政治大小となく司り、実意を専らに相勤むべき事。一、御賞罰、私心怡怗を離れ公に心を配り、厳重に相勤むべき事。一、諸士の司として、御藩中の諸士を支配致すべき事。一、支配下我儘の願い筋、取り上げざる事。一、上下の分階を相止め、下々に撫育え念入り候事。一、諸役人其の任の当所を選び候事。一、御勝手向き、御収納大筋弁え罷り出候事。」などが細々《こまごま》と列挙されている。以って肝に銘ずるべきであった。

風通しの悪さ裏付ける白紙

一方、津田武前の配下にあって「諸材木操出懸り」を担当した瀬谷善次郎は、次のように上申している。（同前）

徒党仕候頭取は天下之御大法不被仰付候ては、アメリカ後追々不時之儀出来、人気相立居候間、御後難之程難計奉存候、万々一御番所御軍役等被蒙仰候節は、是迄之御振合ニては定て御用金被仰付候儀と奉存候得共、其節は此度之御仕置余被遊御勘弁候ハヾ、又々徒党可仕と奉存候、左候得は乍恐全御公務之御差支相成候間、百性も御大切ニ御座候得共、御公務ニは被遊御替兼候間、無比上も御大切之御場合と奉存候、尤此度之発は仁欲嫉妬偏執ニ御座候間、御評議之節御為筋差置仁欲嫉妬偏執を申上候様相成可申哉と奉存候得共、左様ニては長引候計と奉存候間、前文も奉申上候通、御公務第一ニ乍恐御評議被遊候様奉存候

瀬谷は、ペリー来航などに伴う軍役等の出費の増大を想定した藩の財政再建を強調し、そのためには騒動に加担した者に厳罰をもって臨むべきであると唱えている。甘く対処すれば、いつまた騒動を起こすとも限らず、家中の評議も専《もっぱ》ら公務第一に絞り、「仁欲嫉妬偏執」から発する言上に捉《とら》われるべきではない、と主張する。この点などは恐らく、津田武前らの言い分にも重なる物言いではなかったかと、興味深い。

瀬谷と共に国産政策の現場を指揮した佐藤官太夫は先ず、家中高利貸しについて「是迄貸出置候金子利分之儀は棄損被仰出、元金計之義済方被仰出」と利子のみを棄却し、元金は返済させる提案をしている。また、国産政策の存続・拡大を唱え、「近来御物入莫太之御場合故思召次第ヲ以永続可仕、此上上御益を弁御国産都て御仕法相立申候ハヾ多分之御益と奉存候、万一御止メニも罷成候ては甚以

歎敷奉存候」と続けている。（同前）

以上のように、立場によって異なる上申書の内容が際立っている。とりわけ多数を占めた白紙の上申書が、往時の家中の雰囲気を様々に想像させてくれる。宿老らによる隠然たる家中支配、これによって蔓延する風通しの悪さは、ひとり黒羽藩の問題に止まらず、現代にも通じるものがある。黒羽藩が実施した幕末の家中アンケート調査は、そうした風土を大いに揺さぶったに違いない。

腐敗の象徴が自浄の対象に

幕末になると、武家社会では内憂外患を巡る公論衆議が活発に繰り広げられるようになった。嘉永六年（一八五三）六月のペリー来航を機に、幕府老中の阿部正弘が諸大名や幕臣に対して忌憚《きたん》のない意見を求め、その対応策を諮問したことが知られている。これが一つの端緒になったとも言われるが、実は処士横議の横行こそが、幕末の尊王攘夷運動を支えた。黒羽藩における前代未聞の家中アンケート調査も、閉塞した零細小藩におけるそんな時代の一つの反映として実施を余儀なくされたと言えようか。

幕末の地域起こし
同時代には、大原幽学が下総国長部村で取り組んだ「先祖株組合」や二宮尊徳が下野国桜町領などで指導した「報徳仕法」などが見受けられた。

だだ、「八人の侍」が勇気を奮《ふる》って家中に風穴を開けた口上書も含め、彼らには例えば近江商人が商売の基本に据えたような「売り手よし・買い手よし・世間よし」(三方よし)のウイン・ウインの発想など欠片《かけら》もなかった。商品・貨幣経済が急速に浸透していたとは言え、北関東の辺境に位置する零細小藩にあって、領民の上に胡坐をかく中世以来の陋習に狎れ親しんだ武士階級に、それを求めるのは酷であろう。

しかし、黒羽藩が仮にも自らの持続可能性を切り拓こうとするなら、殖産興業には近江商人が実践したような経営理念が少なからず求められた。言い換えれば、その欠落にこそ、黒羽藩が拠って立つ封建体制の陥穽《かんせい》があった。その陥穽に嵌《はま》り、あるいは分厚い壁を乗り越えられずに自壊過程を迷走する藩の限界を、嘉永・安政期(一八四八~五九)に体現していたのが、半太夫茂寛であった。しかも彼は、黒羽藩における自浄作用のターゲットにもなったのである。

彼は結局、自らが行っていた私的な家中高利貸しの自縄《じじょう》自縛《じばく》に陥り、腐敗しきった藩政の象徴として血祭りにあげられる。配下の津田武前らは、言うに及ばない。これは、当然の成り行きであった。

とすれば、半太夫茂寛が不断に「道学」とも言えるような儒学に勤《いそ》しんだのは、いったい何のためであったのか。半太夫茂寛は、藩儒として知られた父茂清の下で育った。加えて彼は、二三歳で安積艮斎に入門している。艮斎は「育才」の天稟《てんぴん》を備えていた。朱子学を思想の軸に据えながらも、学派間の壁を学際的に乗り越える自由な態度で、多くの優れた人材を育んだ。

艮斎は、広く事物の道理を窮《きわ》めるために読書を重視したが、「道は実行にあり、実行の他に道なし」と「言行一致」を説いている。幕末に名を残したそんな師に、半太夫茂寛は黒羽藩で誰よりも早く恵まれ、儒学に親しんでいる。彼は、艮斎から何を学んだのであろうか。儒学を介して集積していたはずの彼の教養や倫理の現実的な価値が問われなければならない。これは、半太夫茂寛の思想と行動の問題である。

もともと儒学が、商いを軽視する価値観を内蔵していたことは論を俟《ま》たない。

農民の嘆願に応える

農民一揆に続く「八人の侍」の給人徒党事件などに対し、藩が下した裁定は「喧嘩両成敗」といった凡庸なものであった。

その裁定を取り纏めるべく、藩は暮れから正月にかけて家老同役が協議を重ね、一四代藩主増徳（増式）の内諾を得て、江戸在住の先々代藩主増儀に報告。このために家老の滝田典膳が江戸を往復し、領内に触書《ふれがき》を公示したのは、安政四年（一八五七）二月三日になってからである。そここの陽だまりには、紅白の梅の花が綻び始めていた。

触書は農民の嘆願に応え、以下の結論を下している。先ずは家中高利貸しや講・無尽を当分の間禁止して利子を引き下げ、飛脚銭・逗留銭・樽銭などの取り立てを禁止する。さらには田畑の質入《しちい》れや永代売りを改めて禁止し、借金取り立ての際は「成丈ヶ勘弁いたし」農民が潰《つぶ》れぬように貸し方の配慮を求めると共に、材木国産政策を中止し、漆・柏皮などの自由売買を認める、などの仕法替えに踏み切っている。

藩の仕法改革は、騒動を惹き起こした農民に譲歩を余儀なくされた結果であるが、「近年金銀貸借多分ニ相成困窮之者、家業ニ怠リ年増奢ニ長し、身分不相応之借財いたし、行々潰退転ニ成候義をも不相弁」と、農民に対する注文や責任転嫁も忘れなかった。

家中への「申渡覚」（同前）は、原文を添えておこう。

一　士分之者より在町へ利付貸金并寺院ニて月賦貸金等以来可為無用事、
但、朋友ニて救合之儀は御構無之候間、実意を以融通之義ハ不苦候

一　是迄貸出置候金子取立方之義、成丈ヶ勘弁を加へ、百姓潰ニ不相成候
様可取計候、尤利足之義は、公義御定を相守、勿論利畳、月躍等決て
致間敷候事

一　男女質物身代金貸候義は不苦候得共、利足之儀は貸金同様利下ヶ可致
候事

一　貸方ニて樽代、飛脚銭、逗留銭等取受候儀、以来堅可為無用事

一　去々年被仰出候御国産材木之義、此度御止相成候間、何方へ売買致候
共不苦、前々之通可相心得候事

一　当分企置候講并取退無尽之義、近々被仰出候筋も有之候間、暫時之間
見合可申候事

一　御家中并在町御改之駒、羅駒前猥内買いたし候者有之哉ニ相聞候、尤
不埒之事ニ候、以来御法之通、心得違有之間敷候事

関係者の正式処分は、四月初旬に行われた。一揆後に順次逮捕した村方の責任者三二名のうち、重刑の永牢三名を始め、宅押込、牢舎一二日、組預け御免・鉄手鎖一二日、戸〆一〇日などの刑を執行。一方、家中士分の処分は、大沼半太夫茂寛と松本源太夫が在町への高利貸しを理由に御役取上・蟄居、津田武前が高利貸し並びに講・無尽の主催を理由に同じく御役取上・蟄居、瀬谷善次郎ら三名が閉門、他に二名が遠慮の刑などに処せられた。

一揆に同調した「八人の侍」に加えて大小姓小山守之助に対しては、全員に閉門を命じている。その理由は、「申渡覚」(宇都宮大学附属図書館所蔵「益子家文書」同前)によれば「差急キ直々申達候程之趣ニも無之、役人共迄申達候ても可相済事柄ニ候処、事々敷申達候、且又其節之書取ニも不容易儀相認、不敬至極之事ニ候、其上数人申合徒党ヶ間敷、百姓共騒之折柄如何敷事ニて重々不届至極ニ候」とある。

「役人共迄申達」すれば、藩は彼らの内部告発を取り上げたかのような論法である。権力は常に、このような詭弁《きべん》を弄して自己保身を図るものである。

半太夫茂寛は、村方と家中の双方から責め立てられ、筆頭家老の地位を追われた。安政四年(一八五七)四月五日のことである。那須連山に春霞がかかり、黒

西北に連なる高嶺も春霞のなか。
黒羽城址から

羽城の周辺は山桜の季節を迎えていた。

半太夫茂寛は、瞑目《めいもく》して無念と自戒の思いを噛み殺した。気が付けば、花の盛りはとうに過ぎている。「年年歳歳　花相似たり　歳歳年年　人同じからず」か。「應《まさ》に憐れむべし　半死の白頭翁」とは己のことではないか、と苦汁の色を浮かべ、朦朧《もうろう》と山を彩る花を遠望した。

「主君押込め」事件が発生

ひと山越えた目の前に、また新たな山が立ちはだかった。

幕藩体制の綻びが際立ち、長く磐石《ばんじゃく》を誇った封建制度が内部から勢いよく崩壊し始めていた。黒羽藩も、その例に漏れない。

在任期間六年余で早世した一三代増昭に代わって、黒羽藩の一四代藩主に就任した増徳（増式）もまた、足かけ六年の在任期間に終わった。丹波篠山藩五万石の藩主青山忠良の五男に生まれた彼が、増昭の妹於鉱の急婿養子として大関氏の家督を正式に継承したのは、安政三年（一八五六）四月。一八歳の時である。於鉱とは同年齢であった。

増徳（増式）は於鉱と正式の婚礼を済ませた安政五年（一八五八）七月に、再び黒羽に入部する。以来、彼は江戸に戻らず、万延元年（一八六〇）八月に於鉱との離縁を表明する。於鉱を嫌った増徳（増式）が家老らの言上に耳を貸さず、参勤交代を拒否し、離縁・隠居を言い立てたためである。君臣間の亀裂は日を追って広がった。

増徳（増式）と於鉱の間に何があったか伝わらないが、彼は再入部の前から、その意を決していた。家老らは拠所《よんどころ》なく、両人の離縁を前提に、新養子を探し求めた上で増徳（増式）が隠居する手はずを、彼との間で取り決める。これらを踏まえての離縁表明であった。

ところが、いったん離縁が成立すると、増徳（増式）は参勤交代の務めを果たしたいと言い出し、態度を豹変させた。文字通り、「君子は豹変する」の事態である。この変身が、家中の憤激を買った。彼が於鉱の婿として家督を継いだのは、大関氏の血統を維持するためであったから、於鉱との離縁に伴い、彼は自動的に藩主としての適格性を失うことになった。言い換えれば、大関氏の血統と無縁になった以上、黒羽藩にとっては無用の存在となった。一一代増業の時とは異なり、彼には格別の持参金があったわけでもない。

その理非を弁《わきま》えず、増徳（増式）は頑《かたく》なに隠居を拒否した。このために「御家第一」と考えた家臣団が、やむなく「主君押込め」を決行する。「主君押込め」はめったに無い事件ではあったが、事例が見当たらないということでもなかった。むしろ、御家騒動の際などには結構見かけられた。

藩主の不行跡《ふぎょうせき》や御家乗っ取り（横領）あるいは君臣間の政治的な対立などが要因となり、家老を始めとする重臣層の合意や親類大名の了解、幕府の内々の肯定などの条件が揃《そろ》えば成り立つ、大名諸家における慣行とも言えた。廃位の強制から藩主の改心まで、その求めるものに幅はあったが、家中の正当な行為として一般的に認識されていたとも言える。

一四代藩主増徳（増式）の身勝手

文久元年（一八六一）四月一四日。黒羽藩の重臣は、江戸で物色していた新たな養子の内定を知らされた。これを受け、翌一五日には揃って増徳（増式）の寝所に赴き、箇条書きに認めた文書により隠居を要請したが、不調に終わった。「隠居するくらいなら、死んだほうがましである」と増徳（増式）が取り乱し、彼らの勧告を拒否したからである。家老らの手に残された方法は、もはや限られていた。

三日後の一八日午前一〇時。大目付以上の重臣が登城した。その日の午後三時頃、家老の益子右近・滝田典膳・村上左太夫・風野五兵衛ら四名が、揃って増徳（増式）の寝所に罷《まか》り出《いで》、予《かね》てからの打ち合わせ通りに、改めて隠居を言上した。以下は、益子右近や滝田典膳らの記録により、後世に伝えられている顛末である。

「先にお手渡し致した御箇条書きについては、何一つ相用い候御箇条これなく、その上、御死の折の御急養子などを仰せ付けられるなど、恐れながら御本心の儀とも思われませぬ」と益子が重々しく口火を切ると、滝田が強い調子で言葉を継いだ。

「これまでも追々申し上げ、なおまた此度の箇条書きをもって申し上げ候儀、いっさい御取り用いにならず、日を追って御我儘募り、恐れながら御家には替え難く、これによって御座込み（座敷牢）申し上げ候段、お許しあれ」

と、滝田が言い切るや、村上が「右につき、大小の二刀をお預か

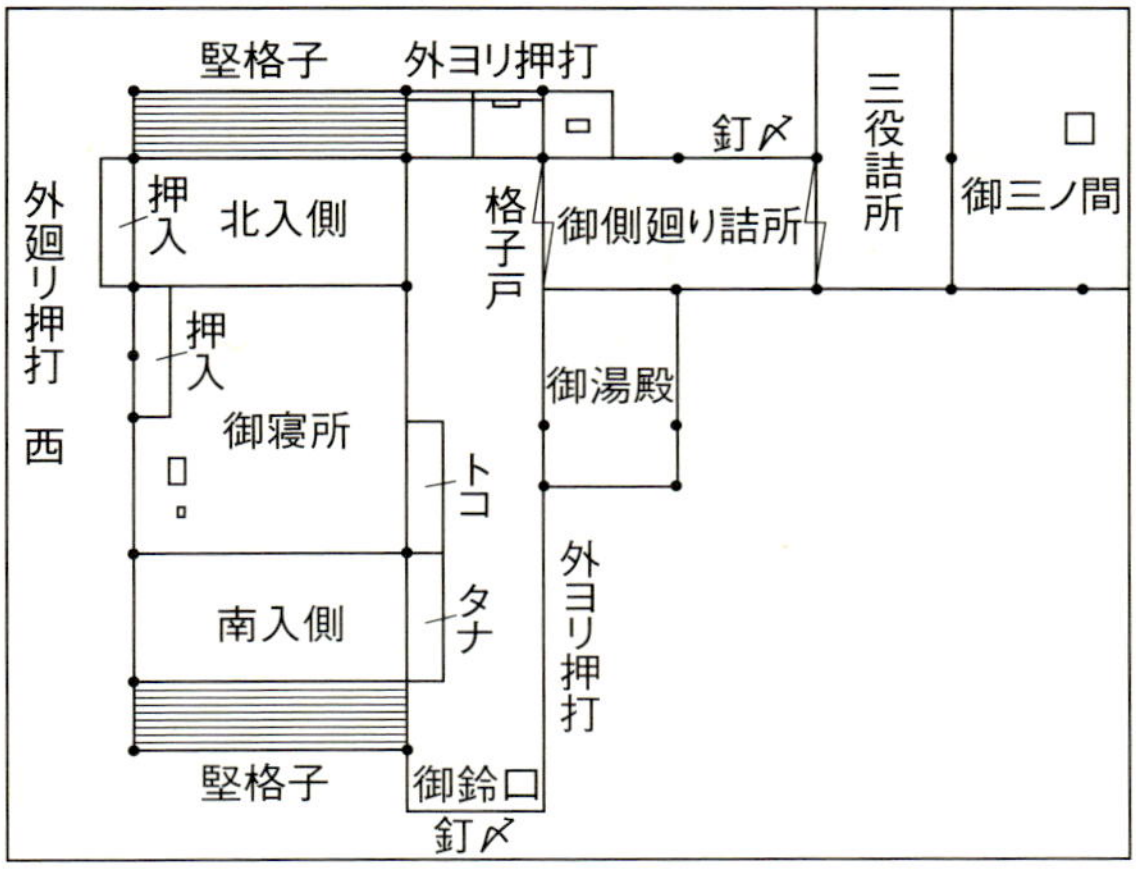

座敷牢見取図（秋元典夫『北関東下野における封建権力と民衆』）

り申し上げ候」と言い放ち、風野が立ち上がった。増徳（増式）が声を荒げ、「それはならぬ」と風野に取り掛かったところで、同列一同が取り押さえた。そこへ、次の間に控えていた城代の浄法寺弥一郎高譜と大目付が飛び込み、御鈴口から加勢に入った物頭・側用人らと共に増徳（増式）の身柄を確保・拘束した。

彼らは、増徳（増式）の寝所を急ぎ座敷牢に改造し、翌一九日から増徳（増式）をその牢に押込めた。増徳（増式）はやがて北城隠殿に身柄を移され、「御病身」と称されて、明治四年（一八七一）七月の廃藩置県に至るまで軟禁状態を余儀なくされるのである。ちなみに彼は、大正四年（一九一五）一月に逝去。享年七七であった。

一五代藩主増裕の決意

一五代増裕が、黒羽藩の家督を相続したのは文久元年（一八六一）一〇月。彼は、遠江《とおとうみ》国横須賀藩三万五〇〇〇石の藩主西尾忠善《ただよし》の孫に当たる二五歳であった。「主君押込め」に見舞われた一四代増徳（増式）の養子となったが、養父よりも二歳年長であった。

大関増裕（『大関肥後守増裕公略記』）

彼の藩主在任期間も、七年に終わった。慶応三年（一八六七）一二月九日、城外の金丸八幡宮の裏に広がる雑木林の中で猟遊中に不慮の死を遂げたからである。三二歳の彼の誕生日に当たるこの日は、京都の禁裏御所において岩倉具視や西郷隆盛、大久保利通、後藤象二郎らの工作が功を奏し、王政復古の大号令が発せられている。

増裕は、一〇代で韓非子や洋式砲術を学び、二〇歳になると蘭学を始め、後に築地に居を構えていた桂川甫周《ほしゅう》に就いて蘭書を研究した。桂川家は代々将軍家に仕え、幕府奥医師のかたわら蘭学を教えた。増裕が学んだ甫周は、七代国興《くにおき》に当たるか。増裕は蘭学を介して西洋事情に通じていた。

増裕は、大関氏の家督相続に伴い、前藩主増徳（増式）が離縁した於鉱改め於《お》待《まち》（待子）との内縁関係を結んだ。於待は増徳（増式）の妹分と見做された。文久元年（一八六一）一一月には一四代将軍家茂に拝謁、翌年一二月には幕府の兵学校である講武所奉行を兼ねた初代の陸軍奉行に就任し、幕末の兵制改革に注力している。

　彼が国許の家老ら重臣の再三の懇請を受け、病気を理由に幕府の役職を辞任して黒羽に初入部したのは文久三年（一八六三）五月。事前に七か条の条件を提示し、藩政改革に対する彼らの承諾を取り付けてからのことであった。

　その条件の要点は、次の通りである。（『大関肥後守増裕公略記』同前）

一　入邑後、第三日之後より、百事全権たるべき事
一　在所隠君（増徳）ニ関係する事件ハ、箕輪　隠君（増儀）之御英断相受、細事たり共可取計事
一　以来富国強兵を主と致す以上ハ、意外之変改も可有之、依て譬先規ニ無之新法といへども、時ニ取て無害ハ百事可取計事
一　因循姑息ハ断然相廃、賞罪現然と施行可致事
一　当今　皇国之形勢、百患四方ニ迫といへども、固陋之俗吏碌々として、災害眉間ニ起るを不知、百年之後も今日之如く思ふハ、実ニ歎憐ニ堪たり、（中略）不肖之増裕、苟家政御委託之御受申上之上ハ、公等と国事を議談し、有名無実之事件を廃棄し、士民を撫育し、富国強兵を主

黒羽神社の境内にある増裕の胸像

張し、士気を鼓舞せしめすんハ、何之面目有てか、祖先君ニ地下ニ拝謁せん、是孤か願也
　其一ハ士民を撫育するニあり、其二ハ府庫を充実せしむるニあり、其三は兵備を更張し、士気之鼓舞を願ふニあり、其一ハ寸時も欠べからす之事件也、其二ハ其一を行ふ之其礎ニして、事々物々是ニ因て、是無他、土地を拡開するニあり、其三ハ則当今之急務也、（以下略・カッコ内は筆者）

増裕は、この五か条に自らの覚悟を示す二か条を添え、改革へ向けて断固たる決意を表明した。右の所信につき、日夜力を成すといえども、一年の後に一事も行われざる時は、「誠ニ有名無実之主」に他ならないから、「断然と致仕すべし」と背水の陣を敷いている。

この所信からは、青年藩主の気概や変革期に相応《ふさわ》しいリーダーの資質などが窺える。現状維持は、未来づくりよりリスクが大きいということ、前例がないから、やる価値があるといったことなど、現代に通じるマネジメントや率先垂範のリーダーシップを、彼はよく知悉《ちしつ》していた。

半太夫に人心一新の再処分

増裕は先ず、人事を刷新した。藩内に残る給人地方知行制による親方・子方の私的な支配関係を排除し、藩主を頂点とする公権力が藩政を公正に取り仕切る執行体制を確立するためである。

そのために、藩政に隠然たる政治力を行使してきた宿老らを次々に罷免した。その見せしめとして、先代藩主増徳（増式）から御役取上・蟄居を命じられながら、再び家老首座に納まっていた大沼半太夫茂寛に対して、次のような沙汰を下している。（宇都宮大学附属図書館所蔵「益子家文書」『幕末の農民一揆』）

其方儀、先年重大職掌相勤め、高利金貸出身分不相応の取建方致し、遂に夫の為巨多の良民共疲弊候に付、其砌厳重御沙汰これ有り候処、猶又、今度先君御積金返納申付候所より先年滞り残金取建趣言上に及び候次第、畢竟先君之御沙汰をも忘却致し却て旧弊復古の志これ有る段、当節諸士軌範共相成るべく、重き職掌をも相勤候身分不届の至に候。右は家督後初ての在邑に付厚く勘忍をも致すべき処、先年の重御沙汰をも忘却致し候仕合せ不届至極に候。これに依り急度も申付く可き処、出格の憐愍を以て役儀亦本高之中五拾石取り揚げ隠居蟄居申付候。吃度慎み罷り在る可き候。但し逼塞は差免候

文久四年（元治元年・一八六四）。半太夫茂寛は「旧弊」の象徴と見做され、改心の余地なしと断じられて、役儀並びに本高二〇四石のうち五〇石の取り上げと隠居・蟄居を命じられた。同職の家老滝田典膳らもまた、隠居の処分に見舞われる。背景には、農民の間に充満する不穏な空気や改革断行を内外に周知徹底させたい増裕の強い思惑などがあった。

この改革人事で増裕は、四名体制の家老職を二名に縮小。若手の村上一学（光雄）と大関弾右衛門の二名を起用し、さらに例の「八人の侍」を要路に配置した。藩主権力を自ら掌握し、若手改革派による執行体制を敷いたのである。家老に抜擢された村上一学は、天保五年（一八三四）生まれの三一歳。代々、左太夫を名乗る村上氏の六代目に当たった。元号が明治に代わると、彼は八戸県権知事・三戸県知事・秋田県参事などを歴任し、明治四三年（一九一〇）に七七歳で永眠し

ている。

同じく家老に就任した大関弾右衛門は、文政一〇年（一八二七）生まれの三八歳。彼は理財の才に長《た》け、増裕の右腕としてその力を発揮したが、増裕亡き後は旧制に復する大勢に異議を唱え、「辞職口上書」を提出して隠退を表明している。

軍事改革と府庫の充実

増裕の仕法は、彼の所信に基づいて実行された。彼は元治元年（一八六四）春にその趣旨を徹底すべく、家中並びに村方に長文の達書を度々《たびたび》発した。その上で彼は、掲げた軍政改革に西洋式の兵備を整え、領内猟師による郷筒組や村方による農兵隊を編成。軍政を一般の政務から切り離して独立させ、全軍の近代化を推し進めた。

藩庫の充実を図る財政再建については、新田開発と勧農政策による増収・増徴を企図し、民力培養を第一とする「愛民」と家中の綱紀粛清を徹底。すでに初入部の直後から村上一学と渡辺監物の両名に新田開発懸りを任命し、これに早々と当たらせている。

慶応二年（一八六六）春に浜御殿庭前で撮影した海軍奉行大関増裕（前列右）。軍艦奉行勝海舟は後列右から二人め（『大関肥後守増裕公略記』）

増裕はまた、殖産興業にも力を注いだ。金・銀・銅・硝石・硫黄採掘への挑戦、みょうばん・皮革・瀬戸焼の生産奨励、さらには樺太開発の構想など、考えられる全《すべ》ての企画に積極的であった。

こうした積極策が功を奏し、慶応三年（一八六七）末には、藩の軍事向けに米五〇〇〇俵・金一万五〇〇〇両を蓄《たくわ》える成果を生んだ。しかしこの間には、そのしわ寄せを食らった農民の一揆が領内各地に勃発した。これに対して増裕は富国強兵策を最優先し、強権的に臨んだ。藩主就任以来、家中には「愛民」を唱えながら、「一時人民の動揺ぐらいは忍ばざるべからず」と目をつぶって突っ走った。そのために一揆首謀者を摘発し、磔・打ち首などの裁定を下したうえで、処刑寸前に増裕の「上意」を伝達させ、特赦するといった茶番なども演じて見せた。

藩政改革を当面の軌道に乗せた慶応元年（一八六五）六月、増裕は再び江戸に戻り、幕政に復帰して海軍奉行に就任。翌年には若年寄格に、明けて慶応三年（一八六七）一月には海軍奉行を兼ねた若年寄（海軍副総裁）に昇格した。この間に増裕は、軍艦奉行を務める勝海舟らと幕府海軍の強化に専念している。

ところがこの年、強まる尊王攘夷の圧力に幕府は動転し、一〇月にはついに大政奉還に追い込まれる。同月二四日には、一五代将軍慶喜が朝廷に征夷大将軍の辞表を提出するに至った。幕府の命脈は、いくばくもない事態に立ち至る。

勝海舟（国立国会図書館内「近代日本人の肖像」web サイト）

幕末を駆け抜けた増裕急死の謎

急転回する時局を受け、増裕は一一月半ばになると、密かに京都へ密使（三田深造・佐藤均）を送って朝廷への接近を試みた。同月二六日には、幕府に二〇日限りの黒羽帰藩を願い出、在職のまま、一二月三日に洋式の軍装で江戸を発《た》った。この帰藩理由が未《いま》だに分からない。彼が猟遊中の雑木林の中で、猟銃の弾丸に撃ち抜かれ死去したのが、同月九日。事故・自殺・他殺のいずれであったのか、これもまたそれぞれの説に確証がなく、不明のままである。

いずれにせよ黒羽藩は、彼が密かに先鞭をつけた新政府への恭順をいち早く藩

大関増裕の墓碑（大雄寺）

論として統一。隣接する大田原藩と相前後して他の諸藩に先んじ、新政府寄りの態度や行動に踏み切っていく。増裕亡き後の一六代藩主を求めるにあたっても、京師《けいし》への配慮を忘れなかった。

結句、慶応四年（明治元年・一八六八）三月に、常陸国石岡（府中）藩主松平頼縄《よりつぐ》の甥増勤《ますとし》を養嗣子に迎えることになったが、江都では目前に、新政府軍による江戸城総攻撃が迫っていた。西郷隆盛と勝海舟が会見し、江戸薩摩藩邸で無血開城を決めたのが三月一四日。まさに、幕府終焉の最中のことである。

不慮の死を遂げた増裕の家督を、急養子として継承した増勤はこの時、若干一七歳であった。これによって、黒羽藩主としての大関氏の血統は途絶え、近世大名としての解体も指呼《しこ》の間に迫っていた。

黒羽城址の北に位置する黒羽鎮国神社（鎮国社）の境内には、内縁関係にあった於待（待子）が、亡夫・増裕のために建立した石碑がある。彼女が、増裕と好《こう》誼《ぎ》のあった勝海舟に撰文《せんぶん》を依頼し、明治七年（一八七四）に建てた記念碑である。勝は、増裕の事績を顕彰した碑文の末尾に「生時には公と、心を傾けて相友たり」と記した。その「大関公之碑」の裏面には、於待の歌二首が刻まれている。

増裕の遺体が金丸原の現場から運ばれてきた那須神社（金丸八幡宮）は、那須・大関氏の氏神として祀られてきた。大関高増が現在の社殿を整備。楼門・拝殿ともに一七世紀中葉に建立された

（上）拝殿前の石灯籠は、高増が所願成就のために奉納している

黒羽鎮国神社（鎮国社、右）と「大関公之碑」（左）

（上）大田原市黒羽芭蕉の館の展示コーナーには、増裕が死亡時に着用していた外套が陳列されている

萬代にくちじとぞ思ふ此石にいさぎよき名を残しとどめて
命こそかぎりありけれいしぶみに残す其名は千世に朽せじ

生前の増裕は、洋風を好んだ。総髪で洋服・軍服を着用し、洋食を嗜《たしな》んだ。アラビア馬を購入し、軍馬の改良を唱え、先乗り後乗りの二騎を従えた乗馬登城の魁も為した。

於待は、そんなハイカラ趣味の彼と江戸市中を馬で乗り回し、士民の目を引いている。江戸の落首《らくしゅ》に、次のようなものが残っている。幕末の青春を奔放に駆け抜けた二人の姿が、目に浮かぶようである。

夫婦して江戸町々を乗り歩き異国の真似する馬鹿の大関

戊辰戦争と伊織・孝之助

慶応四年（明治元年・一八六八）一月、鳥羽・伏見で戦端を開いた戊辰戦争は、新政府軍が旧幕軍を圧倒する勢いで東進を続けた。およそ一年半続いたこの

彰義隊士の遺骸を火葬にして合葬した円通寺には、上野寛永寺の黒門が移されている。無数の弾痕が激戦を偲ばせる

内戦は、概《おおむ》ね三期に分けられる。第一期は鳥羽・伏見の戦いから江戸無血開城に至る四月まで。第二期はその後、会津若松落城に至る九月末まで。さらに第三期は翌年五月の函館五稜郭《ごりょうかく》の開城まで、である。

この間には、上野彰義隊の戦いや長岡城を巡る北越戦争、さらには奥州戦争などの攻防戦が各所で繰り広げられたが、いずれも、武力倒幕の目論みに沿って戦局を展開した新政府軍側に軍配が上がった。

戦役の勝敗はすでに、旧幕軍の総大将である慶喜が謹慎・恭順《きょうじゅん》を表明していた第一期の段階で決していたとも言える。にもかかわらず、多数の戦死者を出すに至った旧幕軍の反抗のエネルギーは、何に由来したのか。一つは、幕府への恩顧。さらには、薩摩・長州など雄藩の思惑や目論みに対する反発。理非を超えた意地のようなものもあったろう。いずれにせよ、奥州に近接する北関東でも、両軍による宇都宮城や大田原城の争奪戦などが熾烈《しれつ》に繰り広げられた。

縣信緝（勇記・六石）が重職を務める宇都宮藩が、一週間に及ぶ藩内での激論の末に藩論を統一し、新政府支持を決したのは三月下旬。縣がこれを受けて早速、武州板橋宿に陣を構える東山道軍総督府に出頭。旗幟を鮮明に、忠誠を誓い、燎原の火の如く広がる「世直し」の農民一揆や会津藩兵の接近などに対する

近藤勇（国立国会図書館内「近代日本人の肖像」web サイト）

援軍を求めたのが同月末日。その結果、四月二日には総督府大軍監の香川敬三（鯉沼伊織）らが野州鎮撫を命じられ、薩摩・長州・土佐・彦根・須坂藩など三〇〇余名の軍兵と共に宇都宮へ出陣した。彼らの出陣は、結城城の奪回戦も兼ねていた。

これに先立つ三月初旬、東山道軍は新選組から名前を変えた甲陽鎮撫隊を、甲州勝沼戦争で撃退。敗走した近藤勇らが四月三日、房州流山で香川らが率いる東山道軍に包囲され、投降している。彼は板橋宿に護送され、同月二五日に板橋庚申塚で処刑された。享年三五であった。このため、土方歳三と近藤とは、流山で永訣《えいけつ》したことになる。

その近藤の首級を京都まで護送することになったのが、北島秀朝（益子孝之助）であった。北島はこの時、東山道軍総督府大監察の任にあり、総督府の命によって関東の情勢報告と大軍の派遣奏請《そうせい》のための上京を予定していた。彼は総督府の随兵と共に、近藤の首級を護持して昼夜兼行し、新政府の刑法官に引き渡した。火酒漬けにされて護送された近藤の首級はその後、閏四月八日から三日間、京都・三条河原に晒された。京都は、青若葉の季節に入っていた。

香川敬三（鯉沼伊織）や北島秀朝（益子孝之助）らが、東山道軍総督府のそれぞれの任に当たっていたのは、岩倉具視の意向によるところが大きい。岩倉は、洛北の村に逼塞していた当時から、両名に深い信を置いていた。その彼らに、東山道軍の正・副総督を務める二人の息子を託したのである。兄の具定《ともさだ》は一九歳、弟の具経《ともつね》は一七歳と若く、戦場における兄弟の輔翼《ほよく》を期待したのである。

東山道軍の参謀には、土佐藩の板垣退助や薩摩藩の伊地知正治らが名を連ねた。東山道軍は、東海・北陸の二道軍と共に反政府勢力を一掃する鎮撫軍として、鳥羽・伏見の戦いの後に組織された。その上位に三道軍を束ねる東征大総督府が設置されたのは、およそ一か月後の二月九日。大総督は、新政府の総裁を務める有栖川宮熾仁《たるひと》親王が兼務していた。

大鳥・土方らの旧幕軍と攻防

東山道軍総督府の大軍監香川敬三(鯉沼伊織)らが、近藤勇ら新選組の残党狩りや結城城の奪還、多発する農民一揆の鎮静化に奔走しながら関東平野を北上し、宇都宮城に入ったのは四月七日。香川らは宇都宮城を拠点に、小山《おやま》周辺などで旧幕軍と攻防戦を繰り広げ、苦戦を強いられた。

大鳥圭介（国立国会図書館内「近代日本人の肖像」web サイト）

土方歳三（国立国会図書館内「近代日本人の肖像」web サイト）

旧幕時代に歩兵奉行を務めた大鳥圭介や房州流山から脱出した土方歳三らが率いる旧幕軍は、日光山に立て籠もって会津藩と手を組み、新政府軍への大反撃を目論んでいた。新装備で固めた精鋭を誇る彼らは二手に分かれて北上。二千数百名余の全軍総督を大鳥が、参謀を土方が務めていた。

この両軍が、四月下旬に宇都宮城の争奪戦を展開。二度に渡る激戦で、旧幕軍が一時は城を落とすが、新政府軍が薩摩・長州・因州藩兵などの援軍を得て勢力を挽回《ばんかい》し、これを奪還。旧幕軍は日光方面に敗走し、会津へと落ち延びた。

会津入りした大鳥ら二〇〇〇名余の旧幕軍は、再挙を図って軍を三隊に分け、会津藩兵と合流して日光口と白河口と大田原城を襲撃すべく、山岳の峠などを超えて南下した。一隊が一〇〇〇〜一五〇〇名の規模である。

白河口の要衝と見做された大田原城の攻防戦は、五月二日に勃発《ぼっぱつ》。大田原城は、その日の夕刻のうちにも落城寸前となった。しかし、白河城がすでに前日に陥落していたことを知った旧幕・会津藩連合軍は、戦闘の意味を失って撤兵する。

これが旧来の通説であったが、近年、旧幕軍等の狙いが城取りにはなく、新政府軍の武器・弾薬・食料などを補給するロジスティックス（兵站《へいたん》機能）を担う大田原城を破壊することにあったとする説が浮上している。いずれにせよ、彼らの南進策は、戦局の一部で新政府軍の迎撃を圧倒したものの、総じて敗北に帰した。かくして、両者の戦闘は、徐々に会津若松合戦に収斂《しゅうれん》していく。

大田原城址。廃藩置県に至る三百数十年間の大田原氏の居城。徳川家康が関ケ原の合戦前に城の補修を命じ、三代家光が奥州への鎮護とした

新政府軍の指揮下に入る黒羽藩

ところで、銃・砲声が響き、硝煙《しょうえん》が広がる騒然とした事態が迫る中、新藩主増勤を擁した黒羽藩は、何をしていたか。

一五代増裕が不慮の死を遂げた翌日には先《ま》ず、中老・大吟味役の五月女三左衛門が家老職に昇格。三左衛門はこの時、五〇歳。世々《せぜ》、家老職を務める家柄で重厚な人柄が衆望を集めていた。

明けて慶応四年(明治元年・一八六八)一月には、浄法寺頼母や渡辺記右衛門が家老職に、さらに三月には増裕の寵臣《ちょうしん》であった大関弾右衛門に代わって益子右近が家老職に就くなどの改革人事を行った。弾右衛門は、増裕没後、不日《ふじつ》にして旧制に復する大勢に反対・抗議し、「辞職口上書」を提出して隠退したことは先に述べた。このため黒羽藩は、増裕在任中に起用された村上一学を含め、五名

の家老職による合議制（集団指導体制）を復活させている。

この間、二月末日には家老五月女三左衛門が京都に出府し、三月一一日には、駿河において東征大総督府に「奥州出兵願書並びに在家兵隊人数調書」を提出。その場で奥州鎮撫総督の指揮下に入った。黒羽藩には早速、会津追討出兵命令が下される。

一方、四月に入ると、藩領の飛び地である「下之庄」（益子村など七か村）に、関東一円に広がる農民の打ち壊しが切迫。藩はその鎮圧に追われた。また、先に触れた宇都宮城の争奪戦には新政府軍に援軍を派遣したが、行軍中に落城のニュースが伝わり、途中の氏家《うじいえ》から引き返している。

黒羽藩は「前門の虎、後門の狼」の譬《たと》え通り、北に会津藩、南に大鳥・土方らが率いる旧幕軍が迫る板挟みの心境に陥り、緊迫した空気に包まれた。家中では、城を捨て再起を図ろうと説く重臣層と、守城防戦を主張する三田深造・松本調平ら少壮の藩士らとの間で激論が交わされ、守城論が棄城論を押し切る騒ぎなども起きている。

五月下旬には改めて新政府軍の命令が下り、黒羽藩は藩兵を白河口へ派遣。増勤は、家老五月女三左衛門を会津出兵隊長に、大沼渉・安藤小太郎の両名を軍監に任命する。以下、一番隊長益子四郎・二番隊長渡邊福之進・三番隊長高橋亘理・大砲隊稲沢常之助・輜重方《しちょうかた》瀬谷角之進・病院金枝三友などの陣形を整え、総勢二七〇名余が急ぎ出陣した。

弘化元年（一八四四）生まれの大沼渉はこの時、二五歳。藩領の飛び地を支配する芳賀《はが》郡代を務めていた。大沼本家一七代当主の彼は、一三歳で父の一六代泰英と死別し、元治元年（一八六四）に水戸天狗党が領内を侵犯した際は、藩の馬廻役として藩主増裕の意向を武田耕雲斎に伝えるべく、現地須賀川村に走っている。

山野を血で染めた激戦

白河口へ出動した黒羽藩兵はその後、新政府軍と共に旗宿・中野・白坂・白河・棚倉・河原田・浅川・石川・三春・本宮・二本松・須賀川・三斗小屋・会津若松城下・佐良土などの各地を転戦。一一二日間の戦役を終え、新政府軍の白河口総督から感状《かんじょう》を得て、一〇月一三日に黒羽城に凱旋する。

この間の大沼渉に、次のような逸話《いつわ》がある。

会津若松城への総攻撃を前にした九月八日未明。濃い霧雨の中、長岡藩の軍兵四〇〇名余が城内に突入しようと、新政府軍を襲撃して失敗し、隊長の山本帯刀が捕縛された。二四歳の山本は、軍監中村半次郎（桐野利秋）の前に連行され、「なぜに朝廷に弓を引いたか」という詰問《きつもん》を浴びせられた。

山本は「朝廷には決して弓を引きませぬ。君側の奸臣《かんしん》を除くがためでござる」と応じ、中村は「なに、奸臣じゃと」と山本の顔面を殴りつけた。その場の山本の振舞いに胸打たれた二五歳の大沼が、どうかして助けてやりたいと「私に山本を預けてくだされ」と懇望する。中村は許さず、山本を切り捨てたと言うのである。

大沼は後にその光景を思い出すたびに、「中村は短気な男だ。あったら勇士を殺してしまった」と嘆《なげ》いた。この時斬刑に処せられた山本の家を後に継承するのが、第二六・二七代連合艦隊司令長官を務めた海軍大将山本五十六である。

壮絶を極めたこの戦役に、黒羽藩は兵士三二九名と軍夫《ぐんぷ》（戦地に食糧・武器・弾薬などを搬送する人夫）六八二名を出動させ、およそ七千数百両と二四〇〇俵余の本藩警備兵食を除く一〇〇〇俵余の金穀を出費。二十数度に及ぶ大小の合戦で、益子四郎ら戦死者四〇名余と二〇名弱の戦傷者を出している。

戦場では、黒羽藩の戦闘力が輝いた。幕府に倣《なら》って増裕が軍制改革に採用した歩兵・騎兵・砲兵の三兵による西洋式兵《へい》・砲《ほう》術が功を奏し、慶応二年（一八六六）に組織した農兵隊も活躍する。農兵隊は村役人層をリーダーに、一六〜五〇歳までの農民を組織し、地域ごとに数十名ずつ編成。非常時に備えて月二〜三回の訓練を実施していた。農兵隊の参加者には苗字・帯刀御免、士分《しぶん》との同座《どうざ》を認めている。

芦野に残る「峯岸館兵従軍之碑」

異例の賞典禄と黒羽藩

戦役で軍監を務めた大沼渉の撰文を刻んだ石碑が、那須郡那須町芦野に残っている。恐らくは、土地の出征兵士に頼まれたのであろう。彼は「峯岸館兵従軍之碑」に寄せて、農兵隊の活躍を次のように認めている。明治二七年（一八九四）二月、大沼はこの時、陸軍少将の地位にあった。

明治戊辰官軍の奥羽を征するや、下毛黒羽城主大関増勤君、朝命を奉じ兵を出して功あり。増勤君の父増裕君は英邁果断、文久中全藩の士卒を以

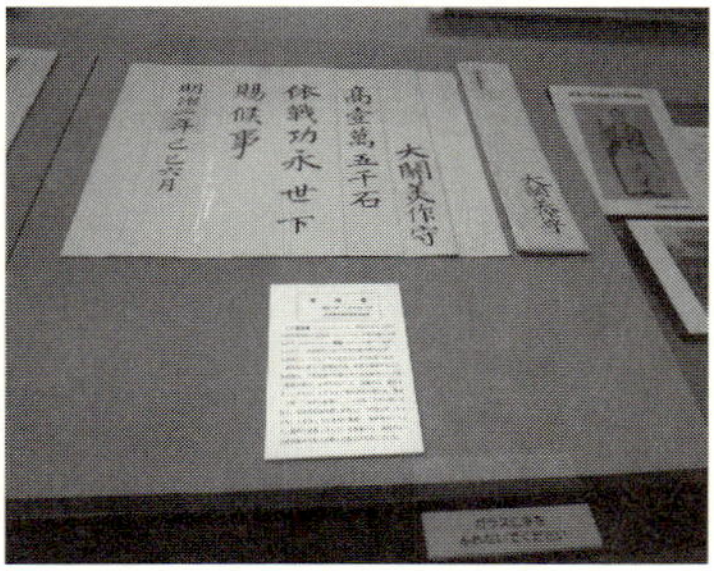

明治二年（一八六九）六月付の賞典書。戊辰戦役における黒羽藩の戦功が評価された（大田原市黒羽芭蕉の館の展示コーナー）

て西式銃隊を編成し、後これを増加せんと欲して慶応丙寅（二）更に令を下し農兵を募り六館を封内に設く。峯岸館はその一つなり。峯岸、板室、高瀬、寄居、白井、簑沢の諸村みなこれに属し、その兵役に服するもの五十二名、毎歳四季に教員を派して之を訓練し、兵備ようやく充実す。丁卯（三）の冬増裕君卒し増勤君封を襲う。明年五月執政五月女益詮（三左衛門）歩兵四小隊、砲二門を率いて官軍に従い、旗宿に次し中野に戦い白坂を守り、ついで棚倉を破り浅川を援け本宮、二本松に克ち、軍に従ってまた那須岳をこえ三斗小屋を襲い、塁壁を連破し進んで会津に入り諸軍とその城を囲み、転じて賊を佐良土に追撃す。実に九月廿七日なり。この役や大小二十余戦、衆みな奮励力を致さざるなし。（小林友雄『宇都宮藩を中心とする戊辰戦史』）

この戊辰の役の功績により、黒羽藩は明治二年（一八六九）六月の論功行賞で、太政官から小藩としては異例の賞典禄一万五〇〇〇石を拝領。増勤はこれを受け、出征兵士全員に応分の賞与を下賜した。ちなみに、隊長五月女には一五〇石、軍監を務めた大沼・安藤の両名にはそれぞれ一二〇石が下付された。また、

黒羽城址の一角にある「作新館」跡

賞典禄のうち一五〇石を、藩校作新館の学資に充てている。

藩校作新館は、安政四年（一八五七）五月に一四代増徳（増式）が前身の何陋館を復興して再建に取り組み、一五代増裕が文久三年（一八六三）六月に機構改革を行って城郭内に新築した藩の教育機関（施設）である。増裕はこの学問所を新たに作新館と命名し、三田称平（地山）を学頭に据えている。

藩治職制から版籍奉還へ

会津藩が降伏し、内乱状態を実質的に脱した新政府は、急ぎ、統治機構の一元化を進め、近代的な統一国家の形成を目指した。この間に新政府は五箇条の誓文や東京遷都、明治改元に伴う一世一元制などを矢継ぎ早に繰り出している。

明治元年（一八六八）一〇月には、権力を太政官に集中させる藩治職制《はんちしょくせい》を布告し、版籍奉還から廃藩置県に至る中央集権化への第一歩を踏み出した。府・藩・県の三治一致を目指す藩治職制はその第一に、各藩でまちまちの幹部職制を執政・参政・公議人の三職に統一することを命じた。いずれの職制も新政府の意を体《たい》し、執政は藩主を補佐し、参政は庶務を司り、公議人は執政・参政の中から

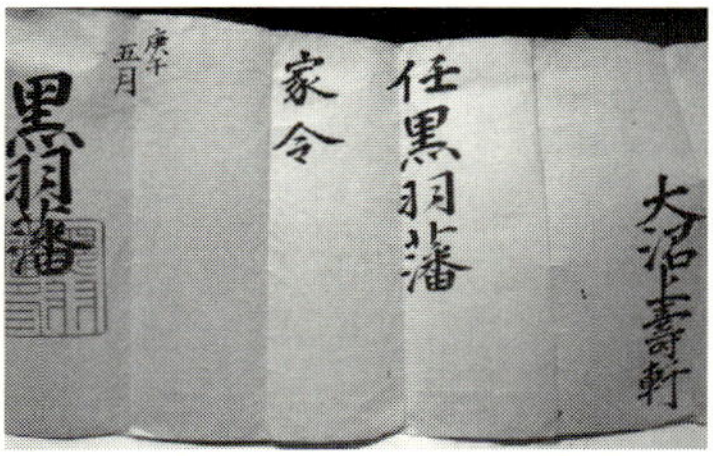

維新後に登用され、いささかの復権を遂げた上寿軒（半太夫、大田原市黒羽芭蕉の館所蔵）

選んで藩論を代表し、公議所のメンバーの一員になることを求めている。公議所は、議会制を導入して政策の合意形成を図ろうとする新政府の試みであった。その人選に当たっては、旧来の門閥にとらわれず、人材登用を求め、加えて藩政と藩主の家政とを切り離し、家知事を置くように命じた。

黒羽藩ではこれを受けて明治二年（一八六九）三月、執政に浄法寺頼母・益子右近を、参政に村上一学・五月女三左衛門を選任し、家老職の横滑りでこれに対応している。とはいえ、他の役職に就いた顔ぶれからは、大沼渉・安藤小太郎など戊辰戦役を最前線で戦った中堅層の台頭も見られ、世代交代と新しい陣容への移行を窺わせた。ちなみに、大沼渉はこの時、軍務副総監として家知事を兼務し、六名の家知事の中にその名を連ねている。

併行して、家臣団の職階ランクも改正した。黒羽藩では旧来の多岐に渡る身分を整理して一～六等を設定し、執政・参政の一等を除くほとんどを二等に分類し、格差の解消を図っている。こうした取り組みは無論、新政府の意向や動向に沿ったものであった。

さらに六月には、年初に薩長土肥の四藩主らが上表《じょうひょう》し、各藩がこれに従った版籍奉還に対する勅許が下り、一六代増勤は黒羽藩知事に任命された。併せて求められた諸務変革を受け、藩は執政・参政を廃し、八月の選挙によって大・小参事を選出。大参事に浄法寺頼母、権大参事に大沼渉、小参事に簗瀬太郎兵衛・大塚仁左衛門、権小参事に安藤小太郎・久野重兵衛（以上は公選）らが、さらに家令には大沼上寿軒が任命された。上寿軒は、半太夫茂寛の晩年の呼称である。

以上から、明治二年（一八六九）の僅か数か月間に、浄法寺を除く益子・村上・五月女ら元家老の名が消え、新役が太政官から直接に任命されたことなどかららも、時流の目まぐるしい変化が目に見えるようである。

増裕没後に迎えた新藩主一六代増勤を囲んで。後列左が三田称平（大田原市黒羽芭蕉の館所蔵）

変革期を先導した三田称平

黒羽藩はまた、同年七月に公議所を改称した集議院の公議人選挙を、一一月に実施している。集議院は、新政府の議事諮問並びに各藩の協力機関として位置づけられ、藩が選出した公議人によって構成された。

黒羽藩の公議人選挙は、二等官以上の九一名の職制による入札で行われ、三田称平（地山）が六三札を獲得する圧倒多数で選ばれた。次点には大差で八札の大沼上寿軒（半太夫茂寛）が続き、次いで益子右近や五月女三左衛門らが四札で並んでいる。三田はそのまま藩の権大参事に任命され、内政担当の権大参事大沼渉とその役割を分かち合った。

三田称平（地山）はこの時、文化九年（一八一二）生まれの五八歳であった。彼は、少年時代に儒学を上寿軒（半太夫茂寛）の父大沼茂清（金門）に、国学を叔父の小山田栄樹（稲所）に学んだ。その後、一二代増儀に従って江戸勤番を命じられた時には安積艮斎に入門し、大坂城加番を担う藩主に随従した折りは大塩平八郎の教えを受けている。

三田が文久三年（一八六三）に藩校作新館の学頭に就任したことは先述した。戊辰の役では、藩論を新政府支持に統一するために貢献し、一六代増勤に版籍奉還を進言して、その上表文を作成している。最晩年には地山堂家塾を開設し、郷党の子弟教育に力を注いだ。

中央集権化へ財政改革

職制機構を中心とするこのような藩政（行政）改革にも増して、幕藩体制の解体に大きなインパクトを与えたのが、財政改革であった。商品・貨幣経済の発展が各藩の財政状況を悪化させる根本要因になったことは、黒羽藩の財政再建問題で見た通りである。

加えて黒羽藩の場合は、新政府に加担して藩勢力のすべてを戊辰戦役に傾けたために、過重な戦費の負担が想像を超えていた。明治二年（一八六九）一〇月段階で、黒羽藩が抱える藩債は七万五〇〇〇両を超えるという記録もある。

新政府は、各藩が抱えるそうした財政危機を、幕藩体制の解体に結びつけて捉えた。その柱に据えたのが、家臣団の人員削減と身分格式や俸禄の平準化によるコストダウンである。先ずは版籍奉還後に、藩主であった藩知事に対して諸務変革を命じ、藩知事の家禄を現石の一〇分の一に定めている。家禄はすべて新政府が与える形式を整え、家臣団の俸禄も「適宜」圧縮・削減を求めた。藩主の一門以下、平士に至る家臣団はすべて「士族」と見做し、家格の優劣を排して士族の等質化を経済的に図ったのである。

黒羽藩でも早速、家臣団の人員と俸禄の削減に取り組んだ。その概略は、身分によるタテの格差の圧縮・縮小を基本に、上・中・下士層のグループ毎にヨコの減員・減禄を按配《あんばい》し、人員は上・下士層に厳しく、俸禄は上士層に厳しい「上損下益」の削減率で臨んでいる。

例えば、明治二年（一八六九）と明治四年（一八七一）対比の士族の人員は、一六石以上を三一名から二一名に、一四〜一〇石を五〇名から四七名に、八〜六石を一四二名から八六名に削減している。リストラに遭遇した家臣の多くは、路頭に迷う思いであったろう。

また、俸禄については明治二年（一八六九）と明治三年（一八七〇）対比で、五〇〇〜二〇〇石層の一六石を、五〇〇〜一四〇石層まで広げ、一八〇〜一〇〇石層の一三・六石を一二〇〜七〇石層の一四石に減禄を緩和し、以下、下層になるほど減禄を緩《ゆる》やかにしている。そうしなければ、窮乏化する家中にあって微禄に苦しむ家臣によっては、食うに困る者さえ出かねなかったからである。

ともあれ黒羽藩も、家臣団の身分格差をドラスティックに平準化し、人員を大幅に削減した。来るべき事態が来たとはいえ、家中の衝撃は大きかった。新政府による中央集権化が加速し、藩が地方の一行政機関に成り下がっていく目の前の事態に、彼らは何を感じたか。藩に依拠する前途を絶たれて動揺する家臣団の思《おも》惑《わく》が偲ばれる。まさに「散る桜、残る桜も散る桜」と言ったところか。

間もなく、明治四年（一八七一）七月には、廃藩置県が宣告される。

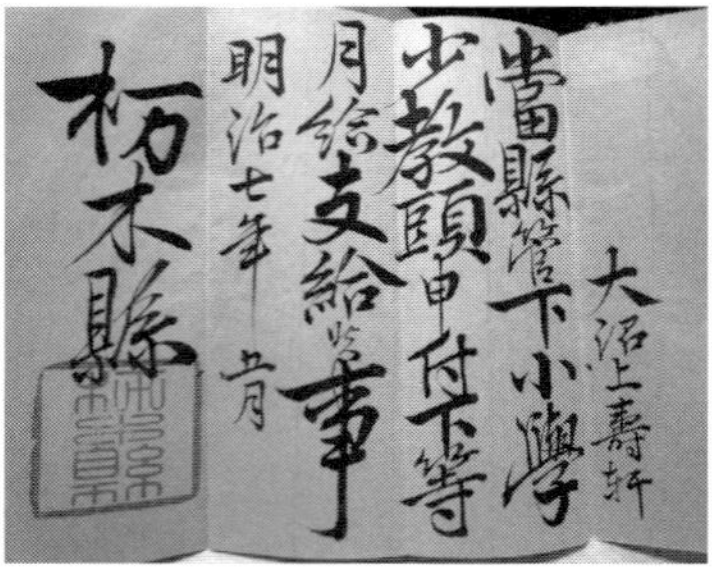

教育界に転身する上寿軒（大田原市黒羽芭蕉の館所蔵）

大田原市立黒羽小学校に保存されている明治初期の「作新館」の格天井。二三名の寄せ書きのなかに「孜々として並奏す作新の功」と認めた大沼上寿軒（半太夫）の漢詩もある

最晩年を教育に捧げた上寿軒

この間の目まぐるしい黒羽藩人事の中で、心に懸かったことがある。大沼上寿軒（半太夫茂寛）の去就についてである。彼は、二代に渡る藩主すなわち養嗣子として襲封した一四代増徳（増式）と一五代増裕から、御役取上・蟄居などの処分を食らっている。にもかかわらず、元号が明治に代わると、すでに六〇代半ばに差し掛かっている彼の名前が公議人選挙に浮上したり、再び公の場に引っ張り出されたりしているからである。

明治二年（一八六九）から翌々年（一八七一）までに彼は、作新館学頭や家令、作新館教授などを短期間歴任し、明治七年（一八七四）五月から同九年（一八七六）四月までは、開達校（旧黒羽町立川西小学校）と湯津上小学校（旧湯津上村）の初代校長を兼務している。大田原市立湯津上小学校の校長室には現在、上寿軒の木札が歴代校長の木札と共に、その筆頭に掲げられている。

また、先述の通り、明治二年（一八六九）一一月の公議人選挙において彼は、二等官以上九一名の選挙人から八札の入札を得ている。六三札を獲得した三田称

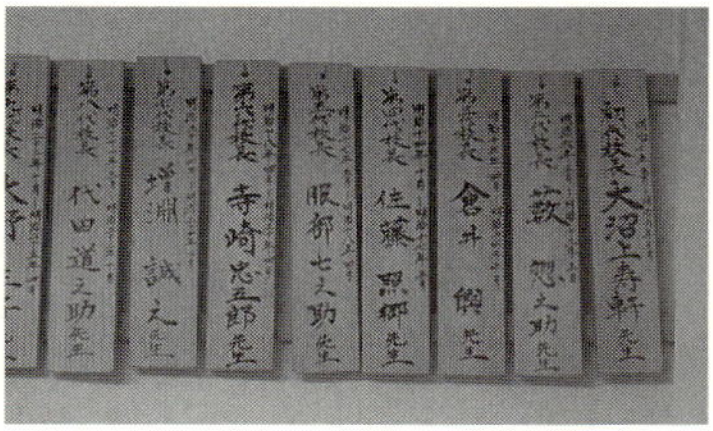
湯津上小学校の歴代校長木札

平（地山）とは比較にならないが、彼は他の家老職経験者を抑えて次点となった。この選挙は、三田の信任を問うようなものであったから、大沼上寿軒（半太夫茂寛）には意外にも、時流に無縁のシンパがいたのであろうか。そのシンパシーの由来や背景を様々に考えさせられた。

大沼上寿軒（半太夫茂寛）は、明治十一年（一八七八）九月八日に、七三歳でこの世を去った。幕藩体制の矛盾や限界が露呈する幕末に、彼は零細小藩の疲弊や腐敗を自ら体現して生きた。維新初期に残された最晩年を、転身して教育界に捧げ、帰らぬ人となった彼の胸中を知りたく思った。

しかし、黙して語らず。彼はひとことの証言も残さなかった。大沼分家が残した古文書の中で際立つのは、幕末から明治初期にかけて受領した夥しい数の「拝借金証文」（借用証書）の類ばかりなのである。

上寿軒の一族とその後

上寿軒（半太夫茂寛）は、陸奥国白河郡会津町の三宅三郎右衛門景程の長女千枝（チエ・チイ）を娶った。二人は嘉永五年（一八五二）五月に、長男亀《たから》を授かる。亀は明治九年（一八七六）一月に開校したばかりの川西開達分校（旧両郷村立西小学校）の教員などを務めている。この小学校は、同年一二月に黒羽作新館分校となった。

亀は、白河藩主阿部氏の家臣で禄高三六〇石であった石岡十（郎）右衛門の三女クマを娶ったが、その妻との間に子がなく、大沼本家の渉の三男不可止《ふかし》を養嗣子に迎えている。不可止は明治一〇年（一八七七）、渉が西南戦争から凱旋した年の一〇月に東京・麹町で生まれている。

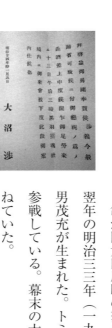

亀が旧大田原町の落合充美の長女トミと再婚したのは、先妻のクマと死別した翌年の明治三三年（一九〇〇）三月のことである。その翌年には、二人の間に長男茂充が生まれた。トミの父充美は、二六歳の時に戊辰の役で会津若松城攻略に参戦している。幕末の大田原藩では禄高一〇〇石を拝領し、上級家臣団に名を連ねていた。

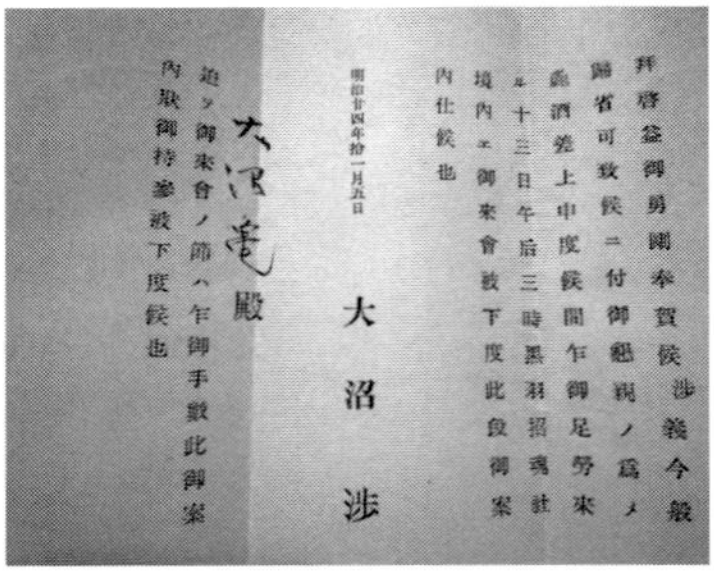
拝啓益御勇健奉賀候 渉義今般
帰省可致候ニ付御懇親ノ為メ
粗酒差上申度候間乍御足労来
ル十三日午后三時黒羽招魂社
境内ヘ御来會被下度此段御案
内仕候也
明治廿四年拾一月五日
大沼渉
大沼亀殿
追テ御来會ノ節ハ乍御手数此御案
内状御持参被下度候也

大沼本・分家の親交が窺える招待状（大田原市黒羽芭蕉の館所蔵）

亀の後妻トミは、女子教育に力を注いで大沼女塾を主宰し、後に私立黒羽女塾の副塾長を務めている。女塾の沿革には「裁縫ヲ主トシテ傍ラ女子必須ノ学科ヲ授ケ家庭的組織トシ専ラ華ヲ去リ実ニ就キ特ニ従順、貞操、淑徳ヲ涵養シ以テ他日良妻タルノ薫陶ヲ期図セリ」（大田原市黒羽芭蕉の館所蔵「大沼家文書」）とある。本科・別科を設け、それぞれ五〇名余・二五名余の生徒を擁した。これは、亀の家が食べていく一助であったのかもしれない。

ちなみに亀は、新政府が「秩禄処分」の一環として公布した明治六年（一八七三）の太政官布告第四二五号に基づき、翌年及び翌々年に初代の栃木県令鍋島幹《みき》宛に「家禄（現米一六石・永世）奉還願」を提出している。

この布告に応じれば、世襲の家禄である永世禄の場合、その六か年分が現金と八分利子付きの秩禄公債との半額ずつで支給されることになっていた。さらに官有林野の払い下げが、代価の半額で受けられるなどの便宜も図られた。新政府は、士族の就産（帰農工商）について自助努力を基本に据えながらも、過渡的に一定の救済策を講じ、その促進を図ったが、いわゆる「武士の商法」で苦境に陥る士族が続出したことは周知の通りである。大沼分家のこの間の動揺も、目に浮かぶようである。

大正五年（一九一六）六月には、亀が六五歳で長逝し、不可止が家督を相続したが、太平洋戦争末期に今度は本家で家督を継ぐ男子が亡くなり、不可止は分家の家督を茂充に譲って実家に戻り、本家の家督を継承した。

ちなみに不可止は、実父渉に倣って陸軍に入り、日露戦争に軍医として従軍。

岡加祢（カネ）

岡家の墓地に眠る斧四郎と加祢（カネ）の合墓

後に東京・牛込原町で内科・小児科医院を開業し、法政大学の校医なども務めた。妻には、明治四三年（一九一〇）一〇月に島根県大田《おおだ》市から恒松彊の双子の娘のうち、姉のサイを娶っている。

上寿軒（半太夫茂寛）と千枝（チエ・チイ）の間には、長男亀の下に安政三年（一八五六）一月生まれの二女加祢（カネ）がいた。彼女は上寿軒（半太夫茂寛）が他界した二年後の明治一三年（一八八〇）六月に、近接する旧大内村の盛泉温泉神社で神官を務めた岡数馬の末弟斧四郎に嫁いでいる。数馬は既述の通り、文久二年（一八六二）秋に、はやり病の麻疹（はしか）に襲われ、早世している。

斧四郎と加祢（カネ）の二人が結ばれた由縁は分からない。両家の華燭の宴の様子も不明である。ただ、大沼一族の東京関係者も列席し、鄙《ひな》にはまれな華やぎが添えられたと伝わる。今からおよそ一四〇年前、斧四郎三四歳、加祢（カネ）二五歳の夏のことであった。その二人も、斧四郎は大正七年（一九一八）一二月に七二歳で、加祢（カネ）は大正八年（一九一九）一二月に六四歳で亡くなり、三本の樅の巨樹が聳える岡家の墓地に眠っている。

一つだけ、合縁奇縁と言ってもよい岡・大沼両家の間柄に気付かされたことがある。加祢（カネ）の祖父すなわち父上寿軒（半太夫茂寛）の実父に当たる助兵

総茅葺き屋根の禅寺、大雄寺。参道から総門を経て本堂（左）に至る間に、森閑とした気配に満たされる。二〇一七年には国の重要文化財指定に

衛茂清（金門）の実家塚田氏が、斧四郎の高台の家から境明神峠を挟んで僅か数キロ先の同じ街道筋に居を構えているということであった。

静謐に息づく時の流れ

那珂川の清流を見下ろし、彼方に那須連山を眺望する黒羽城は、断崖の上に物見台を備えた広壮な屋形を構えていた。屋形の周囲に石垣はほとんど見られず、高い土塁と深い空壕《からぼり》を複雑に巡らせ、重臣層の屋敷で幾重にも守りを固めていた。この御城山（御殿山）の一角、本丸の南に位置する地続きに、これもまた土塁を巡らせた黒羽山久遠院大雄寺《だいおうじ》がある。

曹洞宗のこの古刹は、城を守る砦の機能を備え、藩主大関家の菩提寺として今日に至っている。応永一一年（一四〇四）に創建され、元は那珂川の対岸数キロ先に見える小高い丘の上の白旗城と共にあったが焼失し、文安五年（一四四八）に大関忠増《ただます》が再建。天正四年（一五七六）に高増が城ぐるみで現在地に移転させている。

寺によれば、高増の先代増次を中興の祖とするこの古刹の伽藍《がらん》は、文安五年

大関氏累代の墓域

大沼分家の墓地（右）と上寿軒・千枝（チエ・チイ）の合墓（左）

（一四四八）再建当時のものである。室町時代の建築様式を残した総茅葺きの落ち着き払った本堂・庫裡《くり》・禅堂・回廊などが、鬱蒼とした木立の中に佇んでいる。

その境内にある左手の墓地を訪ねた。藩主大関氏を頂点とする家臣団の墓地が黒々とした木立に守られ、山中の傾斜に沿って広がっている。大関氏累代の墓碑が鎮まる高台から下段へ順次、歴代の宿老を輩出した家名の墓地が居並び、以下、中世以来の家格を偲ばせるような墓地が狭い空の下に連なっている。ふと、屋形の大広間に参集した家臣団の中に紛《まぎ》れ込んだような不思議な気分に見舞われた。

上寿軒（半太夫茂寛）も、千枝（チエ・チイ）と共に、この寺の大沼分家の墓地に眠っている。大雄寺では、大沼本家の墓地が分家より下段の位置にある。これは、不可止の代になって本家が東京からの墓参の利便性を考え、当寺に後から新たな墓地を設けたからだと言われる。大沼本家の本菩提寺に当たる光厳寺が、山里の奥にあって交通の便を欠いていたからである。

小著を取り纏めるにあたり、数々の寺社仏閣や大小の墓地を参拝し騒がせた。幽明境を異にし、あるいは今昔を超えて静謐《せいひつ》に息づく時の流れに触れ、いつの時代もその時代を生きる人間にとっては一回性の命懸けに他《ほか》ならないことを改めて思い知らされた。月並みに言えば「いのちの愛《いと》おしさ」に気付き、換言すれば、幾千幾万の「末期の眼差し」に晒《さら》されたような、ふるさとへの旅となった。

大西郷と大沼渉との出逢い

第二部の最後に、北関東の辺境の地を飛び出し、後に郷里の英傑と称《たた》えられた二人の人物のその後を辿っておく。一人は、「武官」として軍人の道を突き進んだ大沼渉、もう一人は、「文官」として民政家の道を歩むことになった北島秀朝（益子孝之助）である。惜しむらくは、二人とも志半ばで病死している。

大沼渉が明治二年（一八六九）六月の版籍奉還の後、諸務変革による藩内の八月選挙で黒羽藩権大参事に選ばれたことについては先述した。その後、明治四年（一八七一）七月に廃藩置県が宣告されると、渉は宇都宮県に出仕して権典事に、翌年六月には大属に昇進するが、自ら願って官を辞し、黒羽に帰っている。

ところが、その筋からの勧めがあり、同年九月には茨城県に再出仕した。かくて明治六年（一八七三）三月に同県典事に、さらに九月には大属に任じられた。

三〇代に差し掛かる渉の、この落ち着きのなさは何に由来するのか。恐らくは、官僚組織の居心地の悪さや「文官」としての相性《あいしょう》に密かに悩み続けていたに違いない。

彼は戊辰の役で、黒羽藩軍監として幾多の戦場を転戦した。常に最前線に立って指揮を執ってきた体験と「文官」の日常とのギャップに悶々《もんもん》としていたのではないか。

大沼渉（『続大沼家の人々』）

渉は、唐突に鹿児島へ向かった。戊辰戦場で行動を共にした中村半次郎（桐野利秋）ら薩摩藩士から、西郷隆盛の人柄や評判を聞かされていたからである。折りから西郷は、岩倉具視や大久保利通らとの間で征韓論争に破れ、鹿児島に帰っていた。その「西郷さんに逢ってみたい」との一念であったに違いない。

紹介状も持たずに訪ねた西郷に面談を

西郷隆盛（国立国会図書館内「近代日本人の肖像」web サイト）

許され、二人は戊辰戦役の話題などで盛り上がった。渉は、西郷から「おはんは文官の柄じゃなか。軍人になったほうがよか」という言葉を得る。翌七年（一八七四）四月には、渉に陸軍省から出頭命令が下った。上京するや陸軍少佐の辞令を受ける。この時、渉は三一歳。同年六月には、陸軍省第二局第三課長を拝命している。

陸軍省は、明治五年（一八七二）二月に兵部省を廃して設置された。翌六年（一八七三）四月の陸軍省職制並びに条例で定められた第二局の任務は、「歩兵・騎兵」に関する事務を取り扱い、その第三課は「調馬」を管掌とした。渉は、欠員となっていた第三課長に就任する。

この頃には江藤新平の佐賀の乱に続き、廃刀令や秩禄処分で特権を失った不平士族による不穏の動きが各地に見られた。神風連・秋月・萩の乱などが相次ぎ、いよいよ目の前に西南戦争が迫っていた。

渉は、東京で居ても立っても居られず、病気と触れ込み人目を忍び、鹿児島に再び西郷を訪ねた。西郷の意向によっては、身ぐるみ加担する覚悟を秘めていたのである。取り巻きの門前払いを許され、再会した西郷は「やあ大沼君、よう訪ねてくれもした」と喜んだという。

山県有朋（国立国会図書館内「近代日本人の肖像」web サイト）

大田原市立黒羽小学校に移築されて残る侍門。木羽屋根のこの門は大沼渉家のものであったと伝えられる

四～五ヨ逗留《とうりゅう》する間に西郷が語った言葉を、渉は後年、周囲に幾度となく繰り返した。「大沼君、おはんはどうか、おいどんがするこっちゃ構わんと、どこんまでも武人として一生大君のために尽くしてくだされ」——その言葉を胸に帰還した渉に、大阪（大坂）で鹿児島征討軍団付の命令が下った。明治一〇年（一八七七）四月。彼は遊撃別手組を率いて早速熊本に赴き、翌五月には鹿児島において遊撃歩兵第二大隊（仮称は征討第四旅団第三大隊）総員八九二名の大隊長を命じられた。

大西郷を偲ぶ政府軍将兵

以後の戦役は省略し、西南戦争の最終局面における鹿児島市街戦で、政府軍はついに西郷軍を包囲。同年九月二四日午前四時に開始した政府軍の城山総攻撃の陣にあって、西郷らが立て籠もる岩崎谷方面を担当したのが、大沼大隊が所属する第四旅団であった。

政府軍は各旅団から二個中隊ずつ精鋭を選抜。第四旅団からは特に三個中隊を選び、そのうちの二個中隊を大沼大隊から選出した。戦闘は白兵戦となり、この

光厳寺にある大沼本家の墓地。渉もここに眠る

渉の曾孫、次田万貴子の撰文による墓の由来。次田は小説『那須の氷雪』などを上梓している

日の午前七時には、政府軍の凱歌となる祝砲が鹿児島の空に鳴り響いた。

流れ弾に当たって負傷した西郷が、「しんドン、しんドン、もうここで良かろう」と側近の別府晋助に介錯《かいしゃく》を依頼。別府は「ご免なったもんし」と西郷の首を切り落とした。その別府も弾丸の中に飛び込み、岩崎谷の堡塁《ほうるい》で奮戦していた桐野利秋や村田新八らと共に、この最終決戦で戦死する。西郷の遺体は胴体だけで発見され、その首級を発見したのが、奇《く》しくも大沼大隊配下の一兵卒前田恒光であった。

西郷の首級に、渉はもとより、征討軍参軍を務めた山県有朋ら政府軍の将兵も、悄然《しょうぜん》として落涙を禁じえなかったと伝える。この年の一〇月に生まれた三男を、渉は不可止と命名した。「止むべからず」には、西郷に寄せた渉の万感の思いが込められていた。

渉はその後、明治一一年（一八七八）に陸軍中佐に昇進し仙台鎮台歩兵第四連隊長に、同一五年（一八八二）には陸軍大佐に、さらに同一八年（一八八五）には陸軍少将として広島鎮台歩兵第九旅団長に、同二四年（一八九一）には近衛歩兵第一旅団長に就任するが、かねてからの眼病を悪化させ、休職を余儀なくされた。

その頃、勅選の貴族院議員に内定したが「政治家はもってのほか」と固辞する一徹さを見せた。五六歳で病没する明治三二年（一八九九）には、男爵を授けられた。刀剣を愛し、達磨《だるま》の絵を得意とした渉は、数々の軍功を残し、根っからの武人としてその生涯を貫いた。

益子孝之助（北島秀朝、益子英一氏所蔵）

渉の三男不可止が、大沼本家を継承したのは、長兄盾雄の直系男子が早世したからであった。しかし、不可止の男子二人も太平洋戦争でそれぞれ戦病死・戦死し、大沼本家は、最後に残された不可止の妻サイが昭和六二年（一九八七）一〇月に長寿を全うしたところで断絶する。

江藤新平と益子孝之助

水戸藩馬頭郷校で岡数馬らと机を並べた益子孝之助（北島秀朝）が、戊辰の役

江藤新平（国立国会図書館内「近代日本人の肖像」web サイト）

で斬首された近藤勇の首級を京都に護送したのは、慶応四年（明治元年・一八六八）の晩春であった。北島がこの時、東山道軍総督府大監察の立場にあって、関東の情勢報告や大軍の派遣要請の任を帯び、上京予定であったことは先に触れた。上京した北島は岩倉具視に会い、子息具定・具経の活躍を報告。さらに、天皇の江戸行幸と江戸を東京に改める建白書を提出し、同年五月には江戸に帰還。間もなく、江戸鎮台府判事に任命された。

そこで彼は、江藤新平らと「民生兼会計」を担当した。北島と江藤との親交は、この時に始まった。江藤は佐賀藩出身の俊英で、後に文部大輔《もんぶたいふ》・司法卿など新政府の重責を歴任。明治国家の教育・司法制度などを構築した後、明治六年（一八七三）の政変で下野し、故郷に帰って佐賀の乱に巻き込まれ、梟首《きょうしゅ》の極刑に処せられた。

北島が先駆けた、江戸を東京に改称する建議については、江藤や大木喬任《たかとう》らも同様の建白を行っている。これらの建白を受けた新政府内の動きを踏まえ、三条実美・大久保利通・木戸孝允らが協議を重ね、明治元年（一八六八）七月に改称決定に至り、東京遷都の詔《みことのり》に実を結ぶ。

天皇は九月二〇日に京都を発ち、一〇月一二日に東京に到着。翌一三日に江戸

明治天皇肖像（大洗町幕末と明治の博物館所蔵）

城に入って、これを東京城と改称した。この行幸のために大久保は、前月に京都・東京間を往復する。その後、しばらく東京に滞在した天皇は、一二月八日に東京を発ち、いったん京都に戻って激しい遷都反対論を抑え、翌年三月、再び東京に戻り、東京城を皇居と定めた。

北島は、明治元年（一八六八）七月に鎮将府会計局判事に、一〇月には東京府判事に任命された。彼の任務は、幕府崩壊によって路頭に迷った士族や都市貧窮民に対する授産事業の下総開墾事業を具体化することにあった。この大事業は明治二年（一八六九）五月に、新政府の民部官直轄に移管され、彼は東京府判事を兼ねながら、下総国開墾局知事として引き続きこれに尽力する。同年七月には東京府権大参事に、翌年七月にはさらに東京府大参事に昇進した。

ちなみに、下総国開墾事業の成果は、明治四年（一八七一）の調べによれば、入植戸数一七一五戸・六〇四四名、開墾面積二〇六九ヘクタールとある。

また、明治二年（一八六九）九月には、王政復古・新政府の基礎確立に文勲を以て貢献した功績により、北島は三四名の「復古功臣」の一人として終身一〇〇石を下賜された。北島はこの時、二八歳。賞禄こそ少なかったが、三条・岩倉・木戸・大久保・山内豊信・伊達宗城・徳川慶勝・松平慶永らと共にその名を連ねた。

明治四年(一八七一)七月の廃藩置県後は、翌年一月に和歌山県権令(五等官)として任地に赴き、さらに明治六年(一八七三)一月には同県令(四等官)に任じられるが、健康に優れず二年足らずで辞任する。病気療養に専念していた「御用滞在中」の北島に、佐賀県令の下命があったのは明治七年(一八七四)四月である。内務卿大久保の推挙により、岩倉が受諾を説得。北島は「憤然」としてこれを受けた。

大久保も岩倉も、民政家としての北島の手腕を高く評価していた。しかし、北島にしてみれば佐賀赴任は、苦楽を共に刎頸《ふんけい》の交わりを結んだ江藤新平が極刑に見舞われた地での用務であった。下命に応じた北島は、乱後の戦禍と混乱に加え、折りからの天災に疲弊した任地の救済と復興に情熱を傾けた。明治九年(一八七六)には県の統廃合に伴って長崎県令となり、公立師範学校の設立や港湾改良工事などに傾注した。

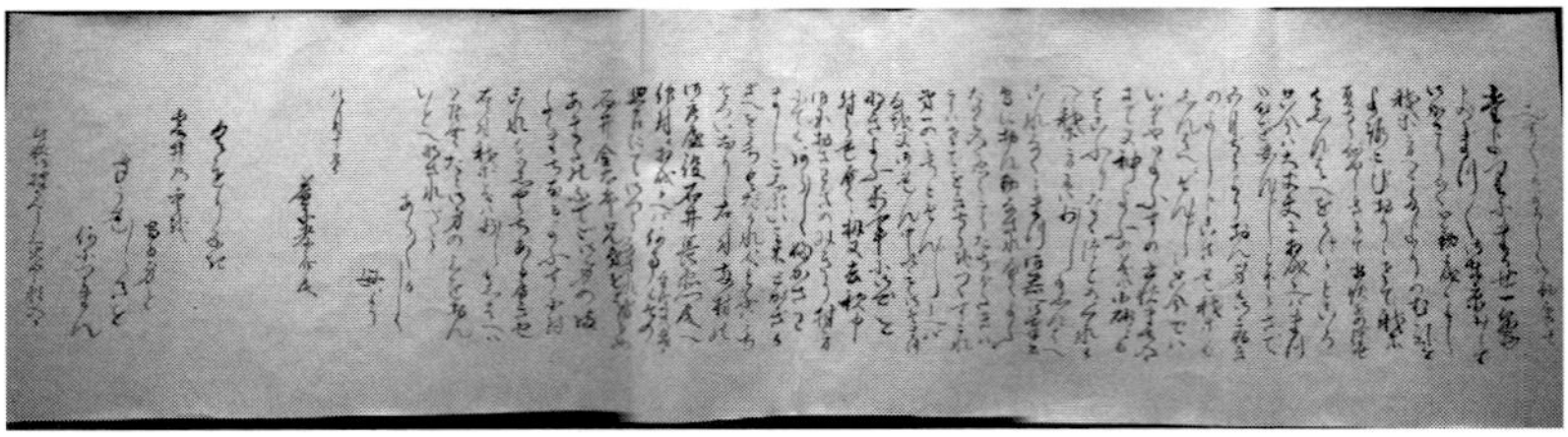

母ひさが孝之助に送った手紙（那珂川町馬頭郷土資料館所蔵）

長崎県令として命捧げる

世情はしかし、不平士族の反乱が後を絶たず、間もなく西南戦争に突入する。北島は民心の安定と警備の強化に奮闘。西郷の自刃で戦乱が収まる間もなく、長崎の地にコレラが蔓延し、猖獗を極めた。その防疫対策に走り回り、部下の進言を無視して病院患者を見舞い、みずから感染して発病三日後に三六歳の若さで急逝してしまった。明治一〇年（一八七七）一〇月一〇日のことである。北島の遺骸は、長崎港を一望する小高い丘の上に埋葬された。長崎公園には、彼の七周忌に建てられた顕彰碑が残された。

激務に次ぐ激務を担う上で、頑健とは言い難かった北島。その彼が若くして国事に奔走する京都に向け、母ひさが書き送った手紙が残っている。「かへすがへすもよろしく御勤なされ」と冒頭に書き添えられたこの手紙の日付は、慶応元年（一八六五）八月一九日。

五月中より御身も御病気のよし申し越され、我等も心配に存じ候、只今では、いかがや、御様子の書状待ち入候、（中略）我等方には、少しも心配

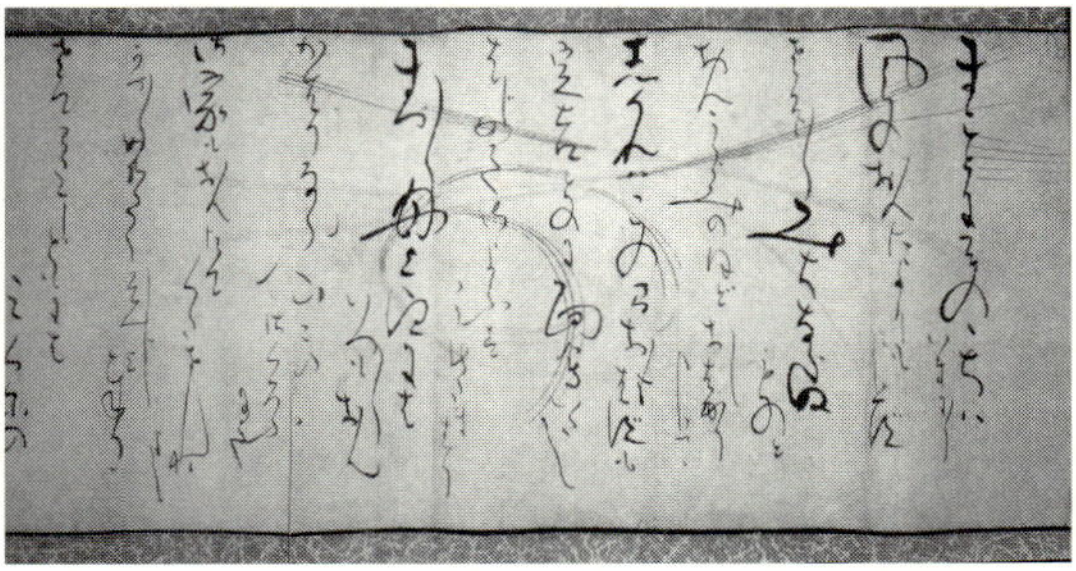
母宛の孝之助の別の手紙（部分、那珂川町馬頭郷土資料館所蔵）

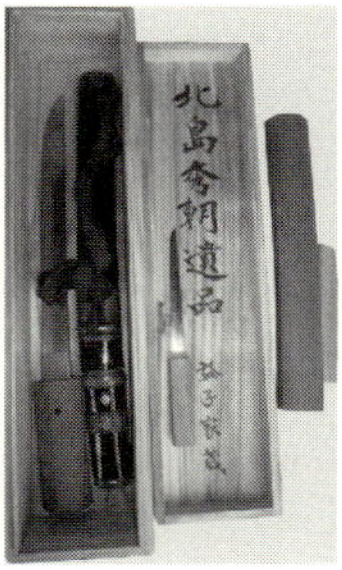

北島秀朝遺品（益子英一氏所蔵）

これなく候、まず御君へ御奉公専らに御勤めなされべくよう頼み入り候、忠孝たちがたきは、孝はさておき、忠をつくす、これ第一の道と存じ候えば、なおまた、御簾中へも御そまつなきよう、万事に御心を付けられべく候（『県令　北島秀朝関係書簡集』）

北島も慶応二〜三年（一八六六〜六七）に、母に宛てた書簡で、次のように認めている。

君の為とは申しながら、うみより深き御母うえに、やまやまの御心配ばかり相かけ、さだめし不幸ものと御さげすみの程、さっしあげ候えども、かかるとき国の為ちからをつくし候は、人間の道なれば、あしからず思し召し下され候様、あおぎ願い上げ申し候（同前）

動乱の幕末・維新期に生きた母子の真情は、同時代を真剣に生き抜いた人びとに共通の思いであったろうか。

北島は、和歌山県権令として任地に赴《おもむ》くにあたり、一度故郷の大山田下郷村に顔を出し、国事にかまけて家を顧みることが出来なかった親不孝を詫びた。その後は異郷の地にあって忙殺され、明治八年（一八七五）九月に永眠した母の葬儀にも駆けつけることが出来なかった。

補遺

花立峠の碑

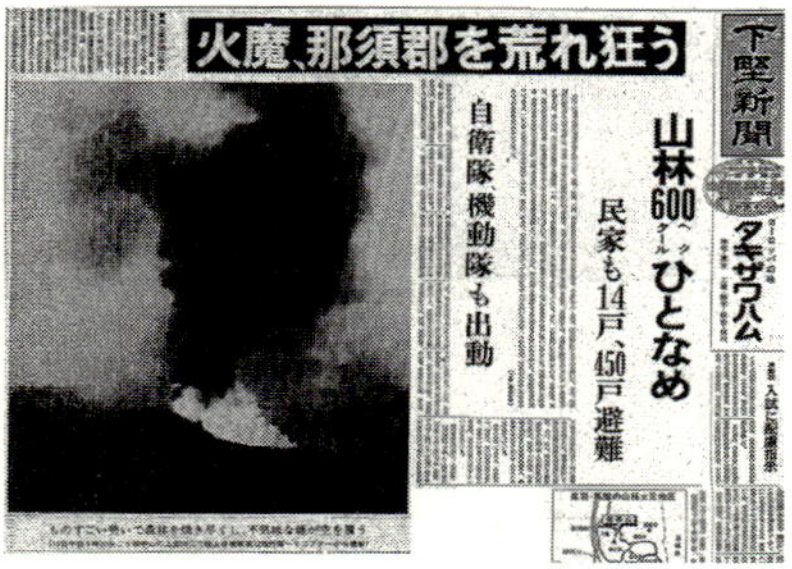
下野新聞

火魔、那須郡を荒れ狂う

山林600ヘクタールひとなめ

民家も14戸、450戸避難

自衛隊 機動隊も出動

（『下野新聞』昭和52年3月16日付）

花館山の花立峠に立つ

林道の鶴居峠御前岩線を走って、末弟と花立峠を目指した。

標高四〇〇メートル余の花館山の頂にある「紀恩之碑」の前に立ちたかったからである。その碑は、旧馬頭町大字小砂字立野の八溝山系に連なる山また山の中にある。謂《いわ》れを知らないが、峠も山も洒落《しゃれ》た名前を戴いている。

暗い木立に覆われた葛折《つづらおり》の急峻な山道を車で上り詰めた中腹で眺望が開け、思いがけず、小さな堂宇の前に出た。医王山高倉院東光寺である。背後に杉木立が迫り、寺の前の傾斜地を開いた畑中に、一軒の農家があった。声を掛けたが留守らしい。犬がしきりに高い声を上げた。

東光寺は、寺の縁起によれば大同二年（八〇七）に開基し、薬師瑠璃光如来を祀ったと伝えられる。宝暦五年（一七五五）と昭和五二年（一九七七）の二度の大火に遭い、創建当時の堂塔はすべて失われてしまった。明治初期に廃寺となり、平成元年（一九八九）に土地の有志が浄財を集めて本尊を納めた薬師堂を再建した。

圧巻は、寺の東南に広がる遠望であった。たたなずく山並みの彼方に、筑波山

手造りの案内札

「紀恩之碑」

らしい山容も望まれる。

「紀恩之碑」は、この寺の裏山あたりにあるようであったが、寺からの登攀《とうはん》を断念した。落ち葉が降り積もる急な坂道を再び注意深く下って、先の林道から出直した。新設の林道沿いに、手作りの粗末な道標があった。人一人がやっと抜けられそうな山道を、雑木の枝や背丈ほどに立ち枯れた雑草を払ってよじ登った。薄暗い杉木立を抜けると、頂上近くに小さな空き地が広がり、そこに聳え立つような石碑が一基佇んでいた。

明治二五年（一八九二）に建立予定であったこの石碑が、実際に建てられたのは五年後の明治三〇年（一八九七）六月である。この間に、日清戦争が介在している。石碑は、旧水戸藩領武茂郷一七か村の醵出《きょしゅつ》者（一円以上　三〇〇余名・一六か村、別添）による総額四五七円の義金で建てられた。

既述の通り、旧水戸藩領武茂郷は明治四年（一八七一）七月の廃藩置県で初め水戸県に所属した。その四か月後の全県統廃合により、下野と常陸の国名の違いを理由に宇都宮県の管轄下に編入される。思いがけない編入に、武茂郷の村々はこぞって、水戸・笠間・下館・下妻・宍戸・松岡の六県が統合した茨城県への据え置きを嘆願する。

医王山高倉院東光寺からの眺望。地平線の彼方に筑波山らしい山容も望まれる

その折の嘆願書の一通を次に紹介しておこう。武茂郷一円の神官が連署している。（今瀬瑞比古・那珂川町馬頭郷土資料館所蔵「今瀬家文書」）

以書附奉願上候事

我々会連野州一七ヶ村之儀者、水戸御領ニ罷成候以来、御代々様より厚御高恩ヲ蒙り、別ニ神道御引立之儀他邦ニ勝り、隣国之社家共迄相慕ヒ候程之御義ニ御座候、然ルニ今般御一新ニ付郡縣更ニ御改正ニ罷成候処、常陸五郡之外者茨城縣相放レ候旨奉承察候、未タ御達シ者無之候得共、那須郡ハ一圓ニ宇都宮ニ罷成候半風聞ニ在之候、天朝よりモ仰出候事、愚盲之我々共達而茨城縣へ御組入之儀奉願上候者甚恐多候得共、一躰御領内之義縁組等迄他邦ヲ堅御禁し被遊候ニ付他邦ニハ親類ト申茂無之、今更他縣ニ罷成候而者、國を移サレ候様之姿ニ而別而嘆息仕候、御領内さへ相離レ不申候ハヽ、萬一御国恩之萬分一報し候事も可在之歟と愚察仕候、何ト（ソ寛）太之御了簡ヲ以茨城縣之端ニ御居置被下度奉願上候、三百年来御国恩ヲ蒙り候儀今更他縣ニ罷成候段、氏子之者は勿論我々一同歎敷奉存候間、此段御賢察被下置候而是迄之通り茨城縣ニ御加ヒ罷成候様偏ニ奉願上候仍而

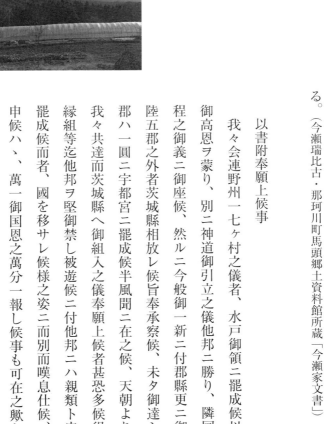

如件

明治四年未十二月

馬頭村　西山真太郎　　健武村　小松勇四郎
和見村　関力三　　大山田上郷　益子孝太郎
久那瀬村　岡哲三　　小砂村　和地誠太郎
谷川村　鈴木兼太郎　　向田村　横山三穂三
松野村　岩村三木三　　馬頭村　高瀬考次郎
大山田下郷　益子定次郎　　大内村　小室魁（彪）三
盛泉村　岡斧四郎　　健武村　今瀬健二郎

元水戸縣御役所

余談であるが、この時期の岡斧四郎は、今瀬仲と共に、武茂郷一円の神官を取りまとめる世話役を務めていた。嘆願書の連署にある今瀬健二郎は、仲の別名である。仲が何故に健二郎を名乗っていたかは分からない。あるいは、頼みにしていた長男謀太郎（健男）が京都で出奔し、慶応三年（一八六七）に二九歳の若さで落命してたことと関係があるのか。

この間、同年二月には長屋の隅から出火した火が燃え広がり、仲は「居宅長屋等不残消失」する火災に見舞われている。さらに明治三年（一八七〇）九月には、三八歳になる後妻美能《みの》の死にも遭遇していた。さすがの仲も、悲嘆の底から抜け出す機縁を求めていたのかも知れない。

とまれ、武茂郷からはその他、村役人の嘆願書が一斉に提出されたが、彼らの願いはついに聞き届けられなかった。

断念を余儀なくされた村民は、旧水戸藩の治政に対する恩顧の念を忘れがたく、一基の石碑に託した。石碑は「紀恩之碑」と名付けられ、嘆願書の提出から四半世紀以上を経て、花館山の頂に建てられた。建碑式には、一〇〇〇名余が参列。爾来、翌明治三一年（一八九八）四月一七日を第一回とする碑前祭が「紀恩祭」と銘打って挙行され、昭和二〇年（一九四五）まで続けられた。当日は、「紀恩会」員を中心に村長以下の有志や小学児童らが参列する恒例の行事になった。

碑文は、次のように記している。（薗部等「水戸藩領武茂郷の『紀恩之碑』について」）

郡縣制度は一視同仁なるに、獨り下野國那須郡武茂郷一七村は、猶水戸藩の治を懐ひて云《これ》を忘るること能はざるがごとし。水戸、曾て常陸東部と下野の一隅を領す。縣制既に立ち、下埜は栃木縣に属し、常陸は茨城縣に属せり。藩治の分合も亦此の郷に多し。何為《なんす》れぞ其れ然る乎。在昔、源威公始めて封を受け、義公之を嗣ぎ、大いに仁政を布く。烈公は祖業を恢弘して、庶績咸熙《みなひろ》がる。郷校を興して文武を教ふれば、四民盡く向ふ所を知り、稗穀を蓄へて凶荒に備ふれば、天保の大歉《けん》には民頼りて饑《うゑ》を免る。以て境界を正し、以て林制を設け、乃ち水利を通じ、乃ち道路を修む。凡そ國を治め民を安んずる者は悉く挙げて行はざるは莫く、其の澤施は後世に及ぶ。之を徴するに、遺績は則ち明治之治と略相類する者有り。舊封之民、今に迄其の徳を稱して衰へず、十七村のみ獨り其の群を離れ、均しく郡縣同仁之恩に浴すと雖も、亦懐舊の情は益々厚く、追遠の心は殊に切なる所以有る者也。茲に於て乎、闔郷胥《あひ》謀りて碑を花館山に建てんと欲し、以て藩治之美を勒し、余をして事を紀さしむ。余曾て郡村を巡り、此の山に至るに、山は常野に面して開け、遥かに水戸城に對す。高きに登りて遠く望めば、則ち故君の事績は歴歴として心目に往来し、景仰之念は更に其の深きを覺ゆ。今、地を擇ぶに實に其の所を得たる哉。余、郷人と舊有り、其の請は辭す可からず。因りて梗概を録し、以て後人に告ぐ。

石碑はこの撰文の作者を市川時叙《ときのぶ》としている。しかし、武茂郷の村民から依頼を受けた市川が、野口雨情の伯父に当たる野口勝一に代作を頼み、勝一がその草案を認めたと言われる。水戸藩最後の西郡奉行を務めた市川は、藩の内乱時に宍戸藩主松平大炊頭頼徳が率いる大発勢に加わって榊原新左衛門らと共に幕府軍に投降し、四年近く幽閉された。明治二年（一八六九）には藩の民政掛に、翌年九月の藩政改革で大属に任じられている。

黒羽藩出身の大沼渉が、茨城県に九等出仕したのが明治五年（一八七二）九月、同県大属に任命されたのが翌年九月であったから、両者があるいは庁舎内のどこかで出逢っていたかもしれない。

大金薫（那珂川町馬頭郷土資料館所蔵）

遥かに水戸城を仰ぐ「紀恩之碑」

建碑の主唱者は、小砂焼で知られる旧大山田村の大金薫であった。彼の祖父彦三郎保重の持ち山から発見された良質の陶土が機縁となり、小砂焼は九代斉昭が進める殖産興業の目玉の一つになった。薫は、小砂焼を介して旧水戸藩への思慕を深めた。彼自身も陶業の発展に力を尽くし、旧大山田村の第五代村長や栃木県議会議員などを歴任している。

彼の呼びかけに応えた武茂郷の有志の名を刻んだ石碑が、もう一基、「紀恩之碑」に至る傾斜地の杉木立の中にある。募金活動で「義金壹圓以上は別石に彫刻して建設し、壹圓以下は別に建札に記載す」とされた石碑が、これである。三〇〇名余の姓名が、醵出金額順に刻まれている。

その一覧を写した「紀恩会員名簿」（別添）によれば、武茂郷各村の歴代村長が軒並み名を連ねていることが分かる。岡斧四郎もその一人であった。斧四郎は、盛泉温泉神社の神官であった数馬の末弟である。彼は、数馬亡き後に若くして岡家の当主になり、明治一三年（一八八〇）六月に、黒羽藩の家老職を務めた大沼半太夫茂寛（上寿軒）の二女加祢（カネ）と婚姻し、同二二年（一八八九）五月から四年間、旧大内村の初代村長に在職している。

早逝した岡数馬らと馬頭郷校で机を並べ、後に長崎県令のまま病没した益子孝之助（北島秀朝）の妹てると婿養子縁組を結び、益子氏の家督を継いだ定次郎の名もある。

二代光圀と親交のあった旧小口村大金重貞の末裔久左衛門、さらには旧大内村の大金五家が続けている「大金祭り」の一員である大金茂策に連なる茂作、大金進の曽祖父に当たる佐吉、大金兼吉・房吉兄弟の父源三郎あるいは源三郎の妻ヤホの義兄に当たる川和兼吉、大金金之助の養父鈴木三代吉、和地相模の孫武之助、岡田和麿の曽祖父政之などの名も見掛ける。

八溝山麓一帯はかつて、「水府煙草」の名で知られた国内有数の煙草産地であった。武茂郷では、旧大山田村がその中心を成した。この商品作物に力を尽くし、旧大山田村の第二一代村長などを務めた矢内章の父卯之吉の名などもある。ちなみに後年、旧馬頭町議会議長を務めた矢内修は卯之吉の曾孫に当たり、郷土史にも関心が深い。矢内氏は佐竹氏の家臣であった常陸太田時代を経て、旧族郷士石井長右衛門の知行地に移り住んだと言われる。

その他、繙《ひもと》けば網の目のように広がる武茂郷一円の有志の名が、「紀恩会員名簿」に並んでいる。旧水戸藩に寄せる彼らの敬慕の念は、維新から四半世紀以上を経てなお、格別に深いものがあったということか。

「紀恩之碑」が立つ小さな空き地には、葉を落とした数本の桜の木を見かけた。春には見事な花を咲かせ、人知れず石碑を慰める。空き地はすでに丈高い雑木などに囲まれてしまい、狭くなった空から、初冬の透き通るような日差しが降り注

紅葉に彩られた黒羽神社の境内

石造の常夜灯

いでいる。建立当時は、この下十数メートルに位置する東光寺からの眺望に、勝《まさ》るとも劣らぬ視界が広がっていたに違いない。遠く水戸の地を遥拝《ようはい》するように佇む「紀恩之碑」に、往時の人々の熱い思いを重ねてみた。

昔日の影宿す黒羽神社の常夜灯

花立峠を下り、小砂の集落に入って地方道の那須黒羽茂木線を亀久から片田・北滝を経て北へ直進すると、黒羽田町に至る。およそ一二キロのこの行程は、途中、急な坂道を片田に抜けたところで、目の前に肥沃な水田地帯が広がる。那珂川左岸を占める田園の彼方には、那須岳を望むことが出来る。

旅の最後に、黒羽神社を訪れた。

黒羽神社は、明治一一年（一八七八）一〇月に黒羽招魂社として創建された。旧黒羽藩の一六代藩主増勤らが戊辰の戦没者の霊を祀り、栃木県護国神社と共に官祭招魂社の一社として指定された。その後、神社と名を変え、黒羽城址の南端の高台から街を見下ろしている。

狭い境内には、犬吠埼の灯台を模したと伝えられる石造りの常夜灯が、物静か

大内村三役と村議会議員（前列左から三人目が岡勝雄）。左の門柱に英語表記の看板があるから、未だ占領下の頃か

なモンスターのようにユーモラスな影を曳いて突っ立っている。背丈は一〇メートル余もあろうか。石造には三田称平（地山）の撰文やこれを献納した所縁の藩士たちの名前が刻まれ、大沼渉や大沼亀の名もある。往時は、この常夜灯が街のシンボルの一つでもあった。

境内は春を告げる桜で賑わい、秋の例大祭には打ち上げ花火に胸躍らせた善男善女が多数押し寄せた。大人たちは相撲や柔剣道・弓道、騎馬打球などの奉納に興奮し、子供たちは見世物や露天商の屋台に夢中になった。そんな喧騒《けんそう》が嘘のように、今は訪れる人もない。くすんだ町屋の向こうに、初冬の光を跳ね返す川面が目に染みた。

小著は「ふるさと探訪」と銘打ち、五代も遡ればどこの馬の骨とも分からぬ筆者のルーツを探索する目的で取材を始め、執筆に至った。蛇足ではあるが、父方の祖父は旧大内村で山気《やまけ》を催し、兄兼吉と共に「潰れ百姓」に転落した大金房吉である。

母方の高祖父は、文久二年（一八六二）秋に流行り病で早逝した岡数馬の末弟斧四郎である。この家もまた斧四郎の代に裸同然となった。斧四郎と大沼半太夫茂寛（上寿軒）の二女加祢（カネ）との間に生まれた一人娘タへの婿養子縁組を

最晩年の夕へ

岡勝雄（右）とサト（左）

四度も繰り返し、散財している。夕へは結局、二度目の婿養子との間に生まれた一人息子の勝雄を置いて家を出た。

勝雄は、祖父母である斧四郎・加祢（カネ）の養子になり、岡家を継いだ。彼は長く旧大内村の助役などを務めて糊口《ここう》を凌《しの》ぎ、後に旧馬頭町議会議長などに就任している。

岡家は春榮・斧四郎父子の代に、実子以外の養女や養子を養い、それぞれの独立や縁組などを世話している。なかには、久慈郡依上村相川の小松直之助の二男金次郎に嫁いだ安政五年（一八五八）生まれの養女などもいた。そんな縁からか、勝雄は、直之助の長男市蔵の孫に当たるサトを妻にしている。サトの末弟省三が、旧大内村の大金兼吉と後妻ハマとの間に生まれたキヨノと婿養子縁組をしていることなども合縁奇縁と言うほかない。さらには小松氏が、上金沢の塚田氏と縁戚に当たることなども分かった。

勝気で闊達《かったつ》なサトは、傾いた岡家を支える自負心を励みに野良仕事を引き受け、大内村農協婦人部の初代部長などを務めた。その岡家も今は継ぐ者がいない。盛泉温泉神社を背にした高台に、廃屋同然の屋敷が残るのみとなった。

雲白く、山河はどこまでも青い。

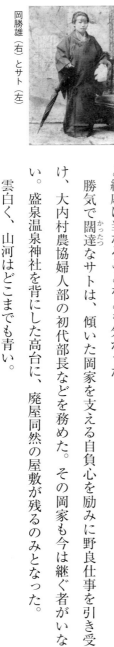

小著は山深い北関東の地で、近世末期から近代へと扉を開く激動期の人びとの物語である。

眼を閉じて瞼《まぶた》に広がる常野《じょうや》（常陸・下野）の山河は、いよいよもって茫漠《ぼうばく》とするばかりである。

明治前期のものと思われる右の一葉が「先祖の写真」として岡家に残されている。消去法で吟味し、斧四郎の壮年時代の写真ではないかと推定し、掲げておく。
なお、岡家の奥の間の鴨居に架かる二幅の肖像画の女性にも裏書きがなく、同様に吟味し、加祢（カネ）とタへとして紹介している

（別添）紀恩会員名簿

第一列			大金　菊之助	大那地	大高　梅吉		菊池　米吉
馬頭	飯塚　彌兵衛		岡　善之右エ門		大森　七三郎		三木　安之助
小口	大森　誠六		和田　力彌		大森　仙之エ門		渋井　幸吉
和見	鈴木　三代吉		川和　兼吉		笠井　佐平	下郷	橋本　孫右エ門
上郷	長谷川　千次郎		露久保　仲之助		笠井　菊松		畠山　初太郎
	益子　剛		露久保　策平		笠井　秀次郎		畠山　定蔵
	渋井　仙之エ門		薄井　鉄吉		斎藤　仁右エ門		岡　留吉
下郷	佐藤　忠夫		桑野　吉太郎		斎藤　幸重		大金　〇松
	屋代　庄助		郡司　徳次郎		菊池　三五郎	第九列	
	屋代　周平		郡司　兵右エ門		菊池　金平	下郷	和田　酉之助
小砂	星　玉吉		郡司　並右エ門		大森　孫平		田代　留吉
	堀江　孫兵衛		藤田　亀三郎	向田	磯野　元之助		高林　秋之助
	大金　兼助		小泉　金之助		磯野　宇兵衛		高野　己之太郎
	和地　武之助		小室　甲子三		大金　豊之助		屋代　初太郎
	藤田　良太		佐藤　祐吉		大金　與手吉		屋代　太吉
	藤田　十吉	和見	小高　金太郎		大金　金作		屋代　惣右エ門
	長山　長右エ門		小高　仁右エ門		和地　久兵衛		益子　兼松
	笹沼　兼次郎		小高　長右エ門		古橋　久米三		益子　亀次
	笹沼　政右エ門		小高　勝五	第七列			益子　定次郎
	三浦　熊吉		小高　徳太郎	向田	深澤　幸助		益子　宗俊
第二列			小高　惣吉		深澤　金兵衛		吹井　長次郎
大内	岡田　政之		小高　欣一		小林　源之助		深澤　政太郎
小口	大金　久左エ門		小高　治左エ門		荒井　兼吉		深澤　碧
下郷	益子　実		笹沼　宇左エ門	久那瀬	星　宇兵衛		小林　豊哉
	石井　金太郎		笹沼　啓次郎		岡　一		小口　嘉之助
	岡　熊次郎		笹沼　啓三郎		岡　金兵衛		小林　安太郎
	矢内　卯之吉		笹沼　己之助		岡　金太郎		小船　吉五郎
	益子　馬之助		木村　兼次郎		露久保　芳三		安藤　栄吉
	益子　滝次郎	第五列			黒羽　多市		佐藤　惣兵衛
	深沢　竹之助	和見	志村　直人		益子　彌兵衛		佐藤　常松
小砂	石井　留五郎		鈴木　政吉		益子　金四郎		佐藤　子之吉
	大金　富吉		鈴木　政蔵	谷川	石井　己之吉		佐藤　直次郎
	大金　保之助		鈴木　佐内		長谷川　兼三		佐藤　貞蔵
	大金　儀平	馬頭	飯塚　広吉		岡　亀太郎		佐藤　作次郎
	横山　梅吉		星　壮兵衛		黒坂　金作		佐藤　繁松
	長山　丑五郎		大内　源三		福田　辰太郎	小砂	星　倉之允
	長山　米三		大内　治兵衛		福田　政平		堀江　熊蔵

	末吉　三五郎
第三列	
和見	小高　茂左門
	藤田　銀次郎
	藤田　仙助
馬頭	西山　真太郎
	金子　倉五郎
富山	平塚　藤之助
久那瀬	益子　貢
大内	大金　茂作
上郷	矢田部　初吉
	益子　操
	菊地　栄三郎
	佐藤　忠悟
下郷	益子　清右エ門
	屋代　多一郎
	屋代　三代之助
小砂	長山　長吉
	長山　常吉
	大森　留五郎
	長山　初吉
	岡　友衛門
	内田　菊五郎
	益子　亀吉
	益子　角之助
	益子　勇之助
	藤田　兼吉
	藤田　玉吉
	藤田　広吉
	笹沼　助三郎
	末吉　玉吉
第四列	
大内	星　寅之助
	大金　源三郎
	大金　左吉
	岡　欣一
	大久保　七郎左エ門
	井面　清蔵
	山田　金四郎
	山田　祐吉
	藤田　利平
盛泉	北條　良之助
	星　新太郎
	平塚　要右エ門
	戸部　留吉
	戸部　四郎
	戸部　末吉
	岡　斧之四郎
	川和　秋次郎
	内田　初吉
	湯本　仁三
	湯本　兼吉
富山	大武　伝
	川又　市左エ門
	高野　喜エ門
	塚原　千代五郎
	塚原　庄兵衛
	菊池　忠助
第六列	
富山	菊池　茂八郎
	平塚　平
	平塚　清左エ門
	平塚　捨次
矢又	塙　清太郎
	星　初太郎
	星　権
	星　善次
	大武　猶右エ門
	大金　茂雄
	立花　久
	桑野　栄三郎
	荒井　民吉
	阿久津　今衛門
	菊池　甚太郎
	藤田　忠蔵
	藤田　與七郎
健武	田村　子之助
	菊池　武夫
	菊池　菊太郎
	益子　治兵衛
松野	小幡　勇次郎
	小幡　繁
	鈴木　富八
上郷	磯　留吉
第八列	
上郷	磯　儀平
	北條　辰太郎
	堀江　鷹蔵
	北條　治エ門
	北條　丑太郎
	長谷川　金作
	大金　源之助
	大森　金之助
	大森　松吉
	岡崎　兵之助
	加藤　熊三
	永山　金哉
	屋代　初太郎
	屋代　金太郎
	益子　徳左エ門
	益子　富寿
	益子　主悦
	益子　善次郎
	藤田　太郎兵衛
	藤田　丑五郎
	藤田　啓之助
	佐藤　彦衛門
	菊池　忠怒
	菊池　市右エ門
	菊池　金六
	菊池　清太郎
	大金　鉄吉
第十列	
小砂	大金　三蔵
	大金　彦四郎
	和地　子之吉
	横山　栄吉
	横山　常吉
	横山　松五郎
	田代　啓三
	長山　留三
	長山　三九郎
	長山　久米吉
	村上　彌七郎
	内田　忠蔵
	栗田　要右エ門
	車　源蔵
	藤田　政平
	藤田　金太郎
	藤澤　金太郎
	小林　助三郎
	笹沼　平之允
	笹沼　友次
	笹沼　亀吉
	笹沼　滝太郎
	笹沼　信吉
	笹沼　倉五郎
	笹沼　清七
	鈴木　惣吉
	菊池　犬三
	菊池　秀男
	島田　兼太郎
	関谷　惣吉
	横山　鉄五郎
	鈴木　兼吉
	鈴木　喜代松
主唱者	大金　薫

（注）原文のまま転載している

おわりに

この間の取材や執筆で、最後まで付きまとった隔靴掻痒《かっかそうよう》の思いがある。古文書が解読できれば、物語をもっと深く豊かに展開できたはずなのに、それができなかった。

その心残りをどう晴らすか。いささかの宿題を抱え込んだ。郷土史などの歴史物に関わり続けるなら、古文書の解読は必須である。先達《せんだつ》にはお笑い種《ぐさ》だが、それを学んだだけでも、良しとしなければならない。

累々たる屍《しかばね》の上に、近・現代史が成り立っていることも身近に感じた。

三五年来の友人に、著名で異能の現代歌人がいる。短歌綜合誌からの依頼を受けて送稿したという彼の最近作を、電話で聞かされた。彼は、北海道の十勝地方で四〇余ヘクタールの畑作経営に取り組んできた。

じわりじわりと右傾化すすむにつぽんを憂ふ茜の雲ながめつつ　時田則雄

郷土の幕末・維新史から何を学ぶか。

「新自由主義」が跋扈《ばっこ》する現代が、小著から二重写しに透《す》けて見えてきた。墓標の下に眠る先人の「末期の眼差し」をしっかり読み解かなければならない、と考えている。

ともあれ、ふるさとを顧みず今日に至ったささやかな償《つぐな》いとして、小著を取り纏めた。不遜《ふそん》ではあるが、書名は近世前期に名を残す大金重貞の『那須記』にあやかり『常野記《じょうやき》』とした。ルーツを探る運びから網羅《もうら》的とは言えないが、広くご笑覧いただければ望外の喜びである。

上梓に当たっては、宇都宮市で長年に渡り出版活動を展開する随想舎との出逢いを得、取締役社長の卯木伸男さんと担当者の下田太郎さんには、格別のご高配とご教授を賜った。特記して、謝意を表したい。また、不平も言わずにドライバーを引き受けてくれた弟妹にも感謝する。

根が不精《ぶしょう》の筆者に取材のエネルギーを提供してくれた「お気に入り」の食事処も、以下に列記しておこう。美味はもとより、心温まる「おもてなし」に大きな元気を戴いた。

川蝉　宇都宮市大通り五の一の一九　〇二八（六二五）五四八三
シャングリラ　モティ　宇都宮市宝木町一の二二の六
〇二八（六四三）七二八三
こまめ　宇都宮市今泉一の一の一　〇二八（六八八）八九一〇
ヴルーテ　高根沢町光陽台三の一五の二　〇二八（六七五）四〇二〇
山川屋　那珂川町馬頭一〇一　〇二八七（九二）二六一九
かまくら　大田原市黒羽向町一三　〇二八七（五四）〇一五〇
茶房城山　大田原市前田九六〇の三　〇二八七（五四）四五二八
クローバーSTEAK　HOUSE　那須烏山市興野三一六の一
〇二八七（八四）三九六八
クローバー　ボヌール　大田原市浅香五の三七六四の九五
〇二八七（二三）五三一一
五鐵夢境庵　水戸市南町一の三の二七　〇二九（二二五）六〇七三
割烹千石　大子町大子六三一　〇二九五（七二）〇二〇〇

関係略年表

西暦	和暦	水戸藩	黒羽藩	全国
一八〇四	文化1	小川村に郷校稽医館創立		ロシア、長崎に来て通商要求
一八〇五	2	治紀、第七代藩主に		
一八〇六	3	延方郷校創立	大沼半太夫生まれる	異国船に薪水給与令発す
一八〇七	4	藤田幽谷、彰考館総裁に		
		鹿島沖に異国船、人心動揺		
一八〇八	5	間宮林蔵、間宮海峡を発見		英国船が長崎に来航
一八〇九	6	治紀、藩政刷新		
一八一〇	7	軍制改革実施		諸国飢饉
一八一一	8		増業、第十一代藩主に（翌年より一〇か年で藩政の立て直しを公約）	
一八一二	9		増業、初入部	浪人取締令
			三田地山生まれる	
一八一三	10			
一八一四	11			
一八一五	12		増業、財政改革で重臣層と対立	
一八一六	13	斉修、第八代藩主に		
一八一七	14	今瀬仲生まれる	五月女三左衛門生まれる	英国船が浦賀に来る
		笠間藩校時習館創立		水野忠成、老中になる
一八一八	文政1			

一八一九	2		黒羽城内に鎮国社創建	
一八二〇	3	献金郷士制復活 上郷村で百姓一揆		浦賀奉行に、海岸防備を厳しくさせる
一八二一	4			
一八二二	5	齋藤監物、静神社で生まれる	黒羽城本丸御殿全焼	上杉鷹山没
一八二三	6	青山拙斎、彰考館総裁に 磯浜沖に異国船	家臣団による増業隠退要請運動	
一八二四	7		増業、重臣間に批判高まり隠居 増儀、第十二代藩主に 半太夫の妻・千枝生まれる	
一八二五	8	会沢正志斎、「新論」を著す		異国船打払令
一八二六	9	藤田幽谷没		
一八二七	10	真鍋村に一揆	大関弾右衛門生まれる	英国船、小笠原諸島父島に来る
一八二八	11		半太夫、安積艮斎に入門	シーボルト事件
一八二九	12	東湖、二十四歳で彰考館総裁代役に 斉昭、第九代藩主に	半太夫、茂清から家督相続	
一八三〇	天保 1	斉昭の藩政改革始まる 神官の学事を奨励		
一八三一	2	郡庁再編、農村行政の統一図る	三田地山、藩主増儀に従って江戸勤番、安積艮斎に入門	
一八三二	3	稗六万俵余を備蓄 妊婦・分娩の届出制強化 幕府に大砲鋳造建議		英国船、東蝦夷地に来航
一八三三	4	天保大飢饉、各地に百姓一揆		京都にエライコッチャ踊り流行

一八三四	5	関東・奥羽など大風雨	三田地山、大坂加番の増儀に従って下坂、大塩平八郎に学ぶ	水野忠邦、老中になる
一八三五	6	郷校敬業館創立		諸国で飢饉、米価高騰 飢饉、全国的に
一八三六	7	那珂湊に砲台築く・全国飢饉	安積艮斎、黒羽に来訪	
一八三七	8	斉昭、改革四大目標を示す 郷校益習館創立		大塩平八郎の乱 モリソン号事件
一八三八	9	斉昭、幕府に内憂外患説く 天保検地の実施決定		
一八三九	10	天保検地（〜14） 郷校暇修館創立	地山、郡奉行兼勝手係に	蛮社の獄
一八四〇	11	斉昭、大規模な軍事訓練（追鳥狩）		アヘン戦争始まる
一八四一	12	藩校弘道館、仮開館 斉昭、毀鐘鋳砲で仏教界反発	半太夫、家老職に 諸事倹約・厳重借り上げの触書出る	老中水野忠邦の「天保の改革」始まる
一八四二	13	偕楽園開く・益子孝之助生まれる 治海民兵訓練		
一八四三	14	斉昭、神仏分離・廃仏毀釈を強行		老中水野失脚
一八四四	弘化 1	幕府、斉昭に致仕・謹慎を命じる 慶篤、第十代藩主に	大沼渉生まれる	オランダ国王、開国進言
一八四五	2	斉昭復権運動、激しさ増す		阿部正弘が老中首席に
一八四六	3	東湖ら改革派の蟄居解かれる		海防勅諭、幕府に下る
一八四七	4	慶喜、一橋家を継ぐ 結城寅寿に隠居謹慎	半太夫、『論語』の輪読会主宰	

一八四八	嘉永 1		増昭、第十三代藩主に 五月女三左衛門、大目付役に	
一八四九	2	斉昭、藩政参与を許される 藤田東湖・戸田忠敞の謹慎解除		英国船、浦賀に来航
一八五〇	3			海防勅諭、再び下る
一八五一	4	吉田松陰、水戸を訪ねる		
一八五二	5			
一八五三	6	老中阿部正弘、大名の意見を徴する 斉昭、幕府海防参与に 結城寅寿に終身禁固刑		ペリー浦賀に・ロシア船、長崎に来航 家定、将軍に 小田原地震
一八五四	安政 1	斉昭、海防参与辞任		日米和親条約調印（その後、英・露・蘭とも）
一八五五	2	斉昭、海防参与に再任 東湖・忠敞地震で圧死 今瀬仲、健武山神社神官となる	江戸屋敷修理に人夫調達 藩専売制のため国産縣りを置く	安政江戸地震
一八五六	3	大子郷校創建	増徳（増式）、第十四代藩主に	アメリカ駐日総領事ハリス、下田に着任
一八五七	4	那珂湊で大砲鋳造・農兵設置 結城寅寿、死罪 弘道館、本開館 斉昭、海防参与辞任 馬頭郷校創立	百姓一揆、給人徒党事件 「家中アンケート」の実施 半太夫、お役取り上げ・蟄居（大吟味役津田武前らも）、その他、関係者の処分が行われる	老中阿部正弘没 ハリス、将軍家定と会見

一八五八	5	斉昭、不時登場で謹慎処分 戊午の密勅降る、水戸藩士民騒動		井伊直弼大老に・日米修好通商条約に調印・コレラ流行 「安政の大獄」始まる
一八五九	6	斉昭、永蟄居など		開港への流れ加速
一八六〇	万延 1	桜田門外の変 斉昭没	増徳（増式）が家つき娘の妻於鉱と離縁	咸臨丸、アメリカに向かう オランダ商館長ら、横浜で殺害される
一八六一	文久 1	水戸浪士ら、イギリス公使官襲撃	藩主押込め事件 増裕、第十五代藩主に	和宮、江戸到着
一八六二	2	水戸浪士ら、老中安藤信正を襲撃（坂下門外の変）	増裕が幕府の講武所奉行・陸軍奉行に	将軍家茂と和宮とが婚儀 麻疹（はしか）流行・寺田屋騒動・生麦事件 慶喜、京へ
一八六三	3	慶篤、幕命により上京	増裕、藩政改革へ 三田地山、作新館学頭に	家茂上洛 薩英戦争・八月十八日の政変
一八六四	元治 1	藤田小四郎ら天狗党、筑波山挙兵 藩内抗争から内乱に	半太夫に再処分 滝田典膳・益子右近らを家老職から排除、若手の村上一学・大関弾右衛門を登用 水戸天狗党が領内を通過	池田屋事件・禁門の変 長州征討命令・下関戦争（対英米仏蘭四か国連合と）
一八六五	慶応 1	武田耕雲斎・藤田小四郎ら処刑	増裕、海軍奉行に	第二次長州征討命令

一八六六	2	益子孝之助脱藩 孝之助、岩倉具視と出逢う	増裕、若年寄格として幕政に参与 農兵隊を組織	家茂、江戸を発ち西上 薩長提携密約 家茂没、慶喜十五代将軍に
一八六七	3	孝之助、王政復古に尽力	百姓一揆首謀者処分 増裕、若年寄・海軍奉行を兼ねる 増裕、猟遊中に謎の急逝	「ええじゃないか」蔓延 大政奉還・王政復古の大号令
一八六八	明治1	慶喜、弘道館で謹慎 弘道館の戦い 慶篤急逝、昭武が第十一代藩主に	増勤、第十六代藩主に 大沼渉、黒羽藩軍監として戊辰役へ	鳥羽・伏見の戦い、戊辰戦争始まる 江戸開城・藩治職制 江戸を東京とする・会津落城
一八六九	2	市川三左衛門、処刑される	三田地山、藩の権大参事に 半太夫、作新館学頭、黒羽藩家令などに	版籍奉還
一八七〇	3			
一八七一	4	武茂郷十七か村が水戸県を離れて宇都宮県に		戸籍法定める・廃藩置県
一八七二	5			太陽暦採用
一八七三	6	北島秀朝（孝之助）、和歌山県令に		徴兵令 地租改正
一八七四	7	秀朝、佐賀県令に	半太夫、開達校初代校長に	江藤新平ら佐賀の乱
一八七五	8			讒謗律、反政府運動取り締り
一八七六	9	秀朝、長崎県令に		廃刀令
一八七七	10	秀朝、コレラに感染して死去	大沼渉、遊撃歩兵第二大隊長に	西南戦争、西郷隆盛ら自刃
一八七八	11		黒羽招魂社起工、常夜灯建立 半太夫没	大久保利通、暗殺される

取材協力（五十音順・敬称略）

個人

會澤安之　赤津みゆき　新井敦史　安藤智重　家田望　石原慎一郎　今瀬瑞比古　上野秀治　海老根薫　大金章　大金勝夫
大金和則　大金清晃　大金重晴　大金昭一郎　大金進　大金武夫　大金ツネ　大金輝雄　大金東洋寿　大金茂策　大嶽浩良
大沼美雄　岡誠一　岡友雄　岡田和麿　小田木正樹　香川擴一　笠井静　神山壮　川上ナミ　川崎真吾　川崎真由美
川和忠義　川和義夫　倉澤良裕　小原利夫　小松輝夫　小室金代志　菊池きぬゑ　菊池賢司　菊池弘子　斎藤敏彦
斎藤好美　櫻岡滋弥　佐藤栄　島津隆　鈴木顕男　鈴木勝　鈴木路郎　髙野弘文　立岡美也子　塚田幸雄　生田目実
深作律夫　深澤福二　藤田和夫　藤田順子　藤田眞一　藤田巽　藤田博雄　前川辰徳　益子英一　溝辺いずみ　三森利明
矢内修　横山水木　横山紀代子　吉田敦子　渡邉拓也　渡辺徳元　和田俊道　和地秀美

団体

安積国造神社　安楽寺　茨城県立図書館　茨城県立歴史館　茨城大学図書館　宇都宮大学附属図書館
大洗町幕末と明治の博物館　大田原市教育委員会　大田原市黒羽芭蕉の館　大田原市立川西小学校　大田原市立黒羽小学校
大田原市立湯津上小学校　大田原市立図書館　学習院大学史料館　皇學館大学研究開発推進センター　光厳寺　豪徳寺
白河市立図書館　大雄寺　大子町教育委員会　棚倉町立図書館　東北大学附属図書館　常磐神社・義烈館　栃木県立図書館

栃木県立博物館　栃木県立文書館　那珂川町観光協会　那珂川町商工会　那珂川町なす風土記の丘資料館・馬頭郷土資料館
長野市教育委員会文化財課　那須与一伝承館　馬頭院　常陸太田市立図書館　福山誠之館同窓会　妙徳寺

参考文献

自治体史・自治体刊行物

阿久津正二（二〇〇五）『八溝今昔』黒羽町教育委員会

茨城県史編さん近世史第一部会編（一九六八）『茨城県史料』（近世地誌編）茨城県

茨城県史編さん近世史第一部会編（一九七〇）『茨城県史料』（近世政治編Ⅰ）茨城県

茨城県史編さん総合部会編（一九七二）『茨城県史』（市町村編Ⅰ）茨城県

茨城県史編集委員会編（一九八五）『茨城県史』（近世編）茨城県

茨城県史編集委員会編（一九九三）『茨城県史料』（幕末編Ⅲ）茨城県

大田原市史編集委員会編（一九七五）『大田原市史』大田原市

大田原市史編さん委員会編（一九八五）『大田原市史』（史料編）大田原市

烏山町史編集委員会編（一九七八）『烏山町史』烏山町

烏山町文化財専門委員会編（一九六八）『烏山町文化財資料』（第一集）烏山町教育委員会

黒羽町教育委員会編（一九七九）『ふるさと雑記 ~世代間の対話』黒羽町
黒羽町誌編さん委員会編（一九八二）『黒羽町誌』黒羽町
県令北島秀朝関係書簡集編集委員会編（一九九一）『県令 北島秀朝関係書簡集』馬頭町
里美村史編さん委員会編（一九八四）『里美村史』里美村
大子町史編さん委員会編（一九八〇）『大子町史写真集』大子町
大子町史編さん委員会編（一九八四）『大子町史』（資料編 上巻）大子町
大子町史編さん委員会編（一九八五）「『元治甲子之変』天狗諸生之乱参加者氏名事蹟抄」（『大子町史料』〈別冊六〉）大子町
大子町史編さん委員会編（一九八八）『大子町史』（通史編 上巻）大子町
大子町教育委員会編（二〇一六）『大子町の文化財（改訂版）』大子町
棚倉町町史編さん室編（一九八二）『棚倉町史』（第一巻）棚倉町
棚倉町町史編さん室編（一九七七）『棚倉町史』（第三巻）棚倉町
栃木県史編さん委員会編（一九七五）『栃木県史』（史料編 近世四）栃木県
栃木県史編さん委員会編（一九八一）『栃木県史』（通史編四 近世一）栃木県
栃木県史編さん委員会編（一九八四）『栃木県史』（通史編五 近世二）栃木県
那珂川町馬頭郷土資料館編（二〇〇七）『第五回企画展 天狗党・諸生派の事蹟』那珂川町
那珂川町馬頭郷土資料館編（二〇一四）『第一六回企画展 烈公と小砂焼―伝えたい陶器のほまれ』（平成二五年度企画展報告）

那珂川町

馬頭町郷土誌編集委員会編（一九六三）『馬頭町郷土誌』馬頭町
馬頭町史編さん委員会編（一九九〇）『馬頭町史』馬頭町
馬頭町教育委員会編（二〇〇二）『ふるさとガイド No.4 水戸藩領時代の武茂郷』馬頭町教育委員会
堀江孝四郎編（二〇〇四）『馬頭町の顕彰碑・記念碑』馬頭町教育委員会
水戸市史編さん委員会編（一九六八）『水戸市史』（中巻〈一〉）水戸市
水戸市史編さん委員会編（一九六九）『水戸市史』（中巻〈二〉）水戸市
水戸市史編さん委員会編（一九七六）『水戸市史』（中巻〈三〉）水戸市
水戸市史編さん委員会編（一九八二）『水戸市史』（中巻〈四〉）水戸市
水戸市史編さん委員会編（一九九〇）『水戸市史』（中巻〈五〉）水戸市
美和村史編さん委員会編（一九九三）『美和村史』美和村
真岡市史編さん委員会編（一九八八）『真岡市史』（第七巻 近世通史編）真岡市

水戸藩・水戸学

入野 清（二〇一四）『幕末、残り火燃ゆ～桜田門外変後の水戸藩と天狗党の変』（歴研選書）歴研
岩崎英重（一九一一）『桜田義挙録』（下編）吉川弘文館

大賀　誠（一九九五）『水戸藩 大宮郷校』大宮町教育委員会
岡村　青（二〇一二）『水戸藩』（シリーズ藩物語）現代書館
菊池謙二郎編（一九四〇）『新定 東湖全集』博文館
菊池健晴（一九九一）『水戸藩郷校物語～町田郷校外』（私家版）
櫻　眞尚（二〇〇九）『桜田門外の変番外 住谷兄弟仇討の始末』茨城新聞社
佐々木克 校訂・解題（一九八三）『水戸藩死事録・義烈傳纂稿』同朋舎出版
佐藤幸次（一九七二）『桜田烈士銘々伝』（私家版）
沢本孟虎編（一九三三）『水戸幕末風雲録』常陽明治記念会
鈴木暎一（一九八七）『水戸藩学問・教育史の研究』吉川弘文館
鈴木暎一（一九九八）『藤田東湖』（人物叢書〈新装版〉）吉川弘文館
瀬谷義彦（一九六五）「水戸藩の馬頭郷校について」『下野史学』（第二〇号）下野史学会
瀬谷義彦（一九七三）「水戸藩校史からみた大子」『大子町史研究』（第一号）大子町史編さん委員会
瀬谷義彦（一九七六）『水戸藩郷校の史的研究』山川出版社
瀬谷義彦（二〇〇六）『水戸藩郷士の研究』筑波書林
薗部　等（一九九四）「水戸藩領武茂郷の『紀恩之碑』について」『水戸史学』（第四一号）水戸史学会
高橋裕文（二〇〇五）『幕末水戸藩と民衆運動～尊王攘夷運動と世直し』青史出版

但野正弘（二〇一〇）『桜田門外の変と蓮田一五郎』（水戸の人物シリーズ8）錦正社
仲田昭一（二〇〇八）『水戸藩と領民』（水戸史学選書）錦正社
名越漠然（一九四四）『水戸弘道館大観』茨城出版社
野上　平（一九九七）『水戸藩農村の研究』風濤社
肥後和男（一九七三）「藤田東湖と大子」『大子史林』（第二号）大子歴史研究会
藤田倉雄（不明）「斉昭（烈公）の藩政改革と武茂領～小砂焼について～」『武茂領研究』（第一集）
蛭川吉男（一九七三）「大子郷校・文武館について」『大子町史研究』（第二号）大子町史編さん委員会
堀江孝四郎（一九九九）「郷土 水戸黄門と武茂郷」『郷土綜合雑誌 那須野原』（第一〇号）
益子公朋（一九八二）「大子村御陣屋と大子郷校文武館」『大子町史研究』（第一〇号）大子町史編さん委員会
山川菊栄（一九九一）『覚書 幕末の水戸藩』岩波書店
吉田俊純（二〇〇三）『水戸学と明治維新』（歴史文化ライブラリー）吉川弘文館

天狗党

石井孝信（一九七三）「関鉄之介の日録を読む」『大子町史研究』（第一号）大子町史編さん委員会
大嶽浩良（一九八七）「下野出身 天狗党加盟者の役割と行動～横田藤四郎日記を通して」『栃木史心会会報』（第一九号）栃木史心会

河内八郎（一九八四）「野州における天狗党争乱～稲葉誠太郎著『水戸天狗党栃木町焼打事件』に寄せて」『栃木史心会会報』（第一五号）栃木史心会
河内八郎（一九八六）「野州における天狗党争乱（続）～元治元年一一月の通過をめぐる問題」『栃木史心会会報』（第一八号）栃木史心会
金澤春友編纂（一九二九）『筑波義擧ト田中愿藏』（私家版）
高知　聰（一九六八）『維新風雲録 水戸天狗党 関東ゲリラ隊始末記』（ペンギンブックス四七）大和書房
益子孝治（一九九六）「郷土 水戸浪士軍那須路を往く」『郷土綜合雑誌 那須野原』（第八号）
光武敏郎（一九九二）『天狗党が往く』秋田書店

黒羽藩

（1）藩関係

秋元典夫（一九五六）「黒羽藩権力の性格」『下野史学』（第八号）下野史学会
阿久津正二（一九九〇）「黒羽城郭について ～付・篭城主戦の手配、黒羽城下の商人町」『那須文化研究』（第四号）那須文化研究会
大町雅美（一九六九）「小藩黒羽藩の解体過程 ～戊辰戦争より版籍奉還まで」栃木史論編集委員会編『栃木史論』（創刊号）落合書店

大沼美雄（二〇〇〇）「『黒羽八幡邸』を読む～安積艮斎の黒羽訪問と黒羽藩の人々」『那須文化研究』（第一四号）那須文化研究会
大沼美雄（二〇〇一）「安積艮斎と黒羽藩の人々」『安積艮斎と門人たち』（平成一二年度第四回企画展図録）福島県立博物館
大沼美雄（二〇〇九）「『黒羽城鳥瞰図題画記』と『黒羽城画幅記』の読み方」『那須文化研究』（第二三号）那須文化研究会
大沼美雄（二〇一二）「黒羽藩と『論語』の関わりについて」『木鐸』（一号）足利学校・全国論語研究会
黒羽町教育委員会編（一九六八）『黒羽藩政史料 創垂可継』柏書房
須永 昭（一九七一）「黒羽藩安政の御新法と百姓騒動」『教育・研究 あゆみ』（一九七一年版）栃木県立宇都宮女子高等学校
須永 昭（一九七二）「大関増裕の農民政策～両郷村一件に関連して」『教育・研究 あゆみ』（一九七二年版）栃木県立宇都宮女子高等学校
須永 昭（一九七二）「国産政策と百姓一揆～黒羽藩における幕末の仕法改革」栃木史論編集委員会編『栃木史論』（第九・一〇合併号）落合書店
須永 昭（一九七三）「黒羽藩の藩政改革～近世後期の政治過程を中心に」『栃木県史研究』（六）栃木県史編さん専門委員会
須永 昭（一九七六）「黒羽藩」『新編物語藩史』（第二巻）新人物往来社
蓮実 彊（二〇〇四）「寄稿 白旗城ものがたり」『黒羽文化』（第二四号）黒羽文化協会
蓮実 長（一九五五）「黒羽藩の財政」『下野史学』（第七号）下野史学会

屋代典隆（一九七六）『野州黒羽藩百姓一揆』（私家版）

（2）大関氏

阿久津正二（二〇〇五）『大関増裕と勝海舟』黒羽町教育委員会
新井敦史（二〇〇三）「黒羽藩～大関増裕『急死』事件」『歴史読本』（二〇〇三年一一月号）新人物往来社
新井敦史（二〇〇七）『下野国黒羽藩主大関氏と史料保存～「大関家文書」の世界を覗く』随想舎
荒川区地区文化スポーツ部生涯学習課荒川ふるさと文化館編（二〇一六）『三ノ輪の殿様―あらかわの大名屋敷―』（平成二八年度荒川区立荒川ふるさと文化館企画展）荒川区教育委員会
石川明範（二〇〇五）「大関増裕と幕末の幕府軍事改革」『歴史と文化』（第一四号）栃木県歴史文化研究会
大沼美雄（一九九六）「大関氏と河内国丹比神社について」『那須文化研究』（第一〇号）那須文化研究会
大沼美雄（二〇一一）「大阪の丹比神社へ二度の参詣で得たもの」『那須野ヶ原開拓史研究』（第七〇号）那須野ヶ原開拓史研究会
大沼美雄（二〇一一）「『大関公之碑』の碑文の読み方」『那須文化研究』（第二四号）那須文化研究会
小林華平編（一九〇九）『大関肥後守増裕公略記』（私家版）
大宮司克夫（一九九五）『黒羽藩主大關氏と大雄寺』黒羽山久遠院大雄寺
次田万貴子（一九九二）『黒羽藩「主君押込」事件顚末』新人物往来社
栃木県立博物館編（二〇〇四）『大関増裕 動乱の幕末となぞの死』（平成一六年度企画展）栃木県立博物館

栃木県立博物館編（二〇一〇）『改革と学問に生きた殿様 黒羽藩主大関増業』（平成二二年度秋季企画展）栃木県立博物館

（3）家臣団

秋元典夫（一九六二）「近世大名の『家』と家臣団 ～黒羽藩大関家の場合」歴史教育研究会編『歴史教育』（第一〇巻第一二号）日本書院
大沼美雄（二〇〇〇）「小泉斐の絵に関する一逸話 ～大沼茂寛（半太夫・上寿軒）の『漢詩手控』より」『那須野ヶ原開拓史研究』（第四八号）那須野ヶ原開拓史研究会
大沼美雄（二〇〇四）「ふるさと黒羽 ～祖父大沼環と私」『黒羽文化』（第二四号）黒羽文化協会
次田万貴子編（一九六七）『大沼家の人々』大沼さい
次田万貴子編（一九八九）『続大沼家の人々』次田万貴子
次田万貴子（一九八八）『那須の氷雪』新人物往来社

（4）藩校

黒羽町立黒羽小学校（二〇一二）『作新の流れ』（私家版）
大沼美雄（二〇〇二）「『改作々新館記』の読み方」『那須文化研究』（第一六号）那須文化研究会
大沼美雄（二〇〇三）「『新築開達校記』の読み方 ～草創期の川西小学校の様子と旧校名（開達校）の意味」『那須野ヶ原開拓史研究』（第五四号）那須野ヶ原開拓史研究会
大沼美雄（二〇〇四）「『再建何陋館記』の読み方」『那須文化研究』（第一八号）那須文化研究会

大沼美雄（二〇〇六）「作新館文庫（大関文庫）について」『歴史だより』（第五八号）栃木県歴史文化研究会

幕末・戊辰戦争・明治維新

家近良樹（二〇一四）『江戸幕府崩壊―孝明天皇と「一会桑」』講談社
井上勝生（二〇〇六）『幕末・維新』（シリーズ日本近現代史①）岩波書店
井上勝生（二〇〇九）『開国と幕末変革』（日本の歴史18）講談社
大嶽浩良（二〇〇四）『下野の戊辰戦争』下野新聞社
大嶽浩良（二〇一四）『下野の明治維新』下野新聞社
大町雅美・長谷川伸三編（一九七四）『幕末の農民一揆』雄山閣
落合弘樹（二〇一五）『秩禄処分～明治維新と武家の解体』講談社
海音寺潮五郎（一九七五）『幕末動乱の男たち（上・下）』新潮社
菊地　明・伊東成郎編（一九九八）『戊辰戦争全史（上）』新人物往来社
桐原健真（二〇一四）『吉田松陰～「日本」を発見した思想家』筑摩書房
北那須郷土史研究会編（一九九二）『那須の戊辰戦争』下野新聞社
小林友雄（一九七〇）『宇都宮藩を中心とする戊辰戦史』宇都宮観光協会
佐々木克（二〇一四）『幕末史』筑摩書房

鈴木　淳（二〇一〇）『維新の構想と展開』（日本の歴史20）講談社
鈴木荘一（二〇一七）『明治維新の正体―徳川慶喜の魁、西郷隆盛のテロ』毎日ワンズ
日本史籍協会編（一九七三）『野史臺維新史料叢書』（一二 伝記三）東京大学出版会
藤田省三（一九六七）『維新の精神』みすず書房
益子孝治（一九八二）『維新と大田原藩』大田原風土記会
益子孝治（二〇〇三）「郷土 維新と大田原藩」『郷土綜合雑誌 那須野原』（第一四号）
半藤一利（二〇一二）『幕末史』新潮社
半藤一利（二〇一五）『もう一つの「幕末史」』三笠書房
藤田　覚（二〇一五）『幕末から維新へ』（シリーズ日本近世史⑤）岩波書店
星　亮一（二〇〇二）『幕末の会津藩』中央公論新社
星　亮一（二〇一二）『大鳥圭介』中央公論新社
松浦　玲（二〇一一）『勝海舟と西郷隆盛』岩波書店
森田健司（二〇一六）『明治維新という幻想―暴虐の限りを尽くした新政府軍の実像』洋泉社

研究書（誌）・論文・一般書

（1）栃木県関係

秋元典夫（一九八一）『北関東下野における封建権力と民衆』山川出版社
新井敦史（二〇一五）『下野おくのほそ道』下野新聞社
荒川善夫（二〇〇〇）「那須氏と那須衆」『那須文化研究』（第一四号）那須文化研究会
大高純一（二〇〇四）「矢倉河岸の経営」『那須文化研究』（第一八号）那須文化研究会
大町雅美（一九七二）「幕末期野州における農民蜂起の展望 ～特に慶応期の情況を中心に」『栃木史論』（第九・一〇合併号）落合書店
大沼美雄（一九九七）「東野墓碣について」『研究紀要 くぬぎ』（第七号）栃木県立那須工業高等学校
大沼美雄（一九九九）「嵎夷南為考 ～黒羽ゆかりの二人の漢學者の字號とそこから見えてくるもの」『研究紀要 くぬぎ』（第八号）栃木県立那須清峰高等学校
大沼美雄（二〇〇六）「三田称平（地山）の師友たち ～漢学や国学や絵画などに勤しんだ人々」那須文化研究会編『那須の文化誌 ～自然・歴史・民俗を読む』随想舎
大沼美雄（二〇〇八）「『大野尚絅号摘山説』の読み方」『那須野ヶ原開拓史研究』（第六四号）那須野ヶ原開拓史研究会
大沼美雄（二〇〇九）「『黒羽城鳥瞰図題画記』と『黒羽城画幅記』の読み方」『那須文化研究』（第二三号）那須文化研究会
須永 昭（一九七六）「近世後期北関東の農業構造 ～野州主穀生産地帯を中心に」『関東近世史研究』（第八号）関東近世史研究会
手塚良徳（一九七六）「那珂川上流の水運」『地方史研究』（一三九号）地方史研究協議会

徳田浩淳（一九七九）『宇都宮の歴史』落合書店
栃木県連合教育会編（一九七六）『栃木県の風土と歴史』栃木県連合教育会
山下昌也（二〇一二）『わずか五千石、小さな大大名の遣り繰り算段』主婦の友社

（2）茨城県関係

石井孝信（一九七三）「石井重ェ門の年譜とその周囲」『大子史林』（第二号）大子歴史研究会
石井孝信（一九七四）「昔保内郷大野村内大野村古文書」『大子史林』（第三号）大子歴史研究会
茨城大学教育研究所編（一九五三）『茨城県郷土研究』茨城県教職員組合
肥後和男（一九七三）「桜岡源次衛門」『大子史林』（第二号）大子歴史研究会
無名逢人（一九七六）「幕末の史料から」『大子史林』（第五号）大子歴史研究会

（3）その他

大沼美雄（一九九九）「前漢時代の宮廷に於ける雅樂と歌謡　～宮廷の音樂とそれを管轄した役所・役人たち」『研究紀要　くぬぎ』（第八号）栃木県立那須清峰高等学校
大沼美雄（二〇一四・一五）「『四書』とは何を指す言葉であるか（上・下）～或る異説をめぐって」『木鐸』（第四・五号）足利学校・全国論語研究会
小川原正道（二〇〇七）『西南戦争』中央公論新社
笠谷和比古（一九八八）『主君「押込」の構造 ～近世大名と家臣団』（平凡社選書一一九）平凡社

加地伸行（二〇一五）『儒教とは何か』（増補版）中央公論新社
河内八郎（一九九四）『幕末北関東農村の研究』名著出版
木戸田四郎（一九八九）『維新期豪農層と民衆』ぺりかん社
西條　勉（二〇一一）『「古事記」神話の謎を解く』中央公論新社
鈴木則子（二〇〇四）「江戸時代の麻疹と医療　～文久二年麻疹騒動の背景を考える」『日本医史学雑誌』（第五十巻第四号）日本医史学会
外山　操・森松俊夫編（一九八七）『帝国陸軍編制総覧』芙蓉書房出版
日本近代史料研究会編（一九七一）『日本陸海軍の制度・組織・人事』東京大学出版会
尾藤正英抄訳（二〇一三）『荻生徂徠「政談」』講談社
毛利敏彦（二〇〇八）『江藤新平（増訂版）』中央公論新社
山田英雄（二〇一四）『日本書紀の世界』講談社
渡辺尚志（二〇一五）『百姓の力～江戸時代から見える日本』KADOKAWA

史・資料関係

（1）古文書

『今瀬家文書』（「御用留」ほか）今瀬瑞比古・那珂川町馬頭郷土資料館所蔵

『奥州棚倉藩阿部家文書』（藩士先祖書・親類書）学習院大学史料館所蔵
『大金家文書』、『滝田家文書』、『三田家文書』栃木県立文書館所蔵
『大関家文書』（『創垂可継 諸臣系畧』ほか）、『大沼家文書』大田原市黒羽芭蕉の館所蔵
『菊池家文書』菊池賢司所蔵

（2）郷土資料

大川清（一九八五）『小砂焼』日本窯業史研究所
小野　倉（一九七六）『新編常陸国誌』（宮崎報恩会版）崙書房
大子遊史の会編（二〇〇五）『大子風土記』大子遊史の会
徳田浩淳編（一九七二）『下野史料』（第三六号）下野史料保存会
長山雅彦（一九九五）『私本　保内系纂』第一情報
蓮実　長（一九五一）『わがふるさとI』那北学校第三班校長会
宮本元球（一八五九）『常陸誌料 郡郷考』（上・下）博文館蔵版

（3）藩史ほか

籠橋俊光（二〇一二）『近世藩領の地域社会と行政』清文堂出版
児玉幸多・北島正元監修（一九七六）『新編物語藩史』（第二巻）新人物往来社
坂本俊夫（二〇一一）『宇都宮藩・高徳藩』（シリーズ藩物語）現代書館

森　礎・他編（一九八九）『藩史大事典』（第二巻 関東編）雄山閣出版
山下昌也（二〇一二）『わずか五千石、小さな大大名の遣り繰り算段』主婦の友社

宗教関係

伊藤　聡（二〇一二）『神道とは何か』中央公論新社
井上順孝編（二〇〇七）『近代日本の宗教家１０１』新書館
井上智勝（二〇一三）『吉田神道の四百年 ～神と葵の近世史』講談社
茨城県神社誌編纂委員会編（一九七三）『茨城県神社誌』茨城県神社庁
小野泰博・他編（一九八五）『日本宗教事典』弘文堂
風山廣雄編（一九〇三）『下野神社沿革誌』
鎌田啓司（一九八六）『茨城の神社覚書 Ｉ』
下野式内社顕彰会編（二〇〇五）『延喜式内社 下野の十二古社めぐり ～歴史の道を訪ねて』下野新聞社
ナンシー・Ｋ・ストーカー（二〇〇九）『出口王仁三郎 帝国の時代のカリスマ』（井上順孝監訳、岩坂彰訳）原書房
中村健之介（二〇一三）『ニコライ 価値があるのは、他を憐れむ心だけだ』（ミネルヴァ日本評伝選）ミネルヴァ書房
日本キリスト教歴史大事典編集委員会編（二〇〇六）『日本キリスト教史年表（改訂版）』教文館
村上重良（一九八二）『国家神道と民衆宗教』吉川弘文館

安丸良夫（二〇一三）『安丸良夫集3 宗教とコスモロジー』岩波書店

通史・評伝・列伝

（1）通史

苅部　直・片岡　龍編（二〇〇八）『日本思想史ハンドブック』新書館
鬼頭　宏（二〇一〇）『文明としての江戸システム』（日本の歴史19）講談社
酒井シズ（二〇〇八）『病が語る日本史』講談社
清水正之（二〇一四）『日本思想全史』筑摩書房
徳富猪一郎（一九六三）『近世日本国民史』（七〇 関東征戦篇）近世日本国民史刊行会
徳富猪一郎（一九六〇）『近世日本国民史』（七七 明治政務篇）近世日本国民史刊行会
中野剛志（二〇一二）『日本思想史新論 ～プラグマティズムからナショナリズムへ』筑摩書房
尾藤正英（二〇〇六）『江戸時代とはなにか』岩波書店
古田　光・子安宣邦編（一九七九）『日本思想史読本』東洋経済新報社
三谷太一郎（二〇一七）『日本の近代とは何であったか―問題史的考察』岩波書店

（2）評伝・列伝

安藤智重（二〇一〇）『安積艮斎―近代日本の源流』（歴春ふくしま文庫㉗）歴史春秋出版

大久保利謙（一九九〇）『岩倉具視』中央公論社
尾島利雄・柏村祐司（一九七七）『郷土歴史人物辞典 栃木』第一法規出版
佐藤雅美（二〇一六）『知の巨人 荻生徂徠伝』KADOKAWA
下野新聞社編（一九七一）『栃木県人物伝』下野新聞社
田尻 佐編（一九七五）『贈位諸賢伝』（増補版 上）近藤出版社
圭室諦成（一九六〇）『西郷隆盛』岩波書店
佃 律志（二〇一六）『上杉鷹山 リーダーの要諦』日経ビジネス人文庫
童門冬二（一九八二）『経営革命の祖 上杉鷹山の研究 危機を乗り切るリーダーの条件』PHP研究所
童門冬二（一九八三）『小説上杉鷹山（上・下）』学陽書房
栃木縣教育會編（一九四〇）『下野勤皇列傳』（前篇）皇國青年教育協會
栃木縣教育會編（一九四四）『下野勤皇列傳』（後篇）栃木縣教育會
中村安宏・村山吉廣（二〇〇八）『佐藤一斎・安積艮斎』（叢書・日本の思想家31）明徳出版社
蓮実 長（一九一六）『故郷之先人 其一』植竹龍三郎
蓮実 長（一九一八）『故郷の先人』植竹龍三郎
福島県立博物館編（二〇〇一）『安積艮斎と門人たち』（平成一二年度第四回企画展図録）福島県立博物館
藤田倉雄（一九八一）『県令 北島秀朝』北辰図書出版

藤田倉雄（一九九五）『侍従長 大金益次郎』大金益次郎顕彰会

［著者紹介］

大金　義昭（おおがね・よしあき）

現職

文芸アナリスト　食料・農業・農村ジャーナリスト

略歴

1945年8月生まれ。栃木県出身。早稲田大学法学部卒業。社団法人家の光協会職員として編集局長などを歴任。退職後はJICA（ジャイカ・国際協力機構）専門家として、日タイ経済連携協定プロジェクトに参画。タイ農協の「人的資源の開発・育成」に携わる。国内外で協同組合運動、教育文化事業・活動、人材育成・開発、戦後農村女性史などをテーマに講演・執筆。IDACA（アジア農協振興機関）サポートチーム「I&YOU倶楽部」会員。現在、栃木県宇都宮市在住。

著書

『野男のフォークロア　極北の歌人・時田則雄と農をめぐる世界』（砂子屋書房、1991）、『おんなたちのルネサンス』（富民協会、1995）、『農とおんなと協同組合　男女共同参画時代へ』（全国協同出版、2001）、『風のなかのアリア　戦後農村女性史』（ドメス出版、2005）、『優れたトップダウンがJAを救う!!　先進事例に見る変革期の組織・事業・経営』（全国協同出版、2005）、『ボトムアップが逞しいJAをつくる!!　人が人として成長しない組織は成長しない』（全国協同出版、2007）、『評伝　宮脇朝男　農協運動に命を捧げた男』（家の光協会、2013年、平成26年度「JA研究賞」・平成27年「宮脇朝男顕彰記念事業・特別表彰」受賞）、『楽しいJA女性組織　あなたと仲間がきらめく25の言葉』（家の光協会、2015）

常野記　水戸藩領武茂郷と下野国黒羽藩の幕末・維新

2017年9月1日　第1刷発行

著　者●大金　義昭

発　行●有限会社 随 想 舎

〒320-0033　栃木県宇都宮市本町10－3 TSビル
TEL 028-616-6605　FAX 028-616-6607
振替　00360－0－36984
URL　http://www.zuisousha.co.jp/

印　刷●モリモト印刷株式会社

装丁●栄舞工房

定価はカバーに表示してあります／乱丁・落丁はお取りかえいたします

 ISBN978-4-88748-343-9